THE FOOTBALL

MATCH BY MATCH

1950/51

Edited by Tony Brown

A SoccerData Publication

Published in Great Britain by Tony Brown,
4 Adrian Close, Beeston, Nottingham NG9 6FL.
Telephone 0115 973 6086. E-mail soccer@innotts.co.uk
www.soccerdata.com

First published 2002
Reprinted 2012

Please write to or email the publisher for news of future publications.

Printed by 4Edge Limited, Hockley, Essex SS5 4AD
www.4edge.co.uk

ISBN 978 1 899468 51 5

FINAL TABLES 1950/51

Division One

		p	w	d	l	f	a	w	d	l	f	a	pts
1	Tottenham Hotspur	42	17	2	2	54	21	8	8	5	28	23	60
2	Manchester United	42	14	4	3	42	16	10	4	7	32	24	56
3	Blackpool	42	12	6	3	43	19	8	4	9	36	34	50
4	Newcastle United	42	10	6	5	36	22	8	7	6	26	31	49
5	Arsenal	42	11	5	5	47	28	8	4	9	26	28	47
6	Middlesbrough	42	12	7	2	51	25	6	4	11	25	40	47
7	Portsmouth	42	8	10	3	39	30	8	5	8	32	38	47
8	Bolton Wanderers	42	11	2	8	31	20	8	5	8	33	41	45
9	Liverpool	42	11	5	5	28	25	5	6	10	25	34	43
10	Burnley	42	9	7	5	27	16	5	7	9	21	27	42
11	Derby County	42	10	5	6	53	33	6	3	12	28	42	40
12	Sunderland	42	8	9	4	30	21	4	7	10	33	52	40
13	Stoke City	42	10	5	6	28	19	3	9	9	22	40	40
14	Wolverhampton Wan.	42	9	3	9	44	30	6	5	10	30	31	38
15	Aston Villa	42	9	6	6	39	29	3	7	11	27	39	37
16	West Bromwich Albion	42	7	4	10	30	27	6	7	8	23	34	37
17	Charlton Athletic	42	9	4	8	35	31	5	5	11	28	49	37
18	Fulham	42	8	5	8	35	37	5	6	10	17	31	37
19	Huddersfield Town	42	8	4	9	40	40	7	2	12	24	52	36
20	Chelsea	42	9	4	8	31	25	3	4	14	22	40	32
21	Sheffield Wednesday	42	9	6	6	43	32	3	2	16	21	51	32
22	Everton	42	7	5	9	26	35	5	3	13	22	51	32

Division Three (North)

		p	w	d	l	f	a	w	d	l	f	a	pts
1	Rotherham United	46	16	3	4	55	16	15	6	2	48	25	71
2	Mansfield Town	46	17	6	0	54	19	9	6	8	24	29	64
3	Carlisle United	46	18	4	1	44	17	7	8	8	35	33	62
4	Tranmere Rovers	46	15	5	3	51	26	9	6	8	32	36	59
5	Lincoln City	46	18	1	4	62	23	7	7	9	27	35	58
6	Bradford Park Avenue	46	15	3	5	46	23	8	5	10	44	49	54
7	Bradford City	46	13	4	6	55	30	8	6	9	35	33	52
8	Gateshead	46	17	1	5	60	21	4	7	12	24	41	50
9	Crewe Alexandra	46	11	5	7	38	26	8	5	10	23	34	48
10	Stockport County	46	15	3	5	45	26	5	5	13	18	37	48
11	Rochdale	46	11	6	6	38	18	6	5	12	31	44	45
12	Scunthorpe United	46	10	12	1	32	9	3	6	14	26	48	44
13	Chester	46	11	6	6	42	30	6	3	14	20	34	43
14	Wrexham	46	12	6	5	37	28	3	6	14	18	43	42
15	Oldham Athletic	46	10	5	8	47	36	6	3	14	26	37	40
16	Hartlepools United	46	14	5	4	55	26	2	2	19	9	40	39
17	York City	46	7	12	4	37	24	5	3	15	29	53	39
18	Darlington	46	10	8	5	35	29	3	5	15	24	48	39
19	Barrow	46	12	3	8	38	27	4	3	16	13	49	38
20	Shrewsbury Town	46	11	3	9	28	30	4	4	15	15	44	37
21	Southport	46	9	4	10	29	25	4	6	13	27	47	36
22	Halifax Town	46	11	6	6	36	24	0	6	17	14	45	34
23	Accrington Stanley	46	10	4	9	28	29	1	6	16	14	72	32
24	New Brighton	46	7	6	10	22	32	4	2	17	18	58	30

Division Two

		p	w	d	l	f	a	w	d	l	f	a	pts
1	Preston North End	42	16	3	2	53	18	10	2	9	38	31	57
2	Manchester City	42	12	6	3	53	25	7	8	6	36	36	52
3	Cardiff City	42	13	7	1	36	20	4	9	8	17	25	50
4	Birmingham City	42	12	6	3	37	20	8	3	10	27	33	49
5	Leeds United	42	14	4	3	36	17	6	4	11	27	38	48
6	Blackburn Rovers	42	13	3	5	39	27	6	5	10	26	39	46
7	Coventry City	42	15	3	3	51	25	4	4	13	24	34	45
8	Sheffield United	42	11	4	6	44	27	5	8	8	28	35	44
9	Brentford	42	13	3	5	44	25	5	5	11	31	49	44
10	Hull City	42	12	5	4	47	28	4	6	11	27	42	43
11	Doncaster Rovers	42	9	6	6	37	32	6	7	8	27	36	43
12	Southampton	42	10	9	2	38	27	5	4	12	28	46	43
13	West Ham United	42	10	5	6	44	33	6	5	10	24	36	42
14	Leicester City	42	10	4	7	42	28	5	7	9	26	30	41
15	Barnsley	42	9	5	7	42	22	6	5	10	32	46	40
16	Queen's Park Rangers	42	13	5	3	47	25	2	5	14	24	57	40
17	Notts County	42	7	7	7	37	34	6	6	9	24	26	39
18	Swansea Town	42	14	1	6	34	25	2	3	16	20	52	36
19	Luton Town	42	7	9	5	34	23	2	5	14	23	47	32
20	Bury	42	9	4	8	33	27	3	4	14	27	59	32
21	Chesterfield	42	7	7	7	30	28	2	5	14	14	41	30
22	Grimsby Town	42	6	8	7	37	38	2	4	15	24	57	28

Division Three (South)

		p	w	d	l	f	a	w	d	l	f	a	pts
1	Nottingham Forest	46	16	6	1	57	17	14	4	5	53	23	70
2	Norwich City	46	16	6	1	42	14	9	8	6	40	31	64
3	Reading	46	15	6	2	57	17	6	9	8	31	36	57
4	Plymouth Argyle	46	16	5	2	54	19	8	4	11	31	36	57
5	Millwall	46	15	6	2	52	23	8	4	11	28	34	56
6	Bristol Rovers	46	15	7	1	46	18	5	8	10	18	24	55
7	Southend United	46	15	4	4	64	27	6	6	11	28	42	52
8	Ipswich Town	46	15	4	4	48	24	8	2	13	21	34	52
9	Bournemouth	46	17	5	1	49	16	5	2	16	16	41	51
10	Bristol City	46	15	4	4	41	25	5	7	11	23	34	51
11	Newport County	46	13	4	6	48	25	6	5	12	29	45	47
12	Port Vale	46	13	6	4	35	24	3	7	13	25	41	45
13	Brighton & Hove Alb.	46	11	8	4	51	31	2	9	12	20	48	43
14	Exeter City	46	11	4	8	33	30	7	2	14	29	55	42
15	Walsall	46	12	4	7	32	20	3	6	14	20	42	40
16	Colchester United	46	12	5	6	43	25	2	7	14	20	51	40
17	Swindon Town	46	15	4	4	38	17	3	0	20	17	50	40
18	Aldershot	46	11	8	4	37	20	4	2	17	19	68	40
19	Leyton Orient	46	13	2	8	36	28	2	6	15	17	47	38
20	Torquay United	46	13	2	8	47	39	1	7	15	17	42	37
21	Northampton Town	46	8	9	6	39	30	2	7	14	16	37	36
22	Gillingham	46	10	7	6	41	30	3	2	18	28	71	35
23	Watford	46	8	5	10	29	28	1	6	16	25	60	29
24	Crystal Palace	46	6	5	12	18	39	2	6	15	15	45	27

Football League attendances are taken from the official ledgers, with permission of the Football Leagu

Match details are based on contemporary accounts, Football League ledgers, complete record books and correspondence with clul experts. Any mistakes are the fault of the editor. Computer validation has been used to check line-ups and scorers, but the edit is only human!

Acknowledgements are due to all those people that have helped with this volume, especially Kit Bartlett (for Colindale research Brian Tabner (attendances), Michael Joyce (player details) and Barry Spencer.

Accrington Stanley

23rd in Division Three (North)

	Date		Opponent	Score	Scorers	Att	Butler T	Coll WS	Daniels D	Hogan C	Keeley W	Lancaster JG	Lovett E	Martin E	Martin FJ	Mellor W	Oldham J	Parker S	Rigby E	Robinson W	Rothwell G	Seed TF	Slattery JW	Smith C	Smith D	Smyth HR	Thomas D	Travis D	Watkinson WW	Webster R	Wilson JH	Woods W
1	Aug	19	Gateshead	0-7		9623	8		1	7	10		5		6			2			4						11	9		3		
2		23	CREWE ALEXANDRA	1-0	Thomas	2930	7		1		6		5	8	10			2			4						11	9		3		
3		26	SOUTHPORT	3-1	Keeley, Thomas, Travis	7265	7		1		10		5	8				2			4				6		11	9		3		
4		30	Crewe Alexandra	0-3		7708			1	7	10		5		8			2			4				6		11	9		3		
5	Sep	2	Tranmere Rovers	1-1	Keeley	9936			1	7	10		5		8			2			4				6		11	9		3		
6		4	York City	0-3		7417	7		1		10		5					2			4		8		6		11	9		3		
7		9	BRADFORD PARK AVE.	3-3	Thomas, Keeley 2	6503	8		1	7	10		5					2			4				6		11	9		3		
8		16	Oldham Athletic	1-2	Thomas	11645	8		1	7	10		5					2			4				6		11	9		3		
9		23	WREXHAM	1-0	Lovett	4789	7		1		10		5		8			2			4						11	9		3	6	
10		26	YORK CITY	2-0	Rothwell, Butler	7237	7		1		10		5		8			2			4						11	9		3	6	
11		30	Scunthorpe United	0-3		7861	7		1	11	10		5		8			2			4							9		3	6	
12	Oct	7	Shrewsbury Town	1-0	Travis	8226	8	7	1		10		5					2			4						11	9		3	6	
13		14	LINCOLN CITY	3-1	Travis 2, Keeley	5785	8	7	1		10		5		6			2			4						11	9		3		
14		21	Rochdale	1-3	Keeley	8027	7	8	1		10		5		6			2			4						11	9		3		
15		28	CHESTER	1-2	Lee (og)	5744		8	1		10		5		6			2			4				7		11	9		3		
16	Nov	4	New Brighton	1-1	Travis	3455	7	8	1		10		5		6			2			4						11	9		3		
17		11	BRADFORD CITY	0-2		4662		7	1		10		5		6	2					4		9				11			3		8
18		18	Darlington	0-3		5582		7	1		10		5		6	2					4		9				11			3		8
19	Dec	2	Halifax Town	2-2	Slattery, Keeley	4883	8	7	1		10				4	2							9		6		11			3	5	
20		9	STOCKPORT COUNTY	2-3	Keeley (p), Thomas	3415	8	7	1		10				6	2							9		4		11			3	5	
21		23	Southport	0-3		3227	8		1		10				4	2				11	7		9		6					3	5	
22		25	Carlisle United	1-3	Keeley	13943	8	7	1		9				6	2				10	4						11			3	5	
23		26	CARLISLE UNITED	0-4		4947	8		1	7	9				6	2				10	4				11					3	5	
24	Jan	1	ROTHERHAM UNITED	0-2		5004	7		1		10					2				8	4	3	9		6		11				5	
25		13	Bradford Park Avenue	0-3		8883	7		1		10					2				8	4		9		6		11			3	5	
26		20	OLDHAM ATHLETIC	1-2	Watkinson	5192			1	7	10					2				8	4				6		11		9	3	5	
27		27	BARROW	1-0	Watkinson	4370	8		1	7	10				11	2				4						6			9	3	5	
28	Feb	3	Wrexham	1-1	Keeley	7593	8		1	7	10				11	2				4						6			9	3	5	
29		10	Rotherham United	2-6	Robinson, Watkinson	14504	8		1	7	10				11	2				4						6			9	3	5	
30		17	SCUNTHORPE UNITED	0-0		3433			1	7	11				10	2				4	8					6			9	3	5	
31		24	SHREWSBURY TOWN	2-0	Keeley, Watkinson	3417	7		1		11				10	2				4	8					6			9	3	5	
32	Mar	3	Lincoln City	1-9	Mellor	10745	7		1		9				11	2				4	8				10	6				3	5	
33		10	ROCHDALE	1-2	Keeley	4281	7		1		9		5		6	2				8	4				10		11			3		
34		17	Chester	2-2	Watkinson, Keeley	3400	7		1		10				6	2			3	8	4						11		9		5	
35		23	Mansfield Town	0-5		4504	7		1						6	2			3	8	4		9		10		11				5	
36		24	NEW BRIGHTON	1-1	D Smith	3495	7		1						6	2				11	4				10	8			9	3	5	
37		26	MANSFIELD TOWN	0-2		3602	8	7	1						6	2				11	4		9		10					3	5	
38		31	Bradford City	0-7		9025	8		1	7			5		6	2				11	4				9					3		10
39	Apr	7	DARLINGTON	1-0	D Smith	3245	8		1	7					6	2	5			10	4				9		11			3		
40		14	Stockport County	0-0		5264	8		1	7					6	2	5				4				10		11		9	3		
41		16	Barrow	0-4		4130	8		1	7					6	2	5			10	4						11		9	3		
42		21	HALIFAX TOWN	1-0	Wilson	4550	8		1	7					6	2	5			10	4						11			3	9	
43		25	HARTLEPOOLS UNITED	2-0	Wilson, Robinson	4091	8		1	7					6	2	5			10	4						11			3	9	
44		28	Hartlepools United	0-1		3568			1	7					6	2	5		3		4		8	10			11				9	
45	May	2	TRANMERE ROVERS	0-2		4194	8		1	7					6	2	5				4		10				11			3	9	
46		5	GATESHEAD	2-2	Wilson, Slattery	2782	8			7		1			6	2	5				4		10				11			3	9	
						Apps	38	11	45	21	34	1	20	2	38	30	8	16	3	22	41	1	13	1	22	7	34	16	10	42	27	3
						Goals	1				13		1			1				2	1		2		2		5	5	5		3	

One own goal

F.A. Cup

	Date		Opponent	Score	Scorers	Att	Butler T	Coll WS	Daniels D	Hogan C	Keeley W	Lancaster JG	Lovett E	Martin E	Martin FJ	Mellor W	Oldham J	Parker S	Rigby E	Robinson W	Rothwell G	Seed TF	Slattery JW	Smith C	Smith D	Smyth HR	Thomas D	Travis D	Watkinson WW	Webster R	Wilson JH	Woods W
R1	Nov	25	Wrexham	0-1		10370			1		10				6	2					4	8	9				11			3	5	7

4

Aldershot

18th in Division Three (South)

	Date	Opponents	Score	Scorers	Att	Billington CR	Bonnar P	Cropley JT	Durkin W	Finlay K	Flint K	Gardner CC	Gormley P	Greenwood JJ	Hobbs RG	Jales RA	Jefferson A	Laird DW	Levy L	McNichol A	Menzies N	Mortimore CT	Purdie JJ	Raine RR	Rogers AH	Rowell JF	Sowden PT	Warnes G	White J	Williams WHJ	Wilson DF	Woodward V
1	Aug 19	Crystal Palace	2-0	Flint 2	24968	5	7		10		11						3	9		8					2			1	4			6
2	23	BRISTOL ROVERS	1-1	Flint	8812	5	7		10		11						3	9		8					2			1	4			6
3	26	BRIGHTON & HOVE ALB	0-0		9951	5	7		10		11		9				3			8					2			1	4			6
4	28	Bristol Rovers	0-3		10327	5					11	4			7		3			10					2			1	8			6
5	Sep 2	Newport County	0-7		13696	5	7				11	4	9				3								2	10		1	8			6
6	6	SOUTHEND UNITED	2-2	Bonnar, Mortimore	6425		7	6			11	4					3					9			2	10		1	5	8		
7	9	NORWICH CITY	1-1	Williams	8238		7	6	11	4							3					9			2	10		1	5	8		
8	12	Southend United	2-4	Bonnar (p), Mortimore	8117		7	6	11	4							3					9			2	10		1	5	8		
9	16	Northampton Town	0-1		12072	5			10		11				7		3			8		9			2			1	4			6
10	23	PORT VALE	2-0	Bonnar, Mortimore	7358	5	7		10		11						3			8		9			2			1	4			6
11	27	Torquay United	2-1	Bonnar (p), Gormley	5840	5	7		10		11		9				3			8					2			1	4			6
12	30	Nottingham Forest	0-7		15841	5	7		10		11		9				3			8					2			1	4			6
13	Oct 7	READING	1-1	Menzies	12793	5	7		10		11						3				8	9			2			1	4			6
14	14	Plymouth Argyle	1-5	Durkin	19262		7	5	10		11		9				3	6			8				2			1	4			
15	21	IPSWICH TOWN	0-1		7625		7	5	10		11						3	6			8	9	1		2				4			
16	28	Leyton Orient	0-1		10115			5							7		3	6		8	11	9			2		10	1	4			
17	Nov 4	WALSALL	3-0	Cropley, Bonnar 2	6020		9	5			11				7		3	6			8				2			1	4			10
18	11	Watford	2-1	Menzies 2	10212		9	6			11				7		3	4			8				2			1	5			10
19	18	MILLWALL	2-1	Bonnar, Woodward	9734		9	6			11				7		3	4			8				2			1	5			10
20	Dec 2	GILLINGHAM	2-4	Menzies, McNichol	7253		9	6	11	3	7							4		10	8				2			1	5			
21	23	Brighton & Hove Albion	2-1	Flint, Menzies	7235		9	6	11	3	7							4		10	8				2			1	5			
22	25	EXETER CITY	4-2	Gormley 2(1p), Woodward 2	6633			6			11		9		7		3	4			8				2			1	5			10
23	26	Exeter City	0-3		11959		7	6		3	11		9					4	1		8				2	10			5			
24	30	NEWPORT COUNTY	3-1	Gormley 2, Flint	6291			6			11		9		7		3	4	1		8				2				5			10
25	Jan 13	Norwich City	2-2	Bonnar, Flint	18552		7	6			11		9				3	4			8				2			1	5			10
26	20	NORTHAMPTON T	3-0	Woodward, Flint 2	7875		7	6			11		9				3	4			8				2			1	5			10
27	27	Colchester United	0-1		9285		7	6			11		9				3	4			8				2			1	5			10
28	Feb 3	Port Vale	1-3	Gormley	8606		7	6			11		9				3	4							2		8	1	5			10
29	10	Walsall	1-3	Mortimore	9967		7	6			11						3	4				9			2		8	1	5			10
30	17	NOTTM. FOREST	1-0	Bonnar	8543		7	6			11					2	3	4			8			9				1	5			10
31	24	Reading	1-7	Raine	23043	5	7				11					2	3				8		1	9					6	10		4
32	Mar 3	PLYMOUTH ARGYLE	2-2	Bonnar, Williams	8398	5	7				11						3				8		1		2		10		6	9		4
33	10	Ipswich Town	2-5	Laird, Williams	9802				10		11			6			3	4			7		1		2				5	9		8
34	17	LEYTON ORIENT	3-1	Williams, Bonnar, Flint	7414		9		10		11			6	7		3						1		2				5	8		4
35	23	SWINDON TOWN	0-1		8951		9		10		11			6	7		3				8		1		2				5			4
36	26	Swindon Town	0-4		10249		11		10					6									1	9	2				5	8	3	4
37	31	WATFORD	1-1	Bonnar (p)	5558	5	11		10					6	7		3						1	9	2				4			8
38	Apr 4	Bristol City	1-1	Menzies	11369	5			10					11	7						8		1	9	2				4		3	6
39	7	Millwall	0-1		8721	5			11					10	7						8		1	9	2				4		3	6
40	11	COLCHESTER UNITED	2-0	Bonnar, Raine	5821		7	5	11					10			3				8		1	9	2				4			6
41	14	BRISTOL CITY	0-0		6231		7	6			11			10			3				8		1	9	2				5			4
42	21	Gillingham	0-3		10492		7		10		11			6			3				8	9	1		2				5			4
43	25	Bournemouth	0-4		7640	5	1		7		11	8	9	6			3								2				4			10
44	28	BOURNEMOUTH	0-1		3744		7		10	5	11	8	9	6			3						1		2							4
45	May 2	CRYSTAL PALACE	3-0	Mortimore, Flint 2	4279		10		7	6	11						3				8	9	1		2				5			4
46	5	TORQUAY UNITED	1-0	Menzies	5074				7		11	6	4				3				8		9	1	2				5			10
					Apps	16	37	22	27	7	38	6	15	12	13	2	40	20	2	11	27	12	16	8	44	5	4	27	45	8	3	37
					Goals		13	1	1		11		6					1		1	7	5		2						4		4

Played in one game: T Sinclair (game 4, at 9), W Blackwell (36, 7)

F.A. Cup

	Date	Opponents	Score	Scorers	Att	Billington CR	Bonnar P	Cropley JT	Durkin W	Finlay K	Flint K	Gardner CC	Gormley P	Greenwood JJ	Hobbs RG	Jales RA	Jefferson A	Laird DW	Levy L	McNichol A	Menzies N	Mortimore CT	Purdie JJ	Raine RR	Rogers AH	Rowell JF	Sowden PT	Warnes G	White J	Williams WHJ	Wilson DF	Woodward V
R1	Nov 25	BROMLEY	2-2	Menzies, Bonnar	11507		9	6			11				7		3	4			8				2			1	5			10
rep	29	Bromley	1-0	Woodward			9	6		3	11				7			4			8				2			1	5			10
R2	Dec 9	BOURNEMOUTH	3-0	Gormley, Woodward, Flint	10500			6			11		9		7		3	4			8				2			1	5			10
R3	Jan 10	Bristol Rovers	1-5	Woodward	13429			6			11		9		7		3	4	1		8				2				5			10

Arsenal

5th in Division One

						Barnes W	Bowen DL	Compton LH	Cox FJA	Daniel WR	Fields AG	Forbes AR	Goring H	Holton CC	Kelsey AJ	Lewis RJ	Lishman DJ	Logie JT	Marden RJ	McPherson IB	Mercer J	Milton CA	Platt EH	Roper DGB	Scott L	Shaw A	Smith L	Swindin GH
1	Aug 19	Burnley	1-0	Roper	32706	2			7		5	4	9				10	8			6			11			3	1
2	23	CHELSEA	0-0		61166	2		5	7			4	9				10	8			6			11			3	1
3	26	TOTTENHAM HOTSPUR	2-2	Barnes (p), Roper	64638	2		5	7				9				10	8			6			11		4	3	1
4	30	Chelsea	1-0	Cox	48792	2		5	7				9				10	8		11	6					4	3	1
5	Sep 2	SHEFFIELD WEDNESDAY	3-0	Logie 2, Lishman	45647	3		5	7				9				10	8		11	6		1		2	4		
6	6	EVERTON	2-1	Barnes (p), Cox	36576	3		5	7			4	9				10	8		11	6		1		2			
7	9	Middlesbrough	1-2	Lishman	46119	3		5	7			4	9				10	8			6		1	11	2			
8	13	Everton	1-1	Goring	47518	2		5				4	9				10	8		7	6			11			3	1
9	16	HUDDERSFIELD T	6-2	Goring 3, Logie 2, Lishman	51518	2		5				6	9				10	8		7				11		4	3	1
10	23	Newcastle United	1-2	Logie	66926	2		5					9				10	8		7	6			11		4	3	1
11	30	WEST BROMWICH ALB.	3-0	Lishman 2, Logie	51928	2		5				4	9				10	8		7	6			11			3	1
12	Oct 7	Charlton Athletic	3-1	Forbes, Goring, Roper	63539	2		5				4	9				10	8		7	6			11			3	1
13	14	MANCHESTER UNITED	3-0	Lishman, Goring, Cockburn (og)	66157	2		5				4	9				10	8		7	6			11			3	1
14	21	Aston Villa	1-1	Logie	53111			5					9				10	8		7	6			11	2	4	3	1
15	28	DERBY COUNTY	3-1	Forbes, Logie, Goring	62889	2		5				4	9				10	8		7	6		1	11			3	
16	Nov 4	Wolverhampton Wan.	1-0	Lishman	55648	2		5				4	9				10	8		7	6		1	11			3	
17	11	SUNDERLAND	5-1	Lishman 4, Roper	68682	2		5				4	9				10	8		7	6		1	11			3	
18	18	Liverpool	3-1	Logie, Lishman, Roper	44193	2		5				4	9				10	8		7	6		1	11			3	
19	25	FULHAM	5-1	Lishman 3, Goring, Forbes	41344	2		5				4	9				10	8		7	6		1	11			3	
20	Dec 2	Bolton Wanderers	0-3		43484	2		5				4	9				10	8		7	6		1	11			3	
21	9	BLACKPOOL	4-4	Barnes (p), Forbes, Goring, Lishman	54445	2		5				4	9				10	8		7	6			11			3	1
22	16	BURNLEY	0-1		32374	3		5				4	9				10	8		7	6			11	2			1
23	23	Tottenham Hotspur	0-1		54898	3		5	11			4	9				10	8		7	6				2			1
24	25	STOKE CITY	0-3		36852	3		5	11			6	9				10	8		7					2	4		1
25	26	Stoke City	0-1		43315	2		5	7				8	9		10					6		1	11		4	3	
26	30	Sheffield Wednesday	2-0	Goring 2	39643				7	5		4	9			10		8			6		1	11	2		3	
27	Jan 13	MIDDLESBROUGH	3-1	Lewis 2, Goring	63038	2		5				6	9			10		8		7			1	11		4	3	
28	20	Huddersfield Town	2-2	Lewis 2	37175	2		5				6	9			10		8		7			1	11		4	3	
29	Feb 3	NEWCASTLE UNITED	0-0		52074	2		5				4	9			10		8		7	6		1	11			3	
30	17	West Bromwich Albion	0-2		35851	2		5	7			6	9			10		8					1	11		4	3	
31	24	CHARLTON ATHLETIC	2-5	Goring 2	54903	2		5				6	9		1	10		8		7				11		4	3	
32	Mar 3	Manchester United	1-3	Holton	48025	3		5				6	10	9	1			8	11	7	4				2			
33	10	ASTON VILLA	2-1	Lewis 2	39747	2				5		6		9		10		8	11			7	1			4	3	
34	17	Derby County	2-4	Lewis, Goring	22168	2			7	5		6	9			10		8	11				1			4	3	
35	23	PORTSMOUTH	0-1		49051			5					9		1	10		8	11		4			7	2	6	3	
36	24	WOLVERHAMPTON W.	2-1	Holton 2	50213		6	5				10		9	1			8	11		4			7	2		3	
37	26	Portsmouth	1-1	Marden	39189		6			5		10		9				8	11					7	2	4	3	1
38	31	Sunderland	2-0	Roper, Marden	31505		6	5						9		10		8	11		4			7	2		3	1
39	Apr 7	LIVERPOOL	1-2	Holton	34664		6	5						9		10		8	11		4			7	2		3	1
40	14	Fulham	2-3	Lewis, Holton	34111	3	6	5				4		9		10		8	11					7	2			1
41	21	BOLTON WANDERERS	1-1	Lishman	42040	3	6	5						9			10		11	7	4			8	2			1
42	May 2	Blackpool	1-0	Roper	23044	3	6			5		4		9		8	10		11					7	2			1

	Barnes W	Bowen DL	Compton LH	Cox FJA	Daniel WR	Fields AG	Forbes AR	Goring H	Holton CC	Kelsey AJ	Lewis RJ	Lishman DJ	Logie JT	Marden RJ	McPherson IB	Mercer J	Milton CA	Platt EH	Roper DGB	Scott L	Shaw A	Smith L	Swindin GH
Apps	35	7	36	13	5	1	32	34	10	4	14	26	39	11	26	31	1	17	34	17	16	32	21
Goals	3			2			4	15	5		8	17	9	2					7				

One own goal

F.A. Cup

						Barnes W	Bowen DL	Compton LH	Cox FJA	Daniel WR	Fields AG	Forbes AR	Goring H	Holton CC	Kelsey AJ	Lewis RJ	Lishman DJ	Logie JT	Marden RJ	McPherson IB	Mercer J	Milton CA	Platt EH	Roper DGB	Scott L	Shaw A	Smith L	Swindin GH
R3	Jan 6	CARLISLE UNITED	0-0		57932	2			7	5		4	9			10		8			6		1	11			3	
rep	11	Carlisle United	4-1	Lewis 2, Goring, Logie	21215	2		5				6	9			10		8		7			1	11		4	3	
R4	27	NORTHAMPTON T	3-2	Lewis 2, Roper	72408	2		5				4	9			10		8		7	6		1	11			3	
R5	Feb 10	Manchester United	0-1		55058	2		5				4	9			10		8		7	6		1	11			3	

Aston Villa

15th in Division One

No.	Month	Day	Opponent	Score	Scorers	Att.	Aldis PB	Blanchflower RD	Canning L	Craddock LM	Dixon JT	Dorsett R	Edwards GR	Ford T	Gibson CH	Goffin WC	Hindle JR	Jeffries RJ	Jones K	Lynn S	Martin CJ	Moss A	Moss F	Pace DJ	Parkes HA	Powell IV	Rutherford JHH	Sellars G	Smith HH	Smith LGF	Thompson T	Walsh DJ
1	Aug	19	WEST BROMWICH ALB.	2-0	Dixon, Gibson	58804				9	7	3			8	10			1		5		6		2	4				11		
2		21	SUNDERLAND	3-1	Craddock, Gibson, Dixon	37143				9	7	3			8	10			1		5		6		2	4				11		
3		26	Derby County	2-4	Craddock, LG Smith	26865				9	7	3			8	10			1		5		6		2	4				11		
4		30	Sunderland	3-3	Powell, Dixon, Craddock	40893				9	8	3	7		10	11			1		5		6		2	4						
5	Sep	2	LIVERPOOL	1-1	F Moss	45127				10		3	7	9	8	11			1		5		6		2	4						
6		4	MANCHESTER UNITED	1-3	Ford	42724				10		3	7	9	8	11			1		5		6		2	4						
7		9	Fulham	1-2	Goffin	35817				10	7	3		9	8	11			1		5		6		2	4						
8		13	Manchester United	0-0		34824			4		10	3		9	7	11	1				5		6		2	8						
9		16	BOLTON WANDERERS	0-1		32817			4		10	3		9	7	11	1				5		6		2	8						
10		23	Blackpool	1-1	Goffin	33298					10	3		9	7	11	1				5		6		2	4					8	
11		30	TOTTENHAM HOTSPUR	2-3	Thompson, LG Smith	36538				7		3		9	8		1				5		6		2	4				11	10	
12	Oct	7	NEWCASTLE UNITED	3-0	Thompson, Powell, Craddock	41989				7		3		9	8		1				5		6		2	4				11	10	
13		14	Huddersfield Town	2-4	Edwards, Ford	25903							7	9	8	10	1			3	5		6		2	4				11		
14		21	ARSENAL	1-1	Canning	53111			4		10	3	9		8		1				5		6		2			7		11		
15		28	Burnley	0-2		26471			8			3	9		7		1				5		6		2	4				11	10	
16	Nov	4	MIDDLESBROUGH	0-1		36542			4		7	3	9		8		1				5		6		2					11	10	
17		11	Sheffield Wednesday	2-3	Craddock, Gibson	37080			4	9	10	3			7				1		5		6		2					11	8	
18		18	CHELSEA	4-2	Dixon 2, Craddock, Thompson	27609				9	10	3			7				1		5		6		2	4				11	8	
19		25	Portsmouth	3-3	Dixon 2, Thompson	30399				9	10	3			7				1		5		6		2	4				11	8	
20	Dec	2	EVERTON	3-3	LG Smith 2, Dorsett (p)	27133				9	10	3			7		1				5		6		2	4				11	8	
21		9	Stoke City	0-1		19291			4		10	3	9				1					5	6		2				7	11	8	
22		16	West Bromwich Albion	0-2		27599			4	9	10	3					1				5	6			2			7		11	8	
23		23	DERBY COUNTY	1-1	Lynn	28129			4	7	10	3					1			9	5	6			2					11	8	
24		25	Charlton Athletic	2-2	Thompson, LG Smith	17192			4			3	10			7	1			9	5	6			2					11	8	
25		26	CHARLTON ATHLETIC	0-0		32837			4			3	10			7	1			9	5	6			2					11	8	
26	Jan	13	FULHAM	3-0	Dixon, Lynn (p), Quested (og)	39994			4		7					10			1	2	5	6			3					11	8	9
27		20	Bolton Wanderers	0-1		29233			4		7		10			11			1	2	5	6			3						8	9
28	Feb	3	BLACKPOOL	0-3		55093			4		7	3			8				1		5	6			2					11	10	9
29		17	Tottenham Hotspur	2-3	Dixon, Gibson	47842			4		7	10			11			9		3	5		6		2		1				8	
30	Mar	3	HUDDERSFIELD T	0-1		36083			4		7	3			10						5		6		2		1			11	8	9
31		10	Arsenal	1-2	Lynn (p)	39747	3		4		7	10			11			9		2	5				6		1				8	
32		17	BURNLEY	3-2	Canning, Pace, Dixon	26347	5	4	11		10	3			7					2		6		9			1				8	
33		24	Middlesbrough	1-2	Dixon	28580	3	4			10	6									5			9	2		1		7	11	8	
34		26	Wolverhampton Wan.	3-2	Dixon, Parkes (p), Short (og)	38340	3	4			10	6				11							5		2		1		7		8	9
35		27	WOLVERHAMPTON W.	1-0	Thompson	60102	3	4			10	6				11							5		2		1		7		8	9
36		31	SHEFFIELD WEDNESDAY	2-1	Walsh, Thompson	29321	3	4			10	6				11							5		2		1		7		8	9
37	Apr	4	Newcastle United	1-0	Thompson	38543	3	4			10	6				11							5		2		1		7		8	9
38		7	Chelsea	1-1	H Smith	28569	3	4			10	6				11							5		2		1		7		8	9
39		14	PORTSMOUTH	3-3	H Smith, Dixon, Parkes (p)	33560	3	4			10	6				11							5		2		1		7		8	9
40		21	Everton	2-1	H Smith, Dixon	45245	3	4			10	6				11							5		2		1		7		8	9
41		25	Liverpool	0-0		23061	3	4			10	6				11							5		2		1		7		8	9
42	May	5	STOKE CITY	6-2	* see below	24739	3	4			10	6				11							5		2		1		7		8	9

Scorers in game 42: Thompson 2, Walsh 2, Dixon, Sellars (og)

	Aldis PB	Blanchflower RD	Canning L	Craddock LM	Dixon JT	Dorsett R	Edwards GR	Ford T	Gibson CH	Goffin WC	Hindle JR	Jeffries RJ	Jones K	Lynn S	Martin CJ	Moss A	Moss F	Pace DJ	Parkes HA	Powell IV	Rutherford JHH	Sellars G	Smith HH	Smith LGF	Thompson T	Walsh DJ
Apps	12	11	18	15	34	39	11	9	25	24	15	2	13	9	31	9	32	2	41	17	14	2	11	22	31	13
Goals			2	6	15	1	1	2	4	2				3			1	1	2	2			3	5	10	3

Three own goals

F.A. Cup

Round	Month	Day	Opponent	Score	Scorers	Att.	Aldis PB	Blanchflower RD	Canning L	Craddock LM	Dixon JT	Dorsett R	Edwards GR	Ford T	Gibson CH	Goffin WC	Hindle JR	Jeffries RJ	Jones K	Lynn S	Martin CJ	Moss A	Moss F	Pace DJ	Parkes HA	Powell IV	Rutherford JHH	Sellars G	Smith HH	Smith LGF	Thompson T	Walsh DJ
R3	Jan	6	BURNLEY	2-0	Thompson, LG Smith	37806			4		9				10	7			1	2	5	6			3					11	8	
R4		27	Wolverhampton Wan.	1-3	Dixon	53148			4		7	3			8				1		5	6			2					11	10	9

7

Barnsley

15th in Division Two

						Bannister E	Baxter JC	Blanchflower RD	Deakin WE	Glover A	Griffiths JS	Hough H	Hudson M	Jones GH	Kaye A	Kelly JC	Kelly PM	Kitchen J	Lambert K	Ledger R	Lindsay D	McCormack JC	McMorran EJ	Murphy E	Normanton S	Pallister G	Scattergood E	Smith G	Taylor T	Ward TV	Wright AM
1	Aug 19	SOUTHAMPTON	1-2	Wright	19909		6	4								11	1	5			2	10	8			3		7			9
2	24	Hull City	3-3	McCormack 2, Wright	41949	2	6	4								11	1	5				9	8			3		7			10
3	26	Chesterfield	2-1	McCormack 2	14828	2	6	4								11	1	5				9	8			3		7			10
4	30	HULL CITY	4-2	McCormack 2, Wright, McMorran	24583	2	6	4								11	1	5				9	8			3		7			10
5	Sep 2	Sheffield United	2-0	McCormack, McMorran	41626	2	6	4								11	1	5				9	8			3		7			10
6	6	BRENTFORD	2-3	Pallister, McCormack (p)	15505	2	6	4								11	1	5				9	8			3		7			10
7	9	LUTON TOWN	6-1	McCormack 5, Wright	22052	2	6	4		5						11	1					9	8			3		7			10
8	13	Brentford	2-0	Griffiths, Baxter	18448	2	10	4		6	8					11	1				5	9				3		7			
9	16	Leeds United	2-2	Baxter, McCormack	37633	2	10	4		6						11	1				5	9	8			3		7			
10	23	WEST HAM UNITED	1-2	McCormack	25679	2	10	4		6						11	1	5				9	8			3		7			
11	30	Swansea Town	0-1		19091	2	6	4		5	10					11	1					9	8			3		7			
12	Oct 7	GRIMSBY TOWN	3-1	McCormack 3	18417	2	10			5						11	1					9			4	3	6	7	8		
13	14	Birmingham City	0-2		26617	2	10	4		5						11	1					9	8		6	3		7			
14	21	PRESTON NORTH END	4-1	* see below	30081	2	10	4		5						11	1					9	8		6	3		7			
15	28	Notts County	1-2	McCormack	39435	2	10	4		5						11	1					9	8		6	3		7			
16	Nov 4	QUEEN'S PARK RANGERS	7-0	* see below	17927	2		4		5						11	1					9	8		6	3		7	10		
17	11	Bury	3-0	McCormack 2, McMorran	17662	2	6	4		5						11	1					9	8			3		7	10		
18	18	CARDIFF CITY	0-0		21818	2	6	4		5						11	1		10			9	8			3		7			
19	25	Coventry City	3-3	Taylor, Kelly, McCormack	28680	2	6	4		5						11	1					9	8			3		7	10		
20	Dec 2	MANCHESTER CITY	1-1	McCormack (p)	29681	2	6	4		5	10					11	1					9	8			3		7			
21	9	Leicester City	2-1	McMorran, Taylor	25869	2		4		5						11	1					9	8		6	3		7	10		
22	16	Southampton	0-1		17207	2		4		5						11	1			8			9		6	3		7	10		
23	23	CHESTERFIELD	0-0		16573	2		4	11	5							1					9	8		6	3		7	10		
24	25	Doncaster Rovers	2-3	McCormack (p), McMorran	28995	2		4	11	5			3				1					9	8		6			7	10		
25	26	DONCASTER ROVERS	0-1		33867	2		4		5			3			11	1					9	8		6			7	10		
26	Jan 13	Luton Town	1-1	Deakin	15032		10	4	11	5					7		1				2	9	8		6	3					
27	20	LEEDS UNITED	1-2	McCormack	21967	2	10	4	11	5					7		1					9	8		6	3					
28	Feb 3	West Ham United	2-4	Baxter, McCormack	16781		6	4	11	5					7		1		10		2	9	8			3					
29	17	SWANSEA TOWN	1-0	Smith	8371		6	4	11	5		1									2	9	8		10	3		7			
30	24	Grimsby Town	1-3	Jones	14862		6	4		5		1		11							2	9	8		10	3		7			
31	Mar 3	BIRMINGHAM CITY	0-2		15450		10	4		5		1		11							2	9	8		6	3		7			
32	10	Preston North End	0-7		31187		6	4	11	5		1									2	9	8			3		7	10		
33	17	NOTTS COUNTY	2-0	Lindsay, Deakin	12932		6		11	5		1									2	9	8	10		3		7		4	
34	23	Blackburn Rovers	4-3	McCormack 2, McMorran, Jones	31060		6			5		1		11							2	9	8	10		3		7		4	
35	24	Queen's Park Rangers	1-2	McCormack	15868		6			5		1		11							2	9	8	10		3		7		4	
36	26	BLACKBURN ROVERS	3-0	Murphy, Smith, McMorran	15125	2	6			5		1		11					9		3		8	10				7		4	
37	31	BURY	2-3	McMorran, Baxter	11967	2	6			5		1		11					9		3		8	10				7		4	
38	Apr 7	Cardiff City	1-1	Smith	27631	2	6		11	5		1									3		8	10				7	9	4	
39	14	COVENTRY CITY	3-0	Taylor 2, Lindsay (p)	12434	2	6		11	5		1									3		8	10				7	9	4	
40	18	SHEFFIELD UNITED	1-1	McCormack (p)	18120	2	6		11			1									5	9	8	10		3		7		4	
41	21	Manchester City	0-6		39838	2	6					1		11							5	9	8	10		3		7		4	
42	28	LEICESTER CITY	0-0		9882	2	6					1		11							5	9	8	10		3		7		4	

Scorers in game 14: McCormack, McMorran, Smith, Blanchflower

Scorers in game 16: Taylor 3, McCormack 2, Kelly, McMorran

	Bannister E	Baxter JC	Blanchflower RD	Deakin WE	Glover A	Griffiths JS	Hough H	Hudson M	Jones GH	Kaye A	Kelly JC	Kelly PM	Kitchen J	Lambert K	Ledger R	Lindsay D	McCormack JC	McMorran EJ	Murphy E	Normanton S	Pallister G	Scattergood E	Smith G	Taylor T	Ward TV	Wright AM
Apps	32	36	31	11	33	3	14	2	8	3	23	28	7	4	1	19	37	40	10	15	36	1	39	12	10	7
Goals		4	1	2		1			2		2					2	33	10	1		1		4	7		4

F.A. Cup

						Bannister E	Baxter JC	Blanchflower RD	Deakin WE	Glover A	Griffiths JS	Hough H	Hudson M	Jones GH	Kaye A	Kelly JC	Kelly PM	Kitchen J	Lambert K	Ledger R	Lindsay D	McCormack JC	McMorran EJ	Murphy E	Normanton S	Pallister G	Scattergood E	Smith G	Taylor T	Ward TV	Wright AM
R3	Jan 6	Northampton Town	1-3	McCormack	16818	2	10	4	11	5							1				3	9	8		6			7			

8

Barrow

19th in Division Three (North)

						Bell A	Blakie JS	Bolam TE	Buchanan W	Campbell D	Clough JK	Collins JK	Forbes GP	Gordon WJW	Hannah WK	Hayhurst S	Keen A	King G	Kirby A	Layton A	Lee WR	McLaren A	Miller E	Mullen JW	Nuttall W	O'Donnell E	Regan JH	Renshaw D	Rogers W	Wilson BAM
1	Aug 19	Bradford Park Avenue	0-5		16623				3	7	11	8	5	10		1		9			4							2	6	
2	24	HALIFAX TOWN	2-0	Collins, Gordon	6407				3	7	11	8	5	10		1		9			4							2	6	
3	26	OLDHAM ATHLETIC	2-1	Bell (og), Gordon	7418			4	3	7	11	8	5	10		1		9							2				6	
4	28	Halifax Town	0-0		5228			4	3	7	11	8	5	10		1		9							2				6	
5	Sep 2	Wrexham	0-1		9807			4	3	7	11	8	5			1		9					10		2				6	
6	7	SOUTHPORT	3-1	Rogers, King, Campbell	6126			4	3	7	11	8	5	10		1		9							2				6	
7	9	SCUNTHORPE UNITED	1-0	King	9601			4	3	7	11	8	5	10		1		9							2				6	
8	12	Southport	1-4	Clough	5594			4	3	7	11	8	5	10		1		9							2				6	
9	16	Mansfield Town	0-4		8929			5	3	7	11	8				1		9			4		10		2				6	
10	19	TRANMERE ROVERS	1-2	Campbell	4849			4	3	7	11		5	10		1	8	9							2				6	
11	23	ROTHERHAM UNITED	0-2		7174			4	3	7	11		5	10		1	8	9							2				6	
12	30	STOCKPORT COUNTY	1-0	King (p)	4512				3			6	5			1	7	9			4		10	11	2				8	
13	Oct 7	Bradford City	1-5	Miller	12972							6	5			1	7	9			4		10	11	2		3		8	
14	14	ROCHDALE	4-3	King 2, Miller, Keen	5645							6	5			1	7	9			4		10	11	2	3			8	
15	21	Crewe Alexandra	0-2		7956							6	5			1	7	9		8	4		10	11	2	3				
16	28	NEW BRIGHTON	1-1	King	5683							6	5			1	7	9		8	4			11	2	3			10	
17	Nov 4	Hartlepools United	1-6	Miller	5783				3	7		6	5	10		1		8			4		9	11	2					
18	11	GATESHEAD	1-1	King	6061			5	3	7	11	6		10		1		9			4				2				8	
19	18	Chester	2-1	King, Clough	5200			5	3	7	11	6		10		1		9			4				2				8	
20	Dec 2	Lincoln City	0-3		7852			5	3	7	11	6		8		1		9			4		10		2					
21	9	DARLINGTON	0-3		2838	4		5	3	7	11	6		10		1		9							2				8	
22	16	BRADFORD PARK AVE.	2-3	King 2 (1p)	4579			6	3	7		10	5			1		9		8	4			11	2					
23	23	Oldham Athletic	1-0	King	8945			6	3	7		10	5			1		9		8	4			11	2					
24	26	Tranmere Rovers	0-3		11880		11	6	3	7		10	5			1		9		8	4				2					
25	Jan 1	Carlisle United	1-1	King	12512		11	6	3	7		10	5			1		9		8	4							2		
26	13	Scunthorpe United	0-1		7850		11	6	3	7		10	5			1		9		8	4							2		
27	20	MANSFIELD TOWN	2-3	Blakie, King	4861		11	6	3	7		10	5	8				9	1		4							2		
28	27	Accrington Stanley	0-1		4370		11	6	3	7		4	5					9	1					10				2	8	
29	Feb 3	Rotherham United	0-3		12420		11	6	3			4	5	8	10			9	1									2	7	
30	10	CARLISLE UNITED	1-2	Campbell	11270		11	6	3	7		4	5		10			9	1			8						2		
31	17	Stockport County	1-4	McLaren	8202		11					4	5	7	10			9	1			8			3			2	6	
32	24	BRADFORD CITY	1-3	Hannah	5857			6			11	4	5	9	10		7		1			8			3			2		
33	Mar 3	Rochdale	0-1		5509					7	11	6			10			9	1			8			2	3			4	5
34	10	CREWE ALEXANDRA	0-1		3942		11			7		6			10			9	1			8				3		2	4	5
35	17	New Brighton	2-1	King 2 (1p)	1922				3			6		10	11			9	1	7		8						2	4	5
36	23	York City	2-0	McLaren, Gordon	9714				3			6		10	11			9	1	7		8						2	4	5
37	24	HARTLEPOOLS UNITED	3-0	King, Layton, Gordon	6289				3			6		10	11			9	1	7		8						2	4	5
38	26	YORK CITY	2-0	McLaren, Layton	4920				3			6		10	11			9	1	7		8						2	4	5
39	31	Gateshead	0-1		2916				3			6		10	11			9	1	7		8						2	4	5
40	Apr 7	CHESTER	2-0	McLaren, Hannah	4289				3			6		10	11			9	1	7		8						2	4	5
41	12	WREXHAM	2-0	McLaren 2	4451				3	7		6		10	11			9	1			8						2	4	5
42	14	Shrewsbury Town	0-1		7575				3	7		6		10	11			9	1			8						2	4	5
43	16	ACCRINGTON STANLEY	4-0	King 2, McLaren, Gordon	4130				3			6		10	11			9	1	7		8						2	4	5
44	19	SHREWSBURY TOWN	0-0		5012				3			6		10	11			9	1	7		8						2	4	5
45	21	LINCOLN CITY	3-1	McLaren, Clough, Collins	6983			5	3		11	6		10				9	1	7		8						2	4	
46	28	Darlington	1-1	King	4287			5	3			6		10	11			9	1	7		8						2	4	
					Apps	1	9	25	38	28	18	44	27	30	17	26	8	45	20	17	18	17	8	9	25	5	1	23	35	12
					Goals		1			3	3	2		5	2		1	19		2		8	3						1	

One own goal

F.A. Cup

R1	Nov 25	Carlisle United	1-2	King	17005			5	3	7	11	6		10		1		9			4				2				8	

Birmingham City

4th in Division Two

#	Month	Day	Opponent	Score	Scorers	Att	Atkins AW	Badham J	Berry RJ	Boyd LAM	Dailey J	Dorman DJ	Ferris RO	Green K	Hall JJ	Higgins JT	Kloner HR	Martin R	McKee F	Merrick GH	O'Hara EP	Powell A	Roberts H	Rowley KF	Smith WH	Stewart JG	Trigg C	Warhurst R
1	Aug	19	Swansea Town	1-0	Boyd	25012	5	2	7	4		6		3						1		8	11		10		9	
2		23	LEICESTER CITY	2-0	Trigg, Smith	28343	5	2	7	4		6		3						1		8	11		10		9	
3		26	GRIMSBY TOWN	1-1	Powell	33017	5	2	7	4		6		3						1		8	11		10		9	
4		28	Leicester City	3-1	Trigg, Smith, Stewart	31291	5	2	11	4		6		3						1		8			10	7	9	
5	Sep	2	Notts County	1-0	Smith	34648	5	2	11	4		6		3		9				1		8			10	7		
6		6	COVENTRY CITY	1-1	Higgins	24719	5	2	11	4		6		3		9				1		8			10	7		
7		9	PRESTON NORTH END	1-0	Smith	32633	5	2	7	4				3		9			6	1		8	11		10			
8		11	Coventry City	1-3	Berry	30448	5	2	7	4				3		9			6	1		8	11		10			
9		16	Bury	1-4	Dorman	16809	5	2	11	4		8		3		9			6	1		7			10			
10		23	QUEEN'S PARK RANGERS	1-1	Heath (og)	26583	5	2	7	4		6		3		9				1		8	11		10			
11		30	Chesterfield	1-1	Trigg	12339	5	2	7	4		6		3						1		8	11		10		9	
12	Oct	7	Southampton	2-0	Smith, Green	25499	5	2	7	4		6		3						1		8	11		10		9	
13		14	BARNSLEY	2-0	Smith, Boyd	26617	5	2	7	4		6		3						1			11		10	8	9	
14		21	Brentford	1-2	Trigg	19273	5	2	7	4		6		3						1			11		10	8	9	
15		28	BLACKBURN ROVERS	3-2	Trigg, Smith, Stewart	24552	5	2	11	4		6		3						1		8			10	7	9	
16	Nov	4	Hull City	2-3	Trigg 2	32038	5	2	11	4		6		3						1		8			10	7	9	
17		11	DONCASTER ROVERS	0-2		26779	5	2	11	4		6		3						1		8			10	7	9	
18		18	Sheffield United	2-3	Smith, Stewart	23879	5	2	11	4		6		3						1					8	7	9	10
19		25	LUTON TOWN	3-0	Higgins 2, Smith	18606	5	2	11	4				3		8				1					10	7	9	6
20	Dec	2	Leeds United	0-3		23355	5	2	11					3		8	4			1					10	7	9	6
21		9	WEST HAM UNITED	3-1	Higgins, Stewart, Smith	18180	5		11	4			6	2		8		3		1					10	7	9	
22		16	SWANSEA TOWN	5-0	Trigg 3, Stewart, Berry	15649	5		11	4			6	2		8		3		1					10	7	9	
23		23	Grimsby Town	1-1	Smith	13141	5		11	4			6	2		8		3		1					10	7	9	
24		25	Manchester City	1-3	Trigg	40173	5		11	4			6	2		8		3		1					10	7	9	
25		26	MANCHESTER CITY	1-0	Trigg	32092	5	3	11	4			6	2		8				1					10	7	9	
26		30	NOTTS COUNTY	1-4	Stewart	33770	5	3	11	4			6	2		8				1					10	7	9	
27	Jan	13	Preston North End	0-1		30662	5	2	11	4		8	6			10		3		1						7	9	
28		20	BURY	3-3	Trigg 2, Stewart	25653	5		11	4			6		2			3		1				8	10	7	9	
29	Feb	3	Queen's Park Rangers	0-2		12295	5	2	11			4	6			8		3		1					10	7	9	
30		17	CHESTERFIELD	2-1	Trigg, Higgins	33768	5		11	4			6	2		8		3		1					10	7	9	
31		28	SOUTHAMPTON	2-1	Trigg, Stewart	12593	5	2	11	4			6	3		8				1					10	7	9	
32	Mar	3	Barnsley	2-0	Dailey, Stewart	15450	5	2	11	4	9		6	3		8				1					10	7		
33		17	Blackburn Rovers	3-2	Dailey 2, Higgins	28116	5	2	7	4	9		6	3		8				1	11				10			
34		23	CARDIFF CITY	0-0		15054	5	2	7	4	9		6	3		8				1	11				10			
35		24	HULL CITY	2-1	Dailey, Boyd	27512	5	2	7	4	9			3		8				1	11			10				6
36		26	Cardiff City	1-2	Rowley	36992	5	2	7	4	9			3		8				1	11			10				6
37		31	Doncaster Rovers	1-0	Trigg	16091	5	3	7	4			6	2		8				1				10			9	11
38	Apr	7	SHEFFIELD UNITED	3-0	Higgins, Rowley, Warhurst	21974	5	3	7			4	6	2		8				1				10			9	11
39		14	Luton Town	1-1	Warhurst	16324	5	3	7			4	6	2		8				1				10			9	11
40		21	LEEDS UNITED	0-1		23809	5		7			4	6	2		8		3		1				10			9	11
41		25	BRENTFORD	1-1	Smith	13643	5	4	11				6	2		8		3		1					10	7	9	
42		28	West Ham United	2-1	Rowley, Ferris	12396	5	3	11	4	9		6	2						1				8	10	7		
						Apps	42	35	42	36	6	21	20	39	1	28	1	10	3	42	4	15	10	8	35	25	30	9
						Goals			2	3	4	1	1	1		7						1		3	12	9	17	2

One own goal

F.A. Cup

Rd	Month	Day	Opponent	Score	Scorers	Att	Atkins AW	Badham J	Berry RJ	Boyd LAM	Dailey J	Dorman DJ	Ferris RO	Green K	Hall JJ	Higgins JT	Kloner HR	Martin R	McKee F	Merrick GH	O'Hara EP	Powell A	Roberts H	Rowley KF	Smith WH	Stewart JG	Trigg C	Warhurst R
R3	Jan	6	MANCHESTER CITY	2-0	Stewart, Higgins	30057	5		11	4		8	6	2		10		3		1						7	9	
R4		27	Derby County	3-1	Stewart, Trigg, Smith	37384	5	2	11	4			6			8		3		1					10	7	9	
R5	Feb	10	BRISTOL CITY	2-0	Stewart, Trigg	47831	5	2	11	4			6			8		3		1					10	7	9	
R6		24	MANCHESTER UNITED	1-0	Higgins	50000	5	2	11	4			6	3		8				1					10	7	9	
SF	Mar	10	Blackpool	0-0		72000	5	3	11	4			6	2		8				1					10	7	9	
rep		14	Blackpool	1-2	Smith	70114	5	3	11	4			6	2		8				1					10	7	9	

SF at Maine Road, Manchester. SF replay at Goodison Park, Liverpool.

10

Blackburn Rovers

6th in Division Two

	Date	Opponent	Score	Scorers	Att	Anderson CSI	Bell JE	Campbell JJ	Clayton R	Crossan E	Eckersley W	Edds EF	Fenton WH	Graham L	Gray D	Harris J	Higgins G	Holliday KJ	Holt WK	Horton H	Leaver D	McCaig RAM	McKee WA	Moore NW	Patterson JG	Priday RH	Suart R	Todd PR	Wharton JE
1	Aug 19	Sheffield United	3-0	Crossan, Priday, Eckersley (p)	34766		6	4		8	3			9	2				5			7			1	11		10	
2	21	BRENTFORD	3-2	Graham 2, Priday	30176		6	4		8	3			9	2				5			7			1	11		10	
3	26	LUTON TOWN	1-0	Crossan	25114			4		8				9	2				5	6		7			1	11	3	10	
4	30	Brentford	2-3	Priday, Todd	12122			4		8	3			9	2				5	6		7			1	11		10	
5	Sep 2	Leeds United	1-0	Crossan	32799			4		8	3			9	2				5	6		7			1	11		10	
6	6	Southampton	1-1	Todd	22561			4		8	3			9	2				5	6		7			1	11		10	
7	9	WEST HAM UNITED	1-3	Graham (p)	25323			4		8	3			9	2				5	6		7			1	11		10	
8	11	SOUTHAMPTON	1-0	Graham	17515		6	4		8				9			3		5						1	11	2	10	7
9	16	Swansea Town	2-1	Campbell, Priday	18166		6	4		8				9			3		5						1	11	2	10	7
10	23	HULL CITY	2-2	Priday, Graham (p)	28904		6	4		8				9			3		5						1	11	2	10	7
11	30	Doncaster Rovers	1-0	Crossan	23973		6	4		8				9			3		5						1	11	2	10	7
12	Oct 7	CARDIFF CITY	2-0	Campbell 2	24831		6	4						8			3	5		10				9	1	11	2		7
13	14	Coventry City	1-6	Graham	34918		6	4		8				9			3	5		10					1	11	2		7
14	21	GRIMSBY TOWN	2-0	Crossan, Todd	23235		6	4		8				9			3		5	11					1		2	10	7
15	28	Birmingham City	2-3	Graham, Wharton	24552		6	4		8	3			9					5	11					1		2	10	7
16	Nov 4	PRESTON NORTH END	2-1	Todd 2	44612		6	4		8	3			9					5						1	11	2	10	7
17	11	Notts County	1-1	Graham	35487		6	4		8	3			9					5						1	11	2	10	7
18	18	MANCHESTER CITY	4-1	* see below	37594	7	6	4		8	3			9					5		11				1		2	10	
19	25	Leicester City	0-2		22361	7	6	4		8	3			9					5		11				1		2	10	
20	Dec 2	CHESTERFIELD	1-1	Bell	22284		6	4		8	3	11		9					5						1		2	10	7
21	9	Queen's Park Rangers	1-3	Wharton	13585		6	4		8	3			9					5						1	11	2	10	7
22	16	SHEFFIELD UNITED	0-2		15451		6	4		7				9			3		5	10					1		2	8	11
23	23	Luton Town	1-1	Graham	11632		6	4		8			11	9			3		5						1		2	10	7
24	25	BURY	2-4	Graham, Todd	32741		6	4		8			11	9			3		5						1		2	10	7
25	Jan 1	Bury	3-1	Fenton, Graham, Horton	21263		6	8					11	9			3	5		4					1		2	10	7
26	13	West Ham United	3-2	Crossan, Fenton, Harris	22667		6	4		8	3		11	7		9			5						1		2	10	
27	20	SWANSEA TOWN	3-0	Fenton, Harris, Elwell (og)	17964		6	4		8	3		11	7		9			5						1		2	10	
28	Feb 3	Hull City	2-2	Todd 2	38786		6	4		8	3		11	7		9			5						1		2	10	
29	10	LEEDS UNITED	2-1	Graham, Harris	25496		6	4		8	3		11	7		9			5						1		2	10	
30	17	DONCASTER ROVERS	4-2	Harris 2, Todd, Makepeace (og)	21605		6	4		8	3		11	7		9			5						1		2	10	
31	24	Cardiff City	0-1		32811		6	4		8	3		11	7		9			5						1		2	10	
32	Mar 3	COVENTRY CITY	1-0	Eckersley (p)	31144		6	4		8	3		11	7	2	9			5						1			10	
33	10	Grimsby Town	1-1	Harris	13216		6	4		8	3		11	7	2	9			5						1			10	
34	17	BIRMINGHAM CITY	2-3	Fenton, Todd	28116		6	4		8	3		11	7	2	9			5						1			10	
35	23	BARNSLEY	3-4	Harris 2, Fenton	31060		6	4		8	3		11			9			5						1		2	10	7
36	24	Preston North End	0-3		39122		6				3		11	8	2	9			5	4					1			10	7
37	26	Barnsley	0-3		15125	7	6				3		11	8	2	9			5	4					1			10	
38	31	NOTTS COUNTY	0-0		17626	7	6			8	3		11			9		5		4					1		2	10	
39	Apr 7	Manchester City	0-1		37853	7	6			8	3		11			9		5		4					1		2	10	
40	14	LEICESTER CITY	1-0	Leaver	10867		6					11				9	3	5		4	8				1		2	10	7
41	21	Chesterfield	1-4	Harris	8995					7	3	11		8		10	2	5		6	9		4		1				
42	25	QUEEN'S PARK RANGERS	2-1	Anderson, Harris	9770	7	6		4		3	11		8		9		5							1		2	10	
					Apps	6	36	35	1	36	29	4	17	38	12	17	13	8	34	17	4	7	1	1	42	16	30	39	19
					Goals	1	1	3		7	3		5	13		10				1	2					5		10	2

Scorers in game 18: Crossan, Graham, Leaver, Eckersley (p)

Two own goals

F.A. Cup

	Date	Opponent	Score	Scorers	Att	Anderson CSI	Bell JE	Campbell JJ	Clayton R	Crossan E	Eckersley W	Edds EF	Fenton WH	Graham L	Gray D	Harris J	Higgins G	Holliday KJ	Holt WK	Horton H	Leaver D	McCaig RAM	McKee WA	Moore NW	Patterson JG	Priday RH	Suart R	Todd PR	Wharton JE
R3	Jan 6	Bristol City	1-2	Wharton	23245		6	8					11	9			3	5		4					1		2	10	7

Blackpool

3rd in Division One

No	Date	Opponent	Score	Scorers	Att	Adams RM	Ainscough J	Brown AD	Crosland JR	Farm GN	Fenton EA	Garrett TH	Hayward LE	Hobson A	Johnston H	Kelly HT	Matthews S	McCall A	McIntosh WD	McKnight G	Mortensen SH	Mudie JK	Perry W	Shimwell E	Slater WJ	Stephenson LR	Wardle W	Withers A	Wright J
1	Aug 19	Tottenham Hotspur	4-1	Johnston 2, Mortensen, Kelly	64978					1			5		4	6	7	8			9			2	10		11		3
2	21	BURNLEY	1-2	Slater	33161					1			5		4	6	7	8			9			2	10		11		3
3	26	CHARLTON ATHLETIC	0-0		25484					1	4		5			6	7	8			9			2	10		11		3
4	29	Burnley	0-0		38688					1	4		5			6	7				9	8		2	10		11		3
5	Sep 2	Manchester United	0-1		55090					1			5		4	6	7		9			8		2	10		11		3
6	4	FULHAM	4-0	Mudie, McKnight 3	28051					1			5		4	6	7			9		8	11	2	10				3
7	9	WOLVERHAMPTON W.	1-1	Johnston	32204					1			5		4	6	7			9	10	8	11	2					3
8	13	Fulham	2-2	Slater, Perry	39761					1			5		4	6	7			9	10		11	2	8				3
9	16	Sunderland	2-0	Mudie, Watson (og)	56204					1		2	5		4	6	7				9	8	11		10				3
10	23	ASTON VILLA	1-1	Mortensen	33298					1			5		4	6	7				9	8	11	2	10				3
11	30	Derby County	1-4	Mortensen	32471					1		3	5		4	6	7		10		9	8	11	2					
12	Oct 7	CHELSEA	3-2	Slater 2, Mortensen	29240					1		3	5	7	4	6					9	8	11	2	10				
13	14	Portsmouth	0-2		47829					1		3	5		4	6	7				9	8	11	2	10				
14	21	WEST BROMWICH ALB.	2-1	Mudie 2	30536					1		3	5		4	6	7		9			8	11	2	10				
15	28	Newcastle United	2-4	Mortensen, Harvey (og)	61008					1		3	5		4	6	7				9	8	11	2	10				
16	Nov 4	EVERTON	4-0	Mudie 2, Mortensen, Perry	20902					1		3	5		4	6	7				9	8	11	2	10				
17	11	Stoke City	0-1		39894					1		3	5		4	6	7		9			8	11	2	10				
18	18	HUDDERSFIELD T	3-1	Withers 3	19724					1		3	5		4	6	7				9	8	11	2				10	
19	25	Middlesbrough	3-4	Mudie 2, Mortensen	40487					1		3	5		4	6	7				9	8	11	2				10	
20	Dec 2	SHEFFIELD WEDNESDAY	3-2	Mortensen, Johnston, Withers	19732					1		3	5		4	6	7				9	8	11	2				10	
21	9	Arsenal	4-4	Withers, Mortensen 2, Barnes (og)	54445					1		3	5		4	6	7				9	8	11	2				10	
22	16	TOTTENHAM HOTSPUR	0-1		22203					1		2	5		4	6	7				9	8	11					10	3
23	23	Charlton Athletic	3-2	Mortensen, Mudie 2	27220			10		1		2	5		4	6	7				9	8	11						3
24	25	LIVERPOOL	3-0	Mortensen 2, Mudie	31867			10	5	1		2			4	6	7				9	8	11						3
25	26	Liverpool	0-1		54121			10	5	1		3		7	4	6			9			8	11	2					
26	Jan 13	Wolverhampton Wan.	1-1	Mortensen	49028		5	10		1		3			4	6	7				9	8	11	2					
27	20	SUNDERLAND	2-2	Perry, Stephenson	22797			10	5	1		3			4	6	7					8	11	2		9			
28	Feb 3	Aston Villa	3-0	Mudie, Mortensen, Johnston	55093			10	3	1			5		4	6	7				9	8	11	2					
29	17	DERBY COUNTY	3-1	Mortensen 2, Johnston	21002			10		1		2	5		4	6	7				9	8	11						3
30	28	Chelsea	2-0	Mortensen, Mudie	36074			10		1	6	3	5		4		7				9	8	11	2					
31	Mar 3	PORTSMOUTH	3-0	Brown 2 (1p), Mortensen	23521			10		1	6	3	5				7			4	9		11	2				8	
32	17	NEWCASTLE UNITED	2-2	Mortensen, Mudie	24825			10		1	6	3	5	7	4						9	8		2			11		
33	23	BOLTON WANDERERS	2-0	Mortensen, Johnston	33627			10		1	6	3	5		4		7				9	8		2			11		
34	24	Everton	2-0	Mortensen 2	61387			10		1	6	3	5		4		7				9	8		2			11		
35	26	Bolton Wanderers	2-1	Mortensen 2	42265			10		1		3	5		4	6	7				9	8		2			11		
36	31	STOKE CITY	3-0	Mortensen 2, Brown	23106			10	5	1		3			4	6	7				9	8	11	2					
37	Apr 4	West Bromwich Albion	3-1	Mudie 2, Mortensen	39459			10		1		3	5		4	6	7				9	8	11	2					
38	7	Huddersfield Town	1-2	Mortensen	52479		5	10		1		3			4	6	7				9	8	11	2					
39	14	MIDDLESBROUGH	2-1	Mudie, McIntosh	16300	7				1		3	5			6			9	4		8	11	2				10	
40	21	Sheffield Wednesday	1-3	Mortensen	53420	7				1		3	5		4	6				10	9	8	11	2					
41	May 2	ARSENAL	0-1		23044					1		3	5		4	6	7				9	8	11	2	10				
42	5	MANCHESTER UNITED	1-1	Perry	22864	7				1		3	5		4	6					9	8	11	2				10	

	Adams RM	Ainscough J	Brown AD	Crosland JR	Farm GN	Fenton EA	Garrett TH	Hayward LE	Hobson A	Johnston H	Kelly HT	Matthews S	McCall A	McIntosh WD	McKnight G	Mortensen SH	Mudie JK	Perry W	Shimwell E	Slater WJ	Stephenson LR	Wardle W	Withers A	Wright J
Apps	3	2	16	5	42	7	32	36	3	38	37	36	3	6	6	35	37	33	37	16	1	9	8	14
Goals			3							7	1			1	3	30	17	4		4	1		5	

Three own goals

F.A. Cup

Rd	Date	Opponent	Score	Scorers	Att	Adams RM	Ainscough J	Brown AD	Crosland JR	Farm GN	Fenton EA	Garrett TH	Hayward LE	Hobson A	Johnston H	Kelly HT	Matthews S	McCall A	McIntosh WD	McKnight G	Mortensen SH	Mudie JK	Perry W	Shimwell E	Slater WJ	Stephenson LR	Wardle W	Withers A	Wright J
R3	Jan 6	Charlton Athletic	2-2	Perry, Mortensen	43737			10	5	1		3			4	6	7				9	8	11	2					
R3	10	CHARLTON ATHLETIC	3-0	Mortensen 2, Mudie	21715			10	5	1		3			4	6	7				9	8	11	2					
R4	27	STOCKPORT COUNTY	2-1	Mortensen, Mudie	31190			10	5	1		3			4	6	7				9	8	11	2					
R5	Feb 10	MANSFIELD TOWN	2-0	Mudie, Brown	33108			10		1		3	5		4	6	7				9	8	11	2					
R6	24	FULHAM	1-0	Brown (p)	33000			10		1	6	3	5		4		7				9	8	11	2					
SF	Mar 10	Birmingham City	0-0		72000			10		1		3	5		4	6	7				9	8	11	2					
rep	14	Birmingham City	2-1	Mortensen, Perry	70114			10		1		3	5		4	6	7				9	8	11	2					
F	Apr 28	Newcastle United	0-2		100000					1		3	5		4	6	7				9	8	11	2	10				

SF at Maine Road, replay at Goodison Park, Final at Wembley Stadium

Bolton Wanderers

8th in Division One

	Date	Opponent	Score	Scorers	Att.	Ball J	Banks R	Banks T	Barrass MW	Beards A	Bell E	Bradley J	Codd RW	Corfield E	Dillon V	Edwards GB	Gillies MM	Hanson S	Hernon J	Howe D	Hughes W	Kennedy GM	Langton R	Lofthouse N	Matthewson R	McShane H	Moir W	Murphy D	Roberts JH	Webster H	Wheeler JE
1	Aug 19	Charlton Athletic	3-4	Lofthouse 3	30487		3		4			10					5	1		6			11	9		7	8		2		
2	23	TOTTENHAM HOTSPUR	1-4	Langton	21745		3		4		10						5	1		6			11	9		7	8		2		
3	26	MANCHESTER UNITED	1-0	Lofthouse	40759		2	3	4								5	1	10	6			11	9		7	8				
4	28	Tottenham Hotspur	2-4	Moir 2	44246		2	3	4								5	1	10	6			11	9		7	8				
5	Sep 2	Wolverhampton Wan.	1-7	Moir	46794		2	3	4								5	1	10	6			11	9		7	8				
6	4	CHELSEA	1-0	Hughes	25457		3		4						9		5	1		2	7		11				8	6		10	
7	9	SUNDERLAND	1-2	Webster	30745		3		4								5	1		2	7		11	9			8	6		10	
8	16	Aston Villa	1-0	Moir	32817	2	3										5	1		4	7		11	9			8	6		10	
9	23	DERBY COUNTY	3-0	Howe (p), Lofthouse, Webster	36745	2			6								5	1		4	7	3	11	9			8			10	
10	30	Liverpool	3-3	Moir, Lofthouse, Webster	44534	2										6	5	1		4	7	3	11	9			8			10	
11	Oct 7	PORTSMOUTH	4-0	Lofthouse 2, Webster 2	36995	2			6	11							5	1		4	7	3		9			8			10	
12	14	Everton	1-1	Moir	53421	2			6								5	1		4	7	3	11	9			8			10	
13	21	NEWCASTLE UNITED	0-2		49213	2										6		1		4	7	3	11	9	5		8			10	
14	28	Huddersfield Town	4-0	Howe (p), Moir, Lofthouse, Webster	30989	2										6	5	1		4	7	3	11	9			8			10	
15	Nov 4	STOKE CITY	1-1	Webster	34244	2			6								5	1		4	7	3	11	9			8			10	
16	11	West Bromwich Albion	1-0	Kennedy (og)	28816	2			5							6		1		4	7	3	11	9			8			10	
17	18	MIDDLESBROUGH	0-2		37296	2			5							6		1		4	7	3	11	9			8			10	
18	25	Sheffield Wednesday	4-3	Lofthouse 2, Webster 2	37053	2			5							6		1		4	7	3	11	9			8			10	
19	Dec 2	ARSENAL	3-0	Moir, Langton 2	43484	2			5				9			6		1		4	7	3	11				8			10	
20	9	Burnley	0-2		31124	2			5							6		1		4	7	3	11	9			8			10	
21	16	CHARLTON ATHLETIC	3-0	Moir, Webster 2	19207	2			5							6		1		4	7	3	11	9			8			10	
22	23	Manchester United	3-2	Lofthouse 2, Webster	37235	2			5							6		1		4	7	3	11	9			8			10	
23	25	Fulham	1-0	Lofthouse	21712	2			5							6		1		4	7	3	11	9			8			10	
24	26	FULHAM	0-1		43116	2			5				9			6		1		4	7	3	11				8			10	
25	Jan 13	Sunderland	2-1	Moir, Webster	47197	2			5							6		1		4	7	3	11	9			8			10	
26	20	ASTON VILLA	1-0	Moss (og)	29233	2	3		5							6		1		4	7		11	9			8			10	
27	Feb 3	Derby County	2-2	Lofthouse, Webster	19879	2	3		5							6		1	11	4	7			9			8			10	
28	10	BURNLEY	1-1	Howe (p)	35540	2	3		5							6		1		4	7		11	9			8			10	
29	17	LIVERPOOL	2-1	Howe, Lofthouse	34807	2			5							6		1		4	7		11	9				3		10	8
30	24	Portsmouth	1-2	Lofthouse	27222	2			5							6		1		4	7		11	9			8	3		10	
31	Mar 3	EVERTON	2-0	Codd, Langton	36752	2			5				9			6		1		3	7		11				8			10	4
32	17	HUDDERSFIELD T	4-0	* see below	29796	2			5							6		1		3	7		11	9			8			10	4
33	23	Blackpool	0-2		33627	2			5				7			6		1		3			11	9			8			10	4
34	24	Stoke City	1-2	Lofthouse	20682	2			5				7			6		1		3			11	9			8			10	4
35	26	BLACKPOOL	1-2	Langton	42265	2			5							6		1		4	7		11	9			10	3			8
36	31	WEST BROMWICH ALB.	0-2		21860	2			5							6		1		4	7		11	9			10	3			8
37	Apr 7	Middlesbrough	1-1	Moir	24423	2			5							6		1		4	7		11	9			10	3			8
38	14	SHEFFIELD WEDNESDAY	0-1		19956	2			5							6		1		4	7		11	9			10	3			8
39	18	Newcastle United	1-0	Lofthouse	39099	2			5				7			6		1		3			11	9			8			10	4
40	21	Arsenal	1-1	Lofthouse	42040	2			5				7			6		1		3			11	9			8			10	4
41	28	WOLVERHAMPTON W.	2-1	Moir, Codd	26775	2			5				7	8		6		1		3			11	9			10				4
42	May 5	Chelsea	0-4		38928	2			5				7	8		6		1		3			11	9			10				4

Scorers in game 32: Lofthouse, Langton (p), Webster, Wheeler

	Ball J	Banks R	Banks T	Barrass MW	Beards A	Bell E	Bradley J	Codd RW	Corfield E	Dillon V	Edwards GB	Gillies MM	Hanson S	Hernon J	Howe D	Hughes W	Kennedy GM	Langton R	Lofthouse N	Matthewson R	McShane H	Moir W	Murphy D	Roberts JH	Webster H	Wheeler JE
Apps	35	11	3	38	1	1	1	9	2	1	30	14	42	4	42	31	17	40	38	1	5	41	9	2	31	13
Goals								2							4	1		6	21			12			15	1

Two own goals

F.A. Cup

	Date	Opponent	Score	Scorers	Att.	Ball J	Banks R	Banks T	Barrass MW	Beards A	Bell E	Bradley J	Codd RW	Corfield E	Dillon V	Edwards GB	Gillies MM	Hanson S	Hernon J	Howe D	Hughes W	Kennedy GM	Langton R	Lofthouse N	Matthewson R	McShane H	Moir W	Murphy D	Roberts JH	Webster H	Wheeler JE
R3	Jan 6	YORK CITY	2-0	Lofthouse, Langton	26652	2			5							6		1		4	7	3	11	9			8			10	
R4	27	Newcastle United	2-3	Moir 2	68659	2	3		5							6		1		4	7		11	9			8			10	

Bournemouth & Boscombe Ath.

9th in Division Three (South)

	Date	Opponent	Score	Scorers	Att	Barry PP	Bird KB	Boxshall D	Buchanan CC	Casey T	Cheney D	Collins AD	Cross J	Cunningham L	Drummond IP	Evans H	Fisher JA	Gripton EW	Haigh G	Lewis J	Marsh C	McGibbon D	Meadows JR	Neave IJG	Stroud DNL	Weigh RE	Wilkinson DL	Wilson FC	Woodward L
1	Aug 19	BRISTOL CITY	1-0	Evans	21398		1	7		6	11			2		10	3	5	8			9							4
2	23	GILLINGHAM	3-1	Weigh, Evans, McGibbon	16070		1	7		6				2		10	3	5	8			9				11			4
3	26	Millwall	0-3		26095		1	7		6				2		10	3	5	8			9				11			4
4	30	Gillingham	2-2	Weigh, Collins	15397		1			6		7		2		10	3	5	8			9				11			4
5	Sep 2	WATFORD	3-3	Weigh, Evans, Haigh	15899		1	7		6			9	2		10	3	5	8							11			4
6	7	Colchester United	1-4	Evans	14199		1	7		6				2		10	3	5	8			9				11			4
7	9	Walsall	1-0	Evans	8787		1	7		6				2	3	10		5	8			9				11			4
8	13	COLCHESTER UNITED	2-0	McGibbon, Haigh	18452		1	7		6	11			2	3	10		5	8			9							4
9	16	LEYTON ORIENT	5-0	McGibbon 4 (1p), Boxshall	15775	3	1	7		6	11			2		10		5	8			9							4
10	23	Ipswich Town	0-1		12331	3	1	7		6	11			2		10		5	8			9							4
11	30	PLYMOUTH ARGYLE	0-2		14742	3	1	7		6	11			2		10		5	8			9							4
12	Oct 7	Bristol Rovers	0-2		17998	3	1			6	11	7		2		10		5	8			9							4
13	14	CRYSTAL PALACE	5-0	* see below	14187		1	9		6	11	7		2	3	10		5				8							4
14	21	Brighton & Hove Albion	1-2	McGibbon	13053		1	9		6	11	7		2	3	10		5				8							4
15	28	NEWPORT COUNTY	2-0	Cheney, McGibbon	13466		1			6	11	7	9	2	3	10				5		8							4
16	Nov 4	Norwich City	0-3		23160		1	9		6	11			2	3	10				5		8			7				4
17	11	NORTHAMPTON T	1-0	Stroud	13004		1	9		6	11			2	3				10	5		8			7				4
18	18	Port Vale	1-3	Haigh	8153		1	9		6	11			2	3				10	5		8			7				4
19	Dec 2	Torquay United	2-0	Stroud, Evans	7989		1	9	8	6				2	3	10				5					7	11			4
20	16	Bristol City	0-2		15438		1	11	10	6			9	2	3					5		8			7				4
21	23	MILLWALL	1-0	Stroud	9502		1	11	10	6			9	2	3					5		8			7				4
22	25	Southend United	1-6	Stroud	8885		1	11	10	6			9	2	3							8			7			5	4
23	26	SOUTHEND UNITED	3-1	Cross. McGibbon, Evans	14132			11		6			9	2	3	10		5				8	1		7				4
24	30	Watford	1-2	Cross	9616			11		6			9	2	3	10		5				8	1		7				4
25	Jan 6	Swindon Town	1-2	Cross	6971					6	11		9	2	3			5		4	8		1		7		10		
26	13	WALSALL	3-1	Stroud, Marsh, Boxshall	9943			9		6	11			2	3			5		4	10	8	1		7				
27	20	Leyton Orient	0-2		9813			9		6				2	3	11		5			10	8	1	4	7				
28	27	SWINDON TOWN	2-1	McGibbon, Cross	10034			11		6			9	2	3			5			10	8	1		7				4
29	Feb 3	IPSWICH TOWN	2-1	McGibbon (p), Stroud	9383			11		6			9	2	3			5			10	8	1		7				4
30	10	NOTTM. FOREST	3-2	McGibbon, Boxshall 2	15882			11		6			9	2	3			5			10	8	1		7				4
31	17	Plymouth Argyle	1-3	McGibbon	13324			11		6			9	2	3			5			10	8	1		7				4
32	Mar 3	Crystal Palace	1-0	Cross	13323			11					9	2	3			5		6	10	8	1		7				4
33	10	BRIGHTON & HOVE ALB	2-2	Cross, Stroud	9391			11					9	2	3			5		6	10	8	1		7				4
34	14	BRISTOL ROVERS	2-0	McGibbon, Cross	8943			11					9	2	3			5		6	10	8	1		7				4
35	23	EXETER CITY	1-1	McGibbon	11017			11					9	2	3			5		6	10	8	1		7				4
36	24	NORWICH CITY	0-0		14165			11					9	2	3			5		6	10	8	1		7				4
37	26	Exeter City	1-2	Cheney	9913			11			9			2	3			5		6	10	8	1		7				4
38	31	Northampton Town	1-0	Boxshall	6260		1	11			9		7	2	3			5		6	10	8							4
39	Apr 7	PORT VALE	3-1	McGibbon, Cheney 2	8742		1	11			9		7	2	3			5		6	10	8							4
40	14	Nottingham Forest	0-1		22428		1	11			9		7	2	3			5		6	10	8							4
41	18	Reading	0-0		13025		1	11	9				7	2	3			5		6	10	8							4
42	21	TORQUAY UNITED	0-0		10594		1	11			9		7	2	3			5		6	10	8							4
43	25	ALDERSHOT	4-0	Cheney 3, Boxshall	7640		1	11			9			2	3	10		5		6	8				7				4
44	28	Aldershot	1-0	Stroud	3744		1	11			9			2	3	10		5		6	8				7				4
45	30	Newport County	0-1		5563		1	11			9			2			3	5		6	8	10			7				4
46	May 5	READING	1-0	Cheney	10424		1	11			9			2			3	5		6	8	10			7				4

Scorers in game 13: Whittaker (og), Boxshall, Cheney, Evans, McGibbon

	Barry PP	Bird KB	Boxshall D	Buchanan CC	Casey T	Cheney D	Collins AD	Cross J	Cunningham L	Drummond IP	Evans H	Fisher JA	Gripton EW	Haigh G	Lewis J	Marsh C	McGibbon D	Meadows JR	Neave IJG	Stroud DNL	Weigh RE	Wilkinson DL	Wilson FC	Woodward L
Apps	4	31	42	5	31	23	5	22	46	34	22	8	38	14	24	22	41	15	1	26	7	1	1	43
Goals			7			9	1	7			8			3		1	17			8	3			

One own goal

F.A. Cup

	Date	Opponent	Score	Scorers	Att	Barry PP	Bird KB	Boxshall D	Buchanan CC	Casey T	Cheney D	Collins AD	Cross J	Cunningham L	Drummond IP	Evans H	Fisher JA	Gripton EW	Haigh G	Lewis J	Marsh C	McGibbon D	Meadows JR	Neave IJG	Stroud DNL	Weigh RE	Wilkinson DL	Wilson FC	Woodward L
R1	Nov 25	COLCHESTER UNITED	1-0	Boxshall	15359		1	9		6				2	3				10	5		8			7	11			4
R2	Dec 9	Aldershot	0-3		10500		1	9	8	6	11			2	3	10				5					7				4

Bradford City

7th in Division Three (North)

	Date	Opponent	Score	Scorers	Att	Carr EM	Connor JT	Connor R	Conroy R	Coupland J	Ferguson H	Geddes A	Gray DD	Greenhoff F	Harbertson R	Hawksworth DM	Hyde FL	Kendall HA	McCulloch T	McGill A	McInnes J	McManus B	Millar JW	Murphy JW	Price AIW	Robson TR	Ross W	Walshaw K	Ward LW	Whyte JN	Williamson G
1	Aug 19	Stockport County	1-3	Ward	14875				5	3	2	6	7			10				4		1					9	11	8		
2	23	TRANMERE ROVERS	2-2	Gray, Ward	8091				5	3	2	6	7			10				4		1					9	11	8		
3	26	HALIFAX TOWN	2-0	Ross 2	14959				5	3	2	6	7			10				4		1					9	11	8		
4	29	Tranmere Rovers	1-3	Hawksworth	10026				5	3	2	6				10		7		4		1					9	11	8		
5	Sep 2	Hartlepools United	1-1	Price	9107				5	3				11	7	10				4		1		6	9				8	2	
6	6	LINCOLN CITY	0-0		9082				5	3				11	7	10				4		1	8	6	9					2	
7	9	GATESHEAD	2-2	Price, Hawksworth	15607				5	3				11	7	10				4		1	8	6	9					2	
8	13	Lincoln City	4-1	Hawksworth, Price 2, Greenhoff	12313				5	3				11	7	10				4		1	8	6	9					2	
9	16	Crewe Alexandra	1-1	Price	6381				5	3				11	7	10				4		1	8	6	9					2	
10	23	NEW BRIGHTON	3-0	Price 3	14395				5					11	7	10				4		1	8	6	9	3				2	
11	30	Bradford Park Avenue	1-3	Hawksworth	25655				5				4	11	7	10						1	8	6	9	3				2	
12	Oct 7	BARROW	5-1	* see below	12972				5	3				11		10		7		4	8	1		6	9					2	
13	14	Rotherham United	0-1		11745					3				11	7	10				4	8	1		6	9					2	5
14	21	CARLISLE UNITED	2-4	Carr 2	16481	10				3		4		11	7	8						1		6	9					2	5
15	28	York City	2-1	Price, Greenhoff	8863				5	3	4			11	7	10						1		6	9				8	2	
16	Nov 4	SOUTHPORT	3-0	Hawksworth, Millar, Gray	11769				5	3	4		7	11		10				6		1	8		9					2	
17	11	Accrington Stanley	2-0	Millar, Price (p)	4662				5	3			7	11		10				4		1	8	6	9					2	
18	18	MANSFIELD TOWN	2-3	Price 2	13999				5	3			7	11		10				4		1	8	6	9					2	
19	Dec 2	WREXHAM	5-3	Carr, Harbertson, Hawksworth 3	11674	10			5		3				7	11				4		1	8	6	9					2	
20	16	STOCKPORT COUNTY	0-1		9314	10			5		3			11	7					4		1	8	6	9					2	
21	23	Halifax Town	2-1	Price 2	5778	10			5		3			11	7					4		1	8	6	9					2	
22	26	DARLINGTON	0-3		17119	10			5		3	6		11	7					4		1	8		9					2	
23	30	HARTLEPOOLS UNITED	3-1	Walshaw, Gray, J Murphy	7772	10		1	5		3		7							4			8	6	9			11		2	
24	Jan 13	Gateshead	0-2		6437	10		1	5		3		7							4			8	6	9			11		2	
25	20	CREWE ALEXANDRA	1-1	Kendall	9945	10		1	5		3		7					9		4			8	6				11		2	
26	27	Shrewsbury Town	0-2		7578	9		1	5		3		10					7		8				6				11		2	4
27	Feb 3	New Brighton	6-0	Gray 3, Geddes 2, McCulloch	3590			1	5		3	10	8	11				9	7	4				6						2	
28	10	CHESTER	0-1		9444			1	5		3	10	8	11				9	7	4				6						2	
29	17	BRADFORD PARK AVE.	4-1	Ward, Carr, Greenhoff 2	18454	9		1	5		3		8	11					7	4				6					10	2	
30	24	Barrow	3-1	Carr 2, Ward	5857	9		1	5		3		8	11					7	4				6					10	2	
31	Mar 3	ROTHERHAM UNITED	3-4	Carr 2, Ward	19229	9		1	5		3		8	11					7	4				6					10	2	
32	10	Carlisle United	1-2	Carr	11297	9		1	5		3		8	11					7					6					10	2	4
33	17	YORK CITY	5-2	* see below	10840	9		1	5		3		8	11					7	6									10	2	4
34	24	Southport	1-0	Carr	5388	9		1	5		3		8		7				11	6									10	2	4
35	26	Rochdale	0-4		4233	9		1	5		3		8						7	6			10							2	4
36	27	ROCHDALE	2-1	Ward, Williamson	16164	9			5		3		8		7		1			6									10	2	4
37	31	ACCRINGTON STANLEY	7-0	Carr 3,Walshaw 2,Gray,Williamson(p)	9025	9			5		3		8				1		7	6								11	10	2	4
38	Apr 7	Mansfield Town	1-1	Gray	9387	9			5		3		8				1		7	6	11								10	2	4
39	14	SCUNTHORPE UNITED	2-0	Gray, Williamson (p)	13001	8	9		5		3		11				1		7	6									10	2	4
40	18	Scunthorpe United	0-0		10287	8	9		5		3		10				1	11	7	6										2	4
41	21	Wrexham	3-0	Williamson, J Connor, Millar	4283		9		5		3		10				1	11	7	6			8							2	4
42	23	Darlington	1-2	McCulloch	3655				5		3		10				1	11	7	6			8		9					2	4
43	25	SHREWSBURY TOWN	1-0	Williamson	9247		9		5		3		10					11	7	6		1	8							2	4
44	28	OLDHAM ATHLETIC	1-0	Williamson	9200	10	9		5		3							11	7	6		1	8							2	4
45	May 1	Oldham Athletic	2-2	Millar, Williamson (p)	9677		9		5		3		10				1	11	7	6			8							2	4
46	5	Chester	2-2	J Connor 2	4247		9		5	3			10				1	11	7	6			8							2	4
					Apps	22	7	13	44	17	33	8	30	24	16	19	9	13	19	42	3	24	23	26	21	2	4	9	16	42	18
					Goals	13	3					2	9	4	1	10		1	3	1	1		4	2	15		2	3	6	1	9

Played in games 35 and 36 at 11: A Wilkinson

Scorers in game 12: Hawksworth 2, McInnes, Price, J Murphy(p)

Scorers in game 33: Whyte, Williamson 2, McGill (p), McCulloch

F.A. Cup

	Date	Opponent	Score	Scorers	Att	Carr EM	Connor JT	Connor R	Conroy R	Coupland J	Ferguson H	Geddes A	Gray DD	Greenhoff F	Harbertson R	Hawksworth DM	Hyde FL	Kendall HA	McCulloch T	McGill A	McInnes J	McManus B	Millar JW	Murphy JW	Price AIW	Robson TR	Ross W	Walshaw K	Ward LW	Whyte JN	Williamson G
R1	Nov 25	OLDHAM ATHLETIC	2-2	McGill, Price	22248				5	3			7	11		10				4		1	8	6	9					2	
rep	28	Oldham Athletic	1-2	Carr	9459	10			5		3		7			11				4		1	8	6	9					2	

Bradford Park Avenue

6th in Division Three (North)

							Brickley D	Crosbie RC	Currie CJ	Deplidge W	Donaldson W	Downie M	Elliott WH	Farrell A	Haines JTW	Hepworth R	Hindle FJ	Hodgson D	Horsfield A	Horsman L	Hudson GA	James JS	Leuty LH	Lynn S	Reid DA	Sirrel J	Smith A	Smith JW	Suddards J	Wheat AB	White RBW
1	Aug	19	BARROW	5-0	Elliott 4, Haines	16623			2	6		1	11	3	10			8		9			5					7			4
2		21	ROCHDALE	0-1		19058			2	6		1	11	3	10			8		9			5					7			4
3		26	York City	3-1	Horsman, Wheat, Haines	12572			2	6		1	11	3	8					9			5					7		10	4
4		29	Rochdale	2-1	Wheat, Elliott	10743			2	6		1	11	3	8					9			5					7		10	4
5	Sep	2	CARLISLE UNITED	0-2		16655			2	6		1	11	3	8					9			5					7		10	4
6		4	Mansfield Town	2-3	Horsman, Wheat	13447	7		2	6		1	11	3	8					9			5							10	4
7		9	Accrington Stanley	3-3	Deplidge, Donaldson, Haines	6503	7		2	10	11	1	6		8	3				9			5			4					
8		13	MANSFIELD TOWN	1-0	Sirrel	11174		9	2	6		1	11		10	3							5			8		7	4		
9		16	SOUTHPORT	2-0	Crosbie, Elliott	14916		9	2	6		1	11		10	3							5			8		7	4		
10		23	Tranmere Rovers	2-2	Deplidge, Elliott	12140	7	9	2	10		1	11			3				5					6	8					4
11		30	BRADFORD CITY	3-1	J Smith, Crosbie 2	25655		9	2	10		1	11		8	3				5					6			7			4
12	Oct	7	Stockport County	1-2	Crosbie	10640		9		10		1	11		8	3									6	7	2		5		4
13		14	HALIFAX TOWN	2-1	Elliott, Deplidge	14621	7	9		10		1	11	2	8	3				5					6						4
14		21	Lincoln City	3-1	Deplidge 2, Haines	10929	7	9		10		1	11	2	8	3				5					6						4
15		28	DARLINGTON	2-1	Deplidge, Elliott	12046		9		10		1	11	2	8	3				5					6			7			4
16	Nov	4	Chester	0-2		7362		9		10		1	11	2	8	3				5					6			7			4
17		11	SHREWSBURY TOWN	2-4	Elliott, J Smith	10807		9		10		1	11	2	8	3				5					6			7			4
18		18	Hartlepools United	1-3	Crosbie	7536		9	2	10		1	11							5		3			6	8		7			4
19	Dec	2	Crewe Alexandra	4-2	Crosbie 3, Brickley	7649	7	9	2	10		1	11		8			4		5		3								6	
20		16	Barrow	3-2	Horsfield, Haines, Crosbie	4579	7	9	2			1	11		8			4	10	5		3								6	
21		23	YORK CITY	4-0	Haines 2, Crosbie, Horsfield	9348	7	9	2			1	11		10			4	8	5		3								6	
22		25	ROTHERHAM UNITED	0-4		23195	7	9	2			1	11		10			4	8	5		3								6	
23		26	Rotherham United	1-2	Crosbie	17888	7	9		10		1	11		8			4		5		3							2	6	
24		30	Carlisle United	0-1		10656	7	9		10		1	11		8			4		5		3							2	6	
25	Jan	6	Scunthorpe United	1-1	Deplidge	6760	7	9		10		1	11		8			4		5		3							2	6	
26		13	ACCRINGTON STANLEY	3-0	Elliott 2, Crosbie	8883	7	9				1	11		10			4	8	5		3							2	6	
27		20	Southport	4-2	Crosbie 2, Deplidge, Haines	4043	7	9		10		1	11		8			4		5		3							2	6	
28		27	SCUNTHORPE UNITED	2-2	Hodgson, Deplidge	10246	7	9		10		1	11		8			4		5		3							2	6	
29	Feb	3	TRANMERE ROVERS	4-1	Haines 2, Crosbie, Hodgson	12986	7	9		10		1	11	3	8			4		5									2	6	
30		10	Wrexham	1-3	Crosbie	8572	7	9		10		1	11	3	8			4		5									2	6	
31		17	Bradford City	1-4	Brickley	18454	7	9		10		1	11	3	8			4		5									2	6	
32		24	STOCKPORT COUNTY	3-0	Hodgson, Deplidge, Crosbie	10477	7	9		6		1	11			3		8		5				4					2	10	
33	Mar	3	Halifax Town	2-2	Hodgson, Deplidge	10533				6		1	11		9	3		8		5				4				7	2	10	
34		10	LINCOLN CITY	2-1	Crosbie 2	10203	7	9		6		1	11		10	3		8		5				4					2		
35		17	Darlington	4-1	Elliott, Crosbie 2, James	5126	7	9				1	11		10			8		5		3		4					2	6	
36		23	Oldham Athletic	3-2	Crosbie 2, Brickley	21112	7	9		6		1	11		10	3		8		5				4					2		
37		24	CHESTER	2-0	Hodgson, Deplidge	11679	7	9		6		1	11	2	10	3		8		5				4							
38		26	OLDHAM ATHLETIC	3-1	Crosbie 2, Haines	9728		9		6		1	11	3	10			8		5				4				7	2		
39		31	Shrewsbury Town	0-1		7598		9		6		1	11	3	10			8		5				4				7	2		
40	Apr	7	HARTLEPOOLS UNITED	1-1	Haines	6910		9		6		1	11		10	3		8		5				4			2	7			
41		11	NEW BRIGHTON	2-1	J Smith, Elliott	5227		9		6		1	11	3	10			8		5				4			2	7			
42		14	Gateshead	0-5		4717		9		6		1	11		10	3				5				4		8		7	2		
43		18	GATESHEAD	2-0	Hodgson, Crosbie	7003		9		11		1	6		10			8		5	3			4				7	2		
44		21	CREWE ALEXANDRA	1-1	Deplidge	9427		9		11		1	6		10		3	8		5				4				7	2		
45		28	New Brighton	3-3	Hodgson, Haines, Crosbie	2450		9		11		1			10			8		5	3			4	6			7	2		
46		30	WREXHAM	0-1		4945		9		11		1			10		3	8		5				4	6			7	2		
						Apps	23	38	16	41	1	46	44	18	43	18	2	29	4	43	2	12	9	15	11	7	3	22	24	20	15
						Goals	3	27		13	1		14		13			7	2	2		1				1		3		3	

F.A. Cup

							Brickley D	Crosbie RC	Currie CJ	Deplidge W	Donaldson W	Downie M	Elliott WH	Farrell A	Haines JTW	Hepworth R	Hindle FJ	Hodgson D	Horsfield A	Horsman L	Hudson GA	James JS	Leuty LH	Lynn S	Reid DA	Sirrel J	Smith A	Smith JW	Suddards J	Wheat AB	White RBW
R1	Nov	25	Chester	2-1	Elliott, Deplidge	4604		9	2	10		1	11		8			4		5		3						7		6	
R2	Dec	9	Millwall	1-1	Crosbie	22774	7	9	2	10		1	11		8			4		5		3								6	
rep		13	MILLWALL	0-1		11527	7	9	2	10		1	11		8			4		5		3								6	

Brentford

9th in Division Two

No	Date	Opponent	Score	Scorers	Att	Anders J	Bristow GA	Broadbent PF	Coote KA	Dare WTC	Garneys TT	Gaskell E	Goodwin JW	Greenwood R	Harper AF	Hill JWT	Horne KW	Jefferies AJ	Kelly BA	Latimer FJ	Manley TR	Monk FJ	Munro RA	Newton RW	Paton JA	Pointon WJ	Quinton W	Sinclair T	Sperrin WT
1	Aug 19	Luton Town	0-2		17721					8			7	5		10		1		4	6	2	3		11	9			
2	21	Blackburn Rovers	2-3	Garneys, Goodwin	30176					8	9		7	5	4	10		1			6	2	3		11				
3	26	LEEDS UNITED	1-2	Manley	20276						9		7	5	4	10		1			6	2	3		11	8			
4	30	BLACKBURN ROVERS	3-2	Hill 2, Manley (p)	12122				8		9		7	5		10		1		4	6	2	3					11	
5	Sep 2	West Ham United	2-1	Dare, Hill	21246					8	9		7	5	4	10		1		6		2	3					11	
6	6	Barnsley	3-2	Hill, Sinclair 2	15505					8	9		7	5	4	10				6		2	3	1				11	
7	9	SWANSEA TOWN	2-1	Hill, Sinclair	23572	7				8	9			5	4	10				6		2	3	1				11	
8	13	BARNSLEY	0-2		18448					8	9		7	5	4	10				6		2	3	1				11	
9	16	Hull City	0-3		31925				8	7	9			5	4	10				6		2		1			3	11	
10	23	DONCASTER ROVERS	1-1	Dare	21544	11			10	7	9			5	4					6		2		1			3		8
11	30	Preston North End	2-4	Dare 2	29881	11				7		1		5	8	10				4	6	2				9	3		
12	Oct 7	COVENTRY CITY	0-4		19754					8		1	7	5	4	10				6		2				9	3	11	
13	14	Manchester City	0-4		39646		6	7		9				5		10		1		4		2	3					11	8
14	21	BIRMINGHAM CITY	2-1	Sinclair, Goodwin	19273		6	8		9			7	5		10		1		4		2	3					11	
15	28	Cardiff City	1-1	Hill	22885		6	8		9			7	5		10		1		4		2	3		11				
16	Nov 4	NOTTS COUNTY	1-3	Goodwin	26393		6	8					7	5		10		1		4		2	3		11			9	
17	11	Grimsby Town	2-7	Goodwin, Broadbent	14985		6	8		9			7	5		10		1		4			2		11		3		
18	18	LEICESTER CITY	0-0		16277			8		9			7	5		6	2	1		4			3		11				10
19	25	Chesterfield	2-2	Sperrin 2	9719			8		9			7	5		6	2	1		4			3		11				10
20	Dec 2	QUEEN'S PARK RANGERS	2-1	Dare, Goodwin	23121			8		9			7	5		6	2	1		4			3		11				10
21	9	Bury	1-2	Goodwin	10825			8		9			7	5		6	2	1		4			3		11				10
22	16	LUTON TOWN	1-0	Coote	9808				8		9		7	5		6		1		4		2	3		11				10
23	23	Leeds United	0-1		19839			8			9		7	5		6		1		4		2	3		11				10
24	26	SOUTHAMPTON	4-0	Dare 4	22435			8		9				5	6			1		4		2	3		11			7	10
25	30	WEST HAM UNITED	1-1	Paton	19291			8		9				5	6			1		4		2	3		11			7	10
26	Jan 13	Swansea Town	1-2	Sperrin	15422				8	9				5	6			1		4		2	3		7			11	10
27	20	HULL CITY	2-1	Sperrin, Sinclair	20523			8						5	4	6	2	1				9	3		11			7	10
28	27	Queen's Park Rangers	1-1	Dare	26290					8				5	4	6	2	1				9	3		11			7	10
29	Feb 3	Doncaster Rovers	3-0	Sperrin, Monk, Greenwood	20733			8						5	4	6	2	1				9	3		11			7	10
30	10	BURY	4-0	Griffiths (og), Broadbent, Monk 2	14986			8					7	5	4	6	2	1				9	3		11				10
31	17	PRESTON NORTH END	2-4	Goodwin, Monk	23434			8					7	5	4	6	2	1				9	3		11				10
32	24	Coventry City	3-3	Sperrin 2, Monk (p)	22892					8			7	5	4	6	2	1				9	3		11				10
33	Mar 3	MANCHESTER CITY	2-0	Monk (p), Sperrin	24288					8			7	5	4	6	2	1				9	3		11				10
34	17	CARDIFF CITY	4-0	Paton, Monk, Sperrin, Hill	19663					8			7	5	4	6	2	1				9	3		11				10
35	23	SHEFFIELD UNITED	3-1	Harper, Dare, Monk	23188					8			7	5	4	6	2	1				9	3		11				10
36	24	Notts County	3-2	Monk, Sperrin 2	24936					8			7	5	4	6	2	1				9	3		11				10
37	26	Sheffield United	1-5	Monk	20816					8			7	5	4	6	2	1				9	3		11				10
38	31	GRIMSBY TOWN	5-1	Kelly, Monk, Dare, Paton 2	15777					8			10	5	4	6	2	1	7			9	3		11				
39	Apr 7	Leicester City	2-1	Goodwin, Dare	20384					8			7	5	4	6	2	1				9	3		11				10
40	14	CHESTERFIELD	4-0	Goodwin, Dare 2, Monk	17278					8			7	5	4	6	2	1				9	3		11				10
41	25	Birmingham City	1-1	Dare	13643					8			7	5	4	6	2	1				9	3		11				10
42	May 5	Southampton	1-2	Monk	14441					8			7	5	4	6	2	1				9	3		11				10
					Apps	3	5	16	5	33	11	2	31	42	29	38	20	35	1	24	5	37	38	5	31	4	5	16	26
					Goals			2	1	16	1		9	1	1	7			1		2	13			4			5	11

One own goal

F.A. Cup

Round	Date	Opponent	Score	Scorers	Att	Anders J	Bristow GA	Broadbent PF	Coote KA	Dare WTC	Garneys TT	Gaskell E	Goodwin JW	Greenwood R	Harper AF	Hill JWT	Horne KW	Jefferies AJ	Kelly BA	Latimer FJ	Manley TR	Monk FJ	Munro RA	Newton RW	Paton JA	Pointon WJ	Quinton W	Sinclair T	Sperrin WT
R3	Jan 6	Stockport County	1-2	Paton	16346				8	9				5	6			1		4		2	3		11			7	10

Brighton & Hove Albion

13th in Division Three (South)

	Date	Opponent	Score	Scorers	Att	Baldwin HJA	Ball JA	Bennett KE	Brennan PJ	Garbutt RH	Hassell TW	Howard FH	Johnston R	Keene DC	Mansell J	McCoy W	McCurley K	McNichol J	Morrad FG	Morris WH	Mulvaney J	Reed WG	South AW	Tennant DW	Thompson CA	Thompson PA	Vitty J	Wilkins LHJ	Willard JCTF	Wilson GE
1	Aug 19	TORQUAY UNITED	2-2	McNichol, Morris	18650		1	10	6					7				8		11				2	9		3	5	4	
2	23	Nottingham Forest	0-4		22312		1	10	6					7				8		11				2	9		3	5	4	
3	26	Aldershot	0-0		9951	1			6					7				8		11	9			2	10		3	5	4	
4	30	NOTTM. FOREST	1-2	Willard	13665	1		10	6					7				8		11				2	9		3	5	4	
5	Sep 2	SWINDON TOWN	1-0	Willard	14204	1												8		11	9	7		2	10		3	5	4	6
6	4	Millwall	1-1	Wilson	21207	1						11						8			9	7	5	2	10		3		4	6
7	9	Colchester United	1-4	Reed	13729	1		10				11						8				7	5	2	9		3		4	6
8	13	MILLWALL	2-3	C Thompson, McNichol	11837		1	10				11			3			8				7	5	2	9				4	6
9	16	BRISTOL ROVERS	2-2	C Thompson, McNichol	11766		1				10	11			3		7	8					5	2	9				4	6
10	23	Crystal Palace	2-0	McNichol, C Thompson	17800	1					10			11	3		7	8					5	2	9				4	6
11	30	Watford	1-1	C Thompson	9611	1					10			11	3		7	8					5	2	9				4	6
12	Oct 7	BRISTOL CITY	1-1	C Thompson	11557	1								11	3		7	8	10				5	2	9				4	6
13	14	Gillingham	1-1	C Thompson	15060	1								11	3			8	10			7	5	2	9				4	6
14	21	BOURNEMOUTH	2-1	C Thompson, Hassell	13053	1					10			11	3			8				7	5	2	9				4	6
15	28	Exeter City	2-4	McNichol, C Thompson	10865	1					10			11	3			8				7	5	2	9				4	6
16	Nov 4	SOUTHEND UNITED	2-1	Keene 2	11317	1					10	7		11	3			8					5	2	9				4	6
17	11	Reading	0-7		14867	1					10	11		7	3			8					5	2	9				4	6
18	18	PLYMOUTH ARGYLE	0-6		9768	1					7		10		3			8		11				2	9			5	4	6
19	Dec 2	LEYTON ORIENT	3-0	C Thompson, Hassell 2	9695	1					10				11			8	5	6	2			7	9		3		4	
20	16	Torquay United	1-3	Hassell	4750	1					10				11			8	5	6	2	7		4	9		3			
21	23	ALDERSHOT	1-2	McNichol	7235	1					10				11			8	5	6	2	7		4	9		3			
22	26	NORWICH CITY	1-1	Bennett	14134	1		10						7	11			8	5		2			4	9		3			6
23	27	Norwich City	1-1	Bennett	22893	1		10						7	11			8	5					4	9		3	2		6
24	30	Swindon Town	0-0		7743	1		10						11	3		9	8	5		7			4				2		6
25	Jan 13	COLCHESTER UNITED	3-1	C Thompson, Willard, Keene	11699	1		10						11	3	5		8						4	9			2	7	6
26	17	PORT VALE	2-2	Willard 2	5754	1		10						11	3	5		8						4	9		2		7	6
27	20	Bristol Rovers	2-3	Bennett, C Thompson	17121	1		10							3	5		8				11		4	9			2	7	6
28	Feb 3	CRYSTAL PALACE	1-0	Willard	6790	1		10						11	3	5		8						4	9			2	7	6
29	10	Ipswich Town	0-3		10977	1		10						11	3	5		8						4	9		2		7	6
30	17	WATFORD	1-1	Reed	7151	1		9	6					11	3	5		8				7		4			2		10	
31	24	Bristol City	0-2		12748	1		9	4						3	5		8		11		7		2	6				10	
32	Mar 3	GILLINGHAM	2-2	Reed, McNichol	10903	1		10	4						3	5	9	8				7		2	6				11	
33	10	Bournemouth	2-2	Reed, McCurley	9391	1			4						3	5	9	8				7			6	10		2	11	
34	17	EXETER CITY	4-1	Willard, Reed, Bennett, Keene	8305	1		10						11	3	5	9	8				7						2	4	6
35	23	NORTHAMPTON T	5-1	Bennett,McCurley 2,Keene,Wilkins(p)	15511	1		10						11	3	5	9	8				7						2	4	6
36	24	Southend United	1-3	Wilkins (p)	9288	1		10						11	3	5	9	8				7						2	4	6
37	27	Northampton Town	0-0		8966	1		10		9				11	3	5		8						7				2	4	6
38	31	READING	1-1	Garbutt	10469		1	10		9				11	3	5		8						7				2	4	6
39	Apr 7	Plymouth Argyle	3-3	Garbutt 2, Reed	10369		1	10		9				11	3	5		8				7		2					4	6
40	14	IPSWICH TOWN	4-0	Garbutt, Willard, McNichol, Wilson	11031		1	10		9				11	3	5		8				7		2					4	6
41	18	NEWPORT COUNTY	9-1	* see below	12114		1	10		9				11	3	5		8				7		2					4	6
42	21	Leyton Orient	1-2	Tennant (p)	9405		1	10		9				11	3	5		8				7		2					4	6
43	23	Port Vale	1-0	Bennett	10340		1	10		9				11	3	5		8				7		2					4	6
44	28	WALSALL	1-0	Reed	10144		1	10		9				11	3	5		8				7		2					4	6
45	May 3	Walsall	0-1		5669		1	10		9				11	3	5		8				7		2					4	6
46	5	Newport County	0-3		9274		1	10						11	3	5	9	8		6		7		2					4	
					Apps	33	13	29	8	9	11	6	1	33	39	22	11	46	8	11	8	25	12	42	31	1	15	17	41	34
					Goals			8		4	4			6	1		3	12		1		7		2	11			2	8	2

Scorers game 41: Bennett 2, Keene, McNichol 4, Tennant (p), Mansell (p)

F.A. Cup

	Date	Opponent	Score	Scorers	Att	Baldwin HJA	Ball JA	Bennett KE	Brennan PJ	Garbutt RH	Hassell TW	Howard FH	Johnston R	Keene DC	Mansell J	McCoy W	McCurley K	McNichol J	Morrad FG	Morris WH	Mulvaney J	Reed WG	South AW	Tennant DW	Thompson CA	Thompson PA	Vitty J	Wilkins LHJ	Willard JCTF	Wilson GE
R1	Nov 25	Tooting & Mitcham Utd.	3-2	Mansell, Tennant, McNichol	10000	1					10				11			8		6	2			7	9		3	5	4	
R2	Dec 9	IPSWICH TOWN	2-0	Mansell, C Thompson	14411	1					10				11			8	5	6	2			7	9		3		4	
R3	Jan 6	CHESTERFIELD	2-1	Bennett, McNichol	17688	1		10						11	3			8	5					4	9			2	7	6
R4	Jan 27	Bristol City	0-1		28730	1		10						11	3	5		8						4	9			2	7	6

Bristol City

10th in Division Three (South)

							Bailey EJ	Beasley AE	Bicknell R	Boxley J	Boyd J	Brewster GW	Clark FD	Eisentrager A	Guy I	Lowrie G	Lyons MC	Morgan SS	Peacock EG	Presley DC	Roberts D	Rodgers AW	Rogers JR	Rudkin TW	Spalding W	Stone FW	Sullivan CH	Thomas DS	White A	Williams SF
1	Aug	19	Bournemouth	0-1		21398	3	6						8	2	10		1	4		5	9		11				7		
2		23	EXETER CITY	3-1	Williams, Lowrie 2	23598	3	6						8	2	10		1	4		5	9						7		11
3		26	GILLINGHAM	2-0	Beasley, Rodgers	21531	3	6						8	2	10		1	4		5	9						7		11
4		30	Exeter City	0-1		9571	3	6						8	2	10		1	4		5	9						7		11
5	Sep	2	BRISTOL ROVERS	1-0	Lowrie	29916	3	6	5					8	2	10		1	4			9						7		11
6		6	CRYSTAL PALACE	2-0	Rodgers, Williams	13422	3	6	5					8	2	10		1	4			9						7		11
7		9	Millwall	3-5	Beasley, Lowrie, Thomas	22761	3	6	5					8	2	10		1	4			9						7		11
8		13	Crystal Palace	0-1		12937	3	6						8	2	9		1	4		5			11				7	10	
9		16	WATFORD	3-0	Lowrie 2 (1p), Brewster	19383	3	11				10		8	2	9		1	4		5							7	6	
10		23	Walsall	1-3	Brewster	8593	3	6				10		8	2			1	4		5	9						7		11
11		30	LEYTON ORIENT	4-1	Lowrie 2, Eisentrager, White	16286	3	6						8	2	9		1	4		5							7	10	11
12	Oct	7	Brighton & Hove Albion	1-1	Peacock	11557	3	6						8	2	9		1	4		5							7	10	11
13		14	NEWPORT COUNTY	2-1	Lowrie (p), White	22930	3	6		11				8	2	9		1	4		5							7	10	
14		21	Norwich City	0-0		27130	3	6		11				8	2	9		1	4		5	10								7
15		28	NORTHAMPTON T	1-0	Lowrie (p)	20798	3	6		11				8	2	9		1	4		5	10								7
16	Nov	4	Port Vale	3-1	Boxley, Lowrie, Rodgers	11603	3	6		11				8	2	9		1	4		5	10								7
17		11	NOTTM. FOREST	0-3		32878	3	6		11				8	2	9		1	4		5	10								7
18		18	Torquay United	1-4	Rodgers	7323	3	6		11				8	2			1	4		5	10	9							7
19	Dec	2	Swindon Town	0-1		13079	3	6						8	2			1	4		5	10	9		7					11
20		16	BOURNEMOUTH	2-0	Clark, Rodgers	15438	3	6			7		9	8	2				4		5	10					1			11
21		23	Gillingham	2-1	Boyd, Rodgers	8579	3	6			7		9	8	2				4		5	10					1			11
22		25	PLYMOUTH ARGYLE	1-0	Boyd	21158	3	6			7		9	8	2				4		5	10					1			11
23		26	Plymouth Argyle	0-2		26230	3	6			7		9	8	2				4		5	10					1			11
24		30	Bristol Rovers	1-2	Rodgers	31680	3	6			7	10		8	2				4		5	9					1			11
25	Jan	13	MILLWALL	2-1	Rodgers, Rudkin	21723	3	6			7		9	8	2				4		5	10		11			1			
26		17	SOUTHEND UNITED	0-3		7745	3				9			8	2				4		5	10		11			1		6	7
27		20	Watford	2-1	Boyd, White	9032	3	6			7			9	2				4		5	10		11			1		8	
28		31	Southend United	1-1	Rodgers	4216	3	6	9		7			8	2				4		5	10		11			1			
29	Feb	3	WALSALL	3-3	Boyd 2, Williams	15508	3	6			9			8	2				4		5	10		11			1			7
30		24	BRIGHTON & HOVE ALB	2-0	Rodgers 2	12748	3	6		11	7			10	2				4		5	9					1		8	
31	Mar	3	Newport County	1-0	Rogers	11494	3	6		11	7				2				4		5	10	9				1		8	
32		10	NORWICH CITY	2-2	Rodgers 2	22079	3	6		11	7			10	2				4		5	9					1		8	
33		17	Northampton Town	2-2	Eisentrager, White	8042	3	6		11	7			10	2			1	4		5	9							8	
34		23	Reading	2-4	Eisentrager, Rodgers	20065	3	6		11	7			10	2			1	4		5	9							8	
35		24	PORT VALE	3-1	Rodgers 2, White	17301	3	6		11	7			10	2			1	4		5	9							8	
36		26	READING	3-3	Boyd, Rodgers, White	23778	3	6		11	7	10			2			1	4		5	9							8	
37		31	Nottingham Forest	0-0		16811	3	6		11	7	10			2			1	4		5		9						8	
38	Apr	4	ALDERSHOT	1-1	Rogers	11369		6		11	7	10		8	2			1	4		5		9			3				
39		7	TORQUAY UNITED	0-2		13975	3	6		11	7			8	2		9	1	4		5	10								
40		14	Aldershot	0-0		6231	3	6		11	7				2				9	4	5	10					1		8	
41		18	IPSWICH TOWN	2-1	Beasley, Rodgers	12026		6		11	7			10	2				5	4		9				3	1		8	
42		21	SWINDON TOWN	2-0	Rodgers 2	16129		6		11	7			10	2				5	4		9				3	1		8	
43		25	COLCHESTER UNITED	0-2		12802		6		11	7	10		8	2					4	5	9				3	1			
44		28	Colchester United	1-1	Eisentrager	7202		6		11				10	2						5	9	8			3	1		4	7
45	May	3	Leyton Orient	2-0	Boxley, Eisentrager	6479				11				10	2				4		5	9	8			3	1		6	7
46		5	Ipswich Town	0-2		10728				11				10	2				4		5	9	8			3	1		6	7

	Bailey EJ	Beasley AE	Bicknell R	Boxley J	Boyd J	Brewster GW	Clark FD	Eisentrager A	Guy I	Lowrie G	Lyons MC	Morgan SS	Peacock EG	Presley DC	Roberts D	Rodgers AW	Rogers JR	Rudkin TW	Spalding W	Stone FW	Sullivan CH	Thomas DS	White A	Williams SF
Apps	39	43	4	23	24	7	5	42	46	16	1	26	44	4	41	39	8	7	1	7	20	13	21	25
Goals		3		2	6	2	1	5		11			1			20	2	1				1	6	3

F.A. Cup

							Bailey EJ	Beasley AE	Bicknell R	Boxley J	Boyd J	Brewster GW	Clark FD	Eisentrager A	Guy I	Lowrie G	Lyons MC	Morgan SS	Peacock EG	Presley DC	Roberts D	Rodgers AW	Rogers JR	Rudkin TW	Spalding W	Stone FW	Sullivan CH	Thomas DS	White A	Williams SF
R1	Nov	25	GLOUCESTER CITY	4-0	Guy, Peacock, Rodgers, Rogers	17058	3	6						8	2			1	4		5	10	9		7					11
R2	Dec	9	WREXHAM	2-1	Rogers, Williams	18514	3	6						8	2			1	4		5	10	9		7					11
R3	Jan	6	BLACKBURN ROVERS	2-1	Rodgers 2	23245	3	6					9	8	2				4		5	10		11			1			7
R4	Jan	27	BRIGHTON & HOVE ALB.	1-0	Clark (p)	28763	3	6					9	8	2				4		5	10		11			1			7
R5	Feb	10	Birmingham City	0-2		47831	3	6					9	8	2				4		5	10		11			1			7

Bristol Rovers

6th in Division Three (South)

							Bamford HC	Bradford GRW	Bush B	Edwards LR	Fox GR	Hoyle H	James TAG	Lambden VD	Meyer BJ	Morgan WJ	Murphy WR	Petherbridge GE	Pitt JH	Roost WC	Sampson PS	Warren RR	Watkins RB	Watling JD
1	Aug	19	SWINDON TOWN	1-0	Lambden	18795	2		11		3	1	8	9				7	4	10	6	5		
2		23	Aldershot	1-1	Billington (og)	8812	2		11		3	1	8	9				7	4	10	6	5		
3		26	Colchester United	0-0		13687	2	8	11		3	1		9				7	4	10	6	5		
4		28	ALDERSHOT	3-0	Bradford, Lambden, Roost	10327	2	8	7		3	1		9			11		4	10	6	5		
5	Sep	2	Bristol City	0-1		29916	2	8	11		3	1		9				7	4	10	6	5		
6		4	GILLINGHAM	3-0	Lambden, Bradford, Roost	14414	2	8	11		3	1		9				7	4	10	6	5		
7		9	CRYSTAL PALACE	1-1	Bradford	16804	2	8			3	1		9			11	7	4	10	6	5		
8		13	Gillingham	0-1		12293	2				3	1	8	9			11	7	4	10	6	5		
9		16	Brighton & Hove Albion	2-2	Lambden 2	11766	2		11		3	1	8	9				7	4	10	6	5		
10		23	NEWPORT COUNTY	1-0	Lambden	19816	2		11		3	1	8	9				7	4	10	6	5		
11		30	Norwich City	0-2		23965	2	8	7		3	1		9				11	4	10	6	5		
12	Oct	7	BOURNEMOUTH	2-0	Meyer, Lambden	17998	2		11		3	1		9	8			7	4	10	6	5		
13		14	Exeter City	2-0	Roost, Lambden	13397	2		11		3	1		9	8			7	4	10	6	5		
14		21	SOUTHEND UNITED	4-1	Roost 2, Petherbridge, Lambden	19620	2	8	11		3	1		9				7	4	10	6	5		
15		28	Reading	0-0		15428	2	8	11		3	1		9				7	4	10	6	5		
16	Nov	4	PLYMOUTH ARGYLE	3-1	Bradford, Lambden, Petherbridge	29561	2	8	11		3	1		9				7	4	10	6	5		
17		11	Ipswich Town	3-2	Petherbridge 2, Bradford	15351	2	8	11		3	1		9				7	4	10	6	5		
18		18	LEYTON ORIENT	2-1	Bradford, Petherbridge	14462	2	8	11		3	1		9				7	4	10	6	5		
19	Dec	16	Swindon Town	2-1	Pitt, Morgan	7033	2	8			3	1		9		10		7	4		6	5		11
20		23	COLCHESTER UNITED	1-1	Petherbridge	14341	2	8			3	1		9				7	4	10	6	5		11
21		25	Port Vale	0-0		13250	2	8			3	1		7		10			4	9	6	5		11
22		26	PORT VALE	2-0	Roost, Bradford	22279	2	8			3	1		7		10			4	9	6	5		11
23		30	BRISTOL CITY	2-1	Lambden 2	31680	2	8			3	1		9				7	4	10	6	5		11
24	Jan	13	Crystal Palace	0-1		10632	2	8			3	1		9				7	4	10	6	5		11
25		17	Torquay United	2-1	Roost, McGuiness (og)	3918	2	8			3	1		9				7	4	10	6	5		11
26		20	BRIGHTON & HOVE ALB	3-2	Warren, Lambden, Watling	17121	2	8			3	1		9				7	4	10	6	5		11
27		31	TORQUAY UNITED	1-1	Bradford	10608	2	8			3	1		9				7	4	10	6	5		11
28	Feb	3	Newport County	1-2	Bamford	11802	2	8			3	1		9				7	4	10	6	5		11
29		15	Walsall	2-1	Bradford, Morgan	6193	2	8	7	4	3	1		9		10					6	5		11
30	Mar	3	EXETER CITY	3-1	Bradford, Warren (p), Lambden	25264	2	8	7		3	1		9					4	10	6	5		11
31		10	Southend United	1-1	Bradford	10392	2	8	7		3	1		9					4	10	6	5		11
32		14	Bournemouth	0-2		8943	2	8	7		3	1		9					4	10	6	5		11
33		17	READING	4-0	Lambden 2, Bush, Bradford	20882	2	8	7		3	1		9					4	10	6	5		11
34		24	Plymouth Argyle	0-0		21503	2	8			3	1		9				7	4	10	6	5		11
35		26	Nottingham Forest	1-2	Lambden	27245	2	8			3	1		9				7	4	10	6	5		11
36		31	IPSWICH TOWN	1-1	Sampson	16947	2	8			3	1		9				7	4	10	6	5		11
37	Apr	7	Leyton Orient	0-1		6245	2	8	7		3	1		9		10			4		6	5		11
38		11	Millwall	0-1		10531	2	8	7		3	1		9					4	10	6	5		11
39		14	WALSALL	1-1	Watling	13989	2	8			3	1		9				7	4	10	6	5		11
40		19	Northampton Town	1-1	Watling	6796	2	8				1		9				7	4	10	6	5	3	11
41		21	Watford	0-1		6135	2		8			1		9				7	4	10	6	5	3	11
42		23	WATFORD	3-0	Bradford 2, Warren	10735	2	8				1		9				7	4	10	6	5	3	11
43		28	MILLWALL	1-0	Lambden	11534	2	8	7			1		9					4	10	6	5	3	11
44		30	NORWICH CITY	3-3	Warren (p), Lambden, Bradford	12957	2	8	7	4		1		9						10	6	5	3	11
45	May	3	NOTTM. FOREST	0-2		27676	2		11			1	8	9				7	4	10	6	5	3	
46		5	NORTHAMPTON T	1-1	Lambden	10739			7	4	3	1		9					8	10	6	5	2	11
						Apps	45	36	28	3	40	46	6	46	2	5	3	33	44	43	46	46	7	27
						Goals	1	15	1					20	1	2		6	1	7	1	4		3

Two own goals

F.A. Cup

							Bamford HC	Bradford GRW	Bush B	Edwards LR	Fox GR	Hoyle H	James TAG	Lambden VD	Meyer BJ	Morgan WJ	Murphy WR	Petherbridge GE	Pitt JH	Roost WC	Sampson PS	Warren RR	Watkins RB	Watling JD
R1	Nov	25	LLANELLI	1-1	Petherbridge	16594	2	8	11		3	1		9				7	4	10	6	5		
rep		28	Llanelli	1-1	(aet) Bush	12943	2	8	11		3	1		9				7	4	10	6	5		
rep2	Dec	4	Llanelli	3-1	(aet) Pitt, Petherbridge, Bradford	9044	2	8	11		3	1		9				7	4	10	6	5		
R2		9	GILLINGHAM	2-2	Bush, Lambden	15479	2	8	11		3	1		9				7	4	10	6	5		
rep		13	Gillingham	1-1	(aet) Gough	10642	2	8	11		3	1		9				7	4		6	5		
rep2		18	Gillingham	2-1	Bradford, Warren (p)	3924	2	8			3	1		9				7	4	10	6	5		11
R3	Jan	10	ALDERSHOT	5-1	Lambden 3, Roost, Petherbridge	10000	2	8			3	1		9				7	4	10	6	5		11
R4		27	Luton Town	2-1	Lambden, Petherbridge	26586	2	8			3	1		9				7	4	10	6	5		11
R5	Feb	10	HULL CITY	3-0	Lambden, Watling 2	31660	2	8	7		3	1		9					4	10	6	5		11
R6		24	Newcastle United	0-0		63000	2	8			3	1		9				7	4	10	6	5		11
rep		28	NEWCASTLE UNITED	1-3	Bradford	30074	2	8	7		3	1		9					4	10	6	5		11

R1 replay 2 at Ninian Park, Cardiff. R2 replay 2 at White Hart Lane.

Played at 10 in R2 first replay: A Gough

Burnley

10th in Division One

	Date	Opponent	Score	Scorers	Att	Adamson J	Aird JR	Attwell FR	Bray G	Chew J	Clarke A	Cummings TS	Hayes WE	Hays CJ	Holden W	Kirkham R	Lyons T	Martindale L	Mather H	McIlroy J	McNulty J	Morris W	O'Neill WA	Potts H	Rudman H	Samuels L	Spencer JS	Stephenson RA	Strong GJ	Woodruff A
1	Aug 19	ARSENAL	0-1		32706				6	7	9	5						4	3			8		10				11	1	2
2	21	Blackpool	2-1	Morris 2	33161				6	7	9	5		11				4	3			8					10		1	2
3	26	Sheffield Wednesday	1-0	Chew	40754				6	7		5		11		4			3			8		10			9		1	2
4	29	BLACKPOOL	0-0		38688				6	7		5		11		4			3			8		10			9		1	2
5	Sep 2	MIDDLESBROUGH	3-1	Stephenson 2, Morris	29779				6			5		11	9	4			3			8					10	7	1	2
6	4	PORTSMOUTH	1-1	Kirkham	30670				6			5		11	9	4			3					8		10		7	1	2
7	9	Huddersfield Town	1-3	Stephenson	30664				6			5		11	9	4			3			8		10				7	1	2
8	16	NEWCASTLE UNITED	1-1	Bray	33283				6			5		11	9	4			3			8		10				7	1	2
9	23	West Bromwich Albion	1-2	Spencer	32058				6			5	3	11	9	4						8					10	7	1	2
10	30	STOKE CITY	1-1	Lyons	23776				6			5	3		9		11							8	4		10	7	1	2
11	Oct 7	Tottenham Hotspur	0-1		46518				6	11			2		9				3			8		10	4			7	1	5
12	14	CHARLTON ATHLETIC	5-1	Holden 2, Hays, Morris, Stephenson	20008			4	6			5		11	9				3			8		10				7	1	2
13	21	Sunderland	1-1	Holden	38982			4	6			5		11	9				3	10		8						7	1	2
14	28	ASTON VILLA	2-0	Attwell, Holden	26471			4	6	7		5		11	9				3	10		8							1	2
15	Nov 4	Manchester United	1-1	Holden	41244			4	6	7		5		11	9				3	10		8							1	2
16	11	WOLVERHAMPTON W.	2-0	Holden, McIlroy	36157			4	6	7		5		11	9				3	10		8							1	2
17	18	Derby County	1-1	Morris	21418			4	6	7		5		11	9				3	10		8							1	2
18	25	LIVERPOOL	1-1	Chew	31901			4	6	7		5		11	9				3	10		8							1	2
19	Dec 2	Fulham	1-4	O'Neill	25250			4	6	7		5		11	9				3	10			8						1	2
20	9	BOLTON WANDERERS	2-0	Holden, McIlroy	31124			4	6	7		5		11	9				3	10		8							1	2
21	16	Arsenal	1-0	Holden	32374			4	6	7		5		11	9				3	10		8							1	2
22	23	SHEFFIELD WEDNESDAY	1-0	Morris	21272			4	6	7		5		11	9				3	10		8							1	2
23	25	Everton	0-1		40864			4	6	7		5		11	9				3	10		8							1	2
24	26	EVERTON	1-1	McIlroy	38444			4	6	9		5		11					3	10		8						7	1	2
25	30	Middlesbrough	3-3	Chew, Morris, McIlroy	34349			4	6	7		5	2	11					3	10		8					9		1	
26	Jan 13	HUDDERSFIELD T	0-1		22168			4	6	7		5	2	11	9				3	10		8							1	
27	20	Newcastle United	1-2	Morris	40658			4	6	7		5	2	11	9				3	10		8							1	
28	Feb 3	WEST BROMWICH ALB.	0-1		19101		2	4	6	7		5		11	9				3	10		8							1	
29	10	Bolton Wanderers	1-1	Holden	35540	4	2		6	7		5		11	9				3	10		8							1	
30	17	Stoke City	0-0		20823	4			6	7		5		11	9				3	10		8							1	2
31	24	TOTTENHAM HOTSPUR	2-0	Chew 2	33047	4			6	7		5			9		11		3	10		8							1	2
32	Mar 3	Charlton Athletic	0-0		30491	4			6	7		5			9		11		3	10		8							1	2
33	10	SUNDERLAND	1-1	McIlroy	25065	4			6	7		5			9		11		3	10		8							1	2
34	17	Aston Villa	2-3	Morris, Holden	26347	4			6	7		5			9		11		3	10		8							1	2
35	23	CHELSEA	2-1	Holden 2	22266	4			6	7		5			9		11		3	10		8							1	2
36	24	MANCHESTER UNITED	1-2	Stephenson	36656	4			6			5			9		11		3	10	1	8						7		2
37	26	Chelsea	2-0	Stephenson, Morris	23723	4			6			5			9		11		3	10	1	8						7		2
38	31	Wolverhampton Wan.	1-0	Lyons	20572	4			6			5			9		11		3	10		8						7	1	2
39	Apr 7	DERBY COUNTY	1-0	Lyons	21714	4			6			5			9		11		3	10		8						7	1	2
40	14	Liverpool	0-1		24118	4			6			5			9		11		3	10		8						7	1	2
41	21	FULHAM	0-2		19929	4			6			5			9		11		3	10						8		7	1	2
42	May 5	Portsmouth	1-2	Morris	22510	4			6	11	9	5							3	10		8						7	1	2

	Adamson J	Aird JR	Attwell FR	Bray G	Chew J	Clarke A	Cummings TS	Hayes WE	Hays CJ	Holden W	Kirkham R	Lyons T	Martindale L	Mather H	McIlroy J	McNulty J	Morris W	O'Neill WA	Potts H	Rudman H	Samuels L	Spencer JS	Stephenson RA	Strong GJ	Woodruff A
Apps	14	2	17	42	28	3	41	6	27	35	7	12	2	40	30	2	38	1	9	2	2	7	18	40	37
Goals			1	1	5				1	12	1	3			5		11	1				1	6		

F.A. Cup

	Date	Opponent	Score	Att	Adamson J	Aird JR	Attwell FR	Bray G	Chew J	Clarke A	Cummings TS	Hayes WE	Hays CJ	Holden W	Kirkham R	Lyons T	Martindale L	Mather H	McIlroy J	McNulty J	Morris W	O'Neill WA	Potts H	Rudman H	Samuels L	Spencer JS	Stephenson RA	Strong GJ	Woodruff A
R3	Jan 6	Aston Villa	0-2	38833			4	6	7		5		11					3	10		8					9		1	2

Bury

20th in Division Two

	Date		Opponent	Score	Scorers	Att	Bardsley L	Bellis A	Bodle H	Daniel T	Evans A	Fairclough C	Goram LA	Greenhalgh JR	Griffiths G	Griffiths W	Hart JL	Hayman J	Hazlett G	Inglis JMcD	Jackson JP	Keetley EA	Massart DL	Massey E	Plant KG	Slynn F	Steele JM	Walton JA	Whitworth H	Wood F	Worthington F
1	Aug	19	LEICESTER CITY	2-3	Massart, Bodle	17535	6	11	10			2	1		3	5			7		4		9								8
2		23	Preston North End	0-2		20793	6	11	10			2	1		3	5			7	9				4				8			
3		26	Manchester City	1-5	Bodle	44162			10	6		2	1		3	5			7	9				4			11	8			
4		30	PRESTON NORTH END	3-1	Plant 2, Daniel	16558	6			10		2	1		3	5	4		7						9		11	8			
5	Sep	2	COVENTRY CITY	1-0	Plant	15090	6		11	10		2	1		3	5	4		7						9			8			
6		6	QUEEN'S PARK RANGERS	0-1		8888	6			10		2	1		3	5	4		7						9		11	8			
7		9	Cardiff City	2-2	Walton, Plant	29797	6			10		2	1		3	5	4		7						9		11	8			
8		16	BIRMINGHAM CITY	4-1	Plant 3, Hazlett	16809	6		11	10		2	1		3	5	4		7						9			8			
9		23	Grimsby Town	1-2	Bodle	14956	6		11	10		2	1		3	5	4		7						9			8			
10		30	NOTTS COUNTY	0-0		21328	6		11	10		2	1		3	5	4		7						9			8			
11	Oct	7	Leeds United	1-1	Plant	25859	6	11	10			2	1		3	5	4		7						9			8			
12		14	WEST HAM UNITED	3-0	Walton, Plant, Bodle	15542	6		10		1	2			3	5	4		7						9		11	8			
13		21	Sheffield United	0-3		25993	6		10		1	2			3	5	4		7						9		11	8			
14		28	LUTON TOWN	4-1	Hart, W Griffiths (p), Plant 2	13486	6		10			2	1		3	5	4		7						9		11	8			
15	Nov	4	Southampton	0-1		20355	6		10			2	1		3	5	4		7						9		11	8			
16		11	BARNSLEY	0-3		17662	6		10			2	1		3	5	4		7						9		11	8			
17		18	Swansea Town	0-2		18353	6		10			2	1			5	4		7					3	9		11				8
18		25	HULL CITY	0-2		15239	6		10			2	1		3	5	4		11				9		8						7
19	Dec	2	Doncaster Rovers	1-1	Walton	20399				10		2	1	4	3	5			7						9	6	11	8			
20		9	BRENTFORD	2-1	G Griffiths, Plant	10825				10		2	1	4	3	5			7						9	6	11	8			
21		16	Leicester City	0-4		16772				10		2	1	4	3	5			7						9	6	11	8			
22		25	Blackburn Rovers	4-2	Bodle 2, Massart, Holt (og)	32741		11	10				1	4		2	5		7				9	3		6					8
23		30	Coventry City	2-5	Plant, Timmins (og)	27595		11	10				1	4		2	5		7					3	9	6					8
24	Jan	1	BLACKBURN ROVERS	1-3	Whitworth	21263		11	10				1	4		2	5						9	3		6		8	7		
25		13	CARDIFF CITY	1-2	Hazlett	10726		11	10				1	4	3	2	5		8						9	6			7		
26		20	Birmingham City	3-3	Hazlett, W Griffiths (p), Bodle	25653		11	10				1	4	3	8	5		7			2	9			6					
27		27	MANCHESTER CITY	2-0	W Griffiths, Bellis	25439		11	10				1	4	3	8	5		7			2	9			6					
28	Feb	3	GRIMSBY TOWN	2-3	Plant, Bodle	12775		11	10				1	4	3	8	5		7			2			9	6					
29		10	Brentford	0-4		14986	6	11	10				1	4		2	5					3		8	9		7				
30		17	Notts County	2-4	Worthington, Plant	21008		11	10	7			1	4		5	2							3	9	6					8
31		24	LEEDS UNITED	0-1		13517	4	11	10				1	8		5	2	3	7						9	6					
32	Mar	3	West Ham United	3-2	Hazlett, Greenhalgh, Massey	19652	4			10		2	1	8		5		3	7					9		6	11				
33		10	SHEFFIELD UNITED	1-1	Massey	11684	4			10		2	1	8		5		3	7					9		6	11				
34		17	Luton Town	2-4	W Griffiths (p), Steele	11576	4			10		2	1	8		5		3	7					9		6	11				
35		23	CHESTERFIELD	2-2	Daniel, Milburn (og)	15858	4			10		2	1	8		5		3	7					9		6	11				
36		24	SOUTHAMPTON	1-0	Daniel	11433				10		2	1	4		5	3		11					9		6		8	7		
37		26	Chesterfield	0-3		9918				10		2	1	4		5	3		11					9		6		8	7		
38		31	Barnsley	3-2	Walton, Plant, Glover (og)	11967	6		3	10			1	4		2	5		7						9	11		8			
39	Apr	7	SWANSEA TOWN	1-1	Bellis	11880	4	11	3	10			1	8		2	5		7						9	6					
40		14	Hull City	0-4		25841	6	11	3	10			1	4		2	5		7						9			8			
41		21	DONCASTER ROVERS	3-1	Plant, Daniel, Bellis	13586	6	11	3	10			1	4		2			7						9			8		5	
42	May	5	Queen's Park Rangers	2-3	Plant 2	11244	6	11	3	10			1	4	2	8	5		7						9						

	Bardsley L	Bellis A	Bodle H	Daniel T	Evans A	Fairclough C	Goram LA	Greenhalgh JR	Griffiths G	Griffiths W	Hart JL	Hayman J	Hazlett G	Inglis JMcD	Jackson JP	Keetley EA	Massart DL	Massey E	Plant KG	Slynn F	Steele JM	Walton JA	Whitworth H	Wood F	Worthington F
Apps	28	17	30	23	2	27	40	24	25	42	31	5	39	2	1	4	6	14	29	20	18	24	4	1	6
Goals		3	8	4				1	1	4	1		4				2	2	19		1	4	1		1

Four own goals

F.A. Cup

	Date		Opponent	Score	Scorers	Att	Bardsley L	Bellis A	Bodle H	Daniel T	Evans A	Fairclough C	Goram LA	Greenhalgh JR	Griffiths G	Griffiths W	Hart JL	Hayman J	Hazlett G	Inglis JMcD	Jackson JP	Keetley EA	Massart DL	Massey E	Plant KG	Slynn F	Steele JM	Walton JA	Whitworth H	Wood F	Worthington F
R3	Jan	6	Newcastle United	1-4	W Griffiths (p)	33944		11	10	9			1	4		2	5		8					3		6			7		

Cardiff City

3rd in Division Two

							Baker WG	Blair D	Edwards G	Evans EE	Evans LN	Grant W	Hollyman KC	Joslin PJ	Lamie R	Lever AR	Marchant MG	McLaughlin R	Mills DG	Montgomery SWI	Morris EC	Oakley K	Rutter CF	Sherwood AT	Stitfall AE	Stitfall RF	Sullivan D	Tiddy MD	Williams DR	Williams GJJ
1	Aug	19	Grimsby Town	0-0		20083	6		11	10			4	1				8		5		9		3		2			7	
2		23	Manchester City	1-2	DR Williams	18242		6	11	10			4	1		5		8				9		3		2			7	
3		26	NOTTS COUNTY	2-0	Oakley, Edwards	36646	6		11				4	1				8				9		3		2	10		7	5
4		28	MANCHESTER CITY	1-1	E Evans	32817	6		11	8			4	1								9		3		2	10		7	5
5	Sep	2	Preston North End	1-1	Edwards	25900	6		11	8			4	1								9		3		2	10		7	5
6		4	WEST HAM UNITED	2-1	E Evans, Blair	32292	6	10	11	9			4	1	7									3		2			8	5
7		9	BURY	2-2	Lamie, E Evans	29797	6	10	11	9			4	1	7									3		2			8	5
8		16	Queen's Park Rangers	2-3	E Evans, Nelson (og)	19236	6	10	11	9			4	1	7			8						3		2				5
9		23	CHESTERFIELD	1-0	Capel (og)	27754	6		11	9			4	1				8		5				3		2	10		7	
10		30	Leicester City	1-1	Blair	22696	6	9	11	10			4	1				8		5				3		2	7			
11	Oct	7	Blackburn Rovers	0-2		24831	6	9	11	8		7	4	1				10		5				3		2				
12		14	SOUTHAMPTON	2-2	Blair, Mallett (og)	26409	6	9		10		7	4	1				11		5				3		2				8
13		21	Doncaster Rovers	0-0		26356	6	10		9		7	4					11		5	1		2			3				8
14		28	BRENTFORD	1-1	Blair	22885	6	10		9		7	4					11		5	1			3		2				8
15	Nov	4	Swansea Town	0-1		26393		10	11			8	6					4		5	1			3		2			7	9
16		11	HULL CITY	2-1	DR Williams, Blair	25007		10	11			7	9	1				4		5				3		2			8	6
17		18	Barnsley	0-0		21818		10	11			9	4	1						5				3		2		7	8	6
18		25	SHEFFIELD UNITED	2-0	Edwards, DR Williams	25622		10	11			9	4	1						5			2	3				7	8	6
19	Dec	2	Luton Town	1-1	Grant	13062		10	11			9	4	1						5			2	3				7	8	6
20		9	LEEDS UNITED	1-0	Edwards	23716		10	11			9	4	1						5			2	3				7	8	6
21		16	GRIMSBY TOWN	5-2	Grant 3, DR Williams 2	15364		10	11			9	4	1						5			2	3				7	8	6
22		23	Notts County	2-1	Grant, DR Williams	27634		10	11			9	4	1						5			2	3				7	8	6
23		25	COVENTRY CITY	2-1	Edwards 2	32778		10	11			9	4	1						5			2	3				7	8	6
24		26	Coventry City	1-2	Grant	33194	6		11	10		9	4	1						5			2					7	8	3
25		30	PRESTON NORTH END	0-2		26717			11	10		9	4	1						5			2	3				7	8	6
26	Jan	13	Bury	2-1	Edwards, Griffiths (og)	10726	6		11	10		9	4	1				8		5				3				7		2
27		20	QUEEN'S PARK RANGERS	4-2	Grant 2, McLaughlin, Tiddy	21017	6	10	11			9	4	1				8		5				3				7		2
28	Feb	3	Chesterfield	3-0	Grant 2, Marchant	12998	6	10	11			9	4	1			8						2	3				7		5
29		17	LEICESTER CITY	2-2	Marchant, Baker	23583	6	10	11			9	4	1			8			5				3	2			7		
30		24	BLACKBURN ROVERS	1-0	Grant	32811	6	10	11			9	4	1			8			5				3				7		2
31	Mar	3	Southampton	1-1	Edwards	24233	6	10	11			9	4	1						5				3				7	8	2
32		10	DONCASTER ROVERS	0-0		27724	6	10	11			9	4	1			8			5				3				7		2
33		17	Brentford	0-4		19663	6	10	11			9	4	1			8			5				3				7		2
34		23	Birmingham City	0-0		15054	6		11			9	4	1			8	10		5				3				7		2
35		24	SWANSEA TOWN	1-0	Marchant	41074	6		11			9	4	1			8	10		5				3				7		2
36		26	BIRMINGHAM CITY	2-1	McLaughlin, Grant	36992	6		11			9	4	1			8	10		5				3				7		2
37		31	Hull City	0-2		20239	6		11			9	4	1			8	10		5				3				7		2
38	Apr	7	BARNSLEY	1-1	Grant	27631	6	10	11			9	4	1					8	5				3				7		2
39		14	Sheffield United	2-1	Tiddy, Edwards	20747	6		11			9	4	1			8	10		5				3				7		2
40		21	LUTON TOWN	2-1	Grant, Owen (og)	28022	6		11			9	4	1			8	10		5				3				7		2
41		28	Leeds United	0-2		14765	6		11		10	9	4	1				8		5				3				7		2
42	May	5	West Ham United	0-0		17942	6	10	11			9	4	1			8			5				3				7		2

	Baker WG	Blair D	Edwards G	Evans EE	Evans LN	Grant W	Hollyman KC	Joslin PJ	Lamie R	Lever AR	Marchant MG	McLaughlin R	Mills DG	Montgomery SWI	Morris EC	Oakley K	Rutter CF	Sherwood AT	Stitfall AE	Stitfall RF	Sullivan D	Tiddy MD	Williams DR	Williams GJJ
Apps	31	27	39	16	1	32	42	39	3	1	12	21	1	34	3	5	10	40	1	17	5	26	20	36
Goals	1	5	9	4		14			1		3	2				1						2	6	

Five own goals

F.A. Cup

							Baker WG	Blair D	Edwards G	Evans EE	Evans LN	Grant W	Hollyman KC	Joslin PJ	Lamie R	Lever AR	Marchant MG	McLaughlin R	Mills DG	Montgomery SWI	Morris EC	Oakley K	Rutter CF	Sherwood AT	Stitfall AE	Stitfall RF	Sullivan D	Tiddy MD	Williams DR	Williams GJJ
R3	Jan	6	West Ham United	1-2	Grant	26000	6		11	10		9	4	1						5				3			8	7		2

Carlisle United

3rd in Division Three (North)

						Billingham J	Brown J	Caton WC	Coupe JN	Dick GW	Duffett E	Hayton E	Hill GR	Hogan WJJ	Jackson J	Johnson J	Kelly JP	Kinloch TS	Lindsay JMcA	MacLaren JS	Maxfield J	McCue AB	McIntosh AJ	Miller A	Scott AM	Stokoe D	Turner PS	Twentyman G	Waters PM
1	Aug 19	Southport	0-1		9288	4		6		10				7	9		11			1			2			3	8	5	
2	24	GATESHEAD	3-0	Hogan, Jackson, Caton	12016	4		11	3	10	8	6		7	9					1			2					5	
3	26	TRANMERE ROVERS	3-1	Hogan, Duffett, Caton	13640	4		11	3	10	8	6		7	9					1			2					5	
4	28	Gateshead	3-4	Dick 2, Billingham	14896	4		11	3	10	8	6		7	9					1					2			5	
5	Sep 2	Bradford Park Avenue	2-0	Hogan 2	16655	4		10		8		6		7	9		11			1			3		2			5	
6	7	HARTLEPOOLS UNITED	1-0	Kelly	14780	4		10		8		6		7	9		11			1			3		2			5	
7	9	OLDHAM ATHLETIC	1-0	Lindsay	13838	4		10		8		6		7			11		9	1			3		2			5	
8	11	Hartlepools United	3-3	Dick 2 (1p), Turner	8654	4		11		10		6		7					9	1			3		2		8	5	
9	16	Wrexham	1-2	Lindsay	10334	4		11		10		6		7					9	1			3		2		8	5	
10	23	SCUNTHORPE UNITED	3-1	Jackson, Dick, Turner	11961	5		6		10	8	4		7	9					1			3		2		11		
11	30	Mansfield Town	1-2	Duffett	6686	5		6		10	8	4		7	9					1			3		2		11		
12	Oct 7	Chester	1-1	Caton	7671	4		10					5	7					9	1	11		3		2	6	8		
13	14	SHREWSBURY TOWN	2-2	Caton 2 (1p)	10843	4	9	10					5	7			11			1			2	3		6	8		
14	21	Bradford City	4-2	McCue, Brown, Hogan, Caton	16481	4	9	10	3			6		7						1		11	2				8	5	
15	28	ROCHDALE	4-0	McCue 2, Turner, Brown	13295	4	9	10	3			6		7						1		11	2				8	5	
16	Nov 4	Crewe Alexandra	1-1	Brown	8782	4	9	10	3			6								1	7	11	2				8	5	
17	11	NEW BRIGHTON	1-0	Brown	12629	4	9	10	3			6		7	8					1		11	2					5	
18	18	Lincoln City	1-1	McCue	9480	4		10	3			6		7					9	1		11	2				8	5	
19	Dec 2	Stockport County	2-1	Lindsay, McCue	10624			10	3					7				4	9	1		11	2				8	5	6
20	16	SOUTHPORT	3-1	Lindsay 2, McCue	10360				3		10			7				4	9	1		11	2				8	5	6
21	23	Tranmere Rovers	2-2	Hogan, Turner	8208	10			3					7				4	9	1		11	2				8	5	6
22	25	ACCRINGTON STANLEY	3-1	Lindsay 2, McCue	13943				3					7	10			4	9	1		11	2				8	5	6
23	26	Accrington Stanley	4-0	McCue 2, Turner, Hogan	4947				3			6		7	10			4	9	1		11			2		8		5
24	30	BRADFORD PARK AVE.	1-0	Turner	10656				3			6		7	10			4	9	1		11	2				8		5
25	Jan 1	BARROW	1-1	McCue	12512				3			6		7	10			4	9	1		11	2				8		5
26	13	Oldham Athletic	1-1	Turner	14397	9			3			6		7	10			4		1		11	2				8		5
27	20	WREXHAM	0-2		10860	9			3			6		7	10		11	4		1			2				8		5
28	27	York City	1-1	Hogan	7677	8			3					7	10			4	9	1		11	2					5	6
29	Feb 3	Scunthorpe United	1-1	Jackson	9247	4	9		3					7	10				8	1		11	2					5	6
30	10	Barrow	2-1	Brown 2	11270	8	9		3					7	10					1		11	2			4		5	6
31	17	MANSFIELD TOWN	2-0	Lindsay, Jackson	10734	8			3				5	7	10				9	1		11	2			4			6
32	24	CHESTER	2-1	Lindsay, Jackson	11012	8			3				5	7	10				9	1		11	2			4			6
33	Mar 3	Shrewsbury Town	3-0	Hogan, Caton, Jackson	9795		9	8						7	10					1		11	2		3	4		5	6
34	10	BRADFORD CITY	2-1	Hogan, Brown	11297		9	8						7	10					1		11	2		3	4		5	6
35	17	Rochdale	1-4	Jackson	6190			10						7	8	9				1		11	2		3	4		5	6
36	23	ROTHERHAM UNITED	0-0		20454									7	10	9				1		11	2		3	4	8	5	6
37	24	CREWE ALEXANDRA	2-1	Hogan 2	10508									7	10	9				1		11	2		3	4	8	5	6
38	26	Rotherham United	0-3		17309			10						7		9				1		11	2		3	4	8	5	6
39	31	New Brighton	1-0	McCue	2668			6						7	10	9				1		11	2		3	4	8		5
40	Apr 7	LINCOLN CITY	2-0	Jackson, Turner	8859			6						7	10	9				1		11	2		3		8	5	4
41	14	Darlington	0-1		4026			6					5	7	10	9				1		11	2		3		8		4
42	19	DARLINGTON	2-1	Turner, Brown	9365		9	6	2				5		8		10			1		11			3		7		4
43	21	STOCKPORT COUNTY	2-2	Jackson, Brown	10154		9	6	2				5		8		10			1		11			3		7		4
44	26	HALIFAX TOWN	1-0	Turner	7954		9	6							10		7			1		11	2		3	4	8		5
45	28	Halifax Town	0-1		4720		7	6							10	9				1		11	2		3	4	8		5
46	May 3	YORK CITY	3-2	Turner 2, Scott	7335		9	6						7	10			4		1		11	2		3		8		5
					Apps	26	14	31	24	11	6	20	7	41	33	8	9	11	16	46	2	32	42	1	24	15	31	28	28
					Goals	1	9	7		5	2			12	9		1		9			11			1		12		

F.A. Cup

						Billingham J	Brown J	Caton WC	Coupe JN	Dick GW	Duffett E	Hayton E	Hill GR	Hogan WJJ	Jackson J	Johnson J	Kelly JP	Kinloch TS	Lindsay JMcA	MacLaren JS	Maxfield J	McCue AB	McIntosh AJ	Miller A	Scott AM	Stokoe D	Turner PS	Twentyman G	Waters PM
R1	Nov 25	BARROW	2-1	McCue, Turner	13273	4	9	10	3			6		7						1		11	2				8	5	
R2	Dec 9	Southport	3-1	Turner 2, Lindsay	8193			10	3			6		7				4	9	1		11	2				8	5	
R3	Jan 6	Arsenal	0-0		57932	9			3					7	10			4		1		11	2				8	5	6
rep	11	ARSENAL	1-4	McCue	20900	9			3					7	10			4		1		11	2				8	5	6

Charlton Athletic

17th in Division One

						Bartram S	Campbell J	Croker EA	Croker PHL	Cullum RG	D'Arcy SD	Duffy C	Evans JW	Fell LJ	Fenton BRV	Forbes DD	Hammond CS	Hurst G	Jeppson HO	Johnson WH	Kiernan WE	Lock FW	Lumley IT	Marsh WE	O'Linn S	Phipps HJ	Revell CH	Shreeve JTT	Uytenbogaardt A	Vaughan CJ	Walls JP
1	Aug 19	BOLTON WANDERERS	4-3	Hurst 2, O'Linn 2	30487	1				10					4	6		7			11	3			8	5		2		9	
2	23	Fulham	3-1	Hurst 2, Vaughan	31573	1				10		11			4	6		7				3			8	5		2		9	
3	26	Blackpool	0-0		25484	1				10		11			4	6		7				3			8	5		2		9	
4	30	FULHAM	0-0		28997	1				10		11			4	6		7				3			8	5		2		9	
5	Sep 2	TOTTENHAM HOTSPUR	1-1	Vaughan	61480	1				10		11			4	6		7				3			8	5		2		9	
6	6	Derby County	0-5		21266	1				10					4	6		7			11	3			8	5		2		9	
7	9	Sheffield Wednesday	2-1	Evans, Hurst	37003	1				8			9		4	6		7			11	3	10			5		2			
8	16	Manchester United	0-3		37976	1				8					4	6		7			11	3	10			5		2		9	
9	23	WOLVERHAMPTON	3-2	Cullum, Evans, Vaughan	43998	1				10			9		4	6		7			11	3				5		2		8	
10	30	Sunderland	2-4	Cullum, Evans	26340	1				10			9		4	6		7			11	3				5		2		8	
11	Oct 7	ARSENAL	1-3	Cullum	63539	1				10			9		4	6		7			11	3						2		8	5
12	14	Burnley	1-5	Evans	20008	1				8			10		4	6		7			11	3				5		2		9	
13	21	EVERTON	2-1	Forbes, Vaughan	27965	1				8			10		4	6		7			11	3						2		9	5
14	28	Stoke City	0-2		22689	1				8			10		4	6		7			11	3						2		9	5
15	Nov 4	CHELSEA	1-2	Hurst	29913	1	2	5							10	6	4	7			11	3	8							9	
16	11	Portsmouth	3-3	Evans 3	32698	1	2	5					8		4	10	6	7			11	3								9	
17	18	WEST BROMWICH ALB.	2-3	Evans, Hurst	21876		2	5					8		4	10	6	7			11	3		1						9	
18	25	Newcastle United	2-3	Hurst, Kiernan	48267			5	2	8			10		4	6		7			11	3		1						9	
19	Dec 2	HUDDERSFIELD T	3-2	Evans, Kiernan, Vaughan	19605			5	2	8			10		4	6		7			11	3		1						9	
20	9	Middlesbrough	3-7	Evans, Forbes, Vaughan	34050			5	2	8			10		4	6		7				3		1			11			9	
21	16	Bolton Wanderers	0-3		19207	1		5	2	8			10		4	6		7			11	3								9	
22	23	BLACKPOOL	2-3	Kiernan, Vaughan	27220	1			2				10	7	4						11	3	8			5	6			9	
23	25	ASTON VILLA	2-2	Kiernan 2	17192	1							10	7		6				4	11	3	8			5		2		9	
24	26	Aston Villa	0-0		32837	1		5		8			10		4	6		7			11	3						2		9	
25	30	Tottenham Hotspur	0-1		54667	1							10		4	6		7			11	3	8			5	2			9	
26	Jan 13	SHEFFIELD WEDNESDAY	2-1	Cullum, Jeppson	21785	1			2	10					4	6		7	9	8	11	3				5					
27	20	MANCHESTER UNITED	1-2	Hurst	31978	1			2	10					4	6		7	9	8	11	3				5					
28	27	LIVERPOOL	1-0	Jeppson	25313				2				8		4	6		7	9		11	3				5			1	10	
29	Feb 3	Wolverhampton Wan.	3-2	Jeppson 2, Hurst	35183	1			2				8		4			7	9	6	11	3				5				10	
30	17	SUNDERLAND	3-0	Evans, Hurst, Kiernan	24627	1			2				8		4			7	9	6	11	3				5				10	
31	24	Arsenal	5-2	Jeppson 3, Evans, Hurst	54903	1			2				8		4			7	9	6	11	3				5				10	
32	Mar 3	BURNLEY	0-0		30491	1	2						8		4			7	9	6	11	3				5				10	
33	10	Everton	0-0		31066	1	2						8		4			7	9	6	11	3				5				10	
34	17	STOKE CITY	2-0	Jeppson, Kiernan	19945	1	2						8		4			7	9	6	11	3				5				10	
35	23	Liverpool	0-1		31650	1	2				9		8		4			7		6	11	3				5				10	
36	24	Chelsea	3-2	Evans, Jeppson, Kiernan	38196	1	2						8		4			7	9	6	11	3				5				10	
37	31	PORTSMOUTH	0-1		34341	1	2						8		4			7	9	6	11	3				5				10	
38	Apr 7	West Bromwich Albion	0-3		25960	1	2				9		8		4			7		6	11	3				5				10	
39	14	NEWCASTLE UNITED	1-3	Kiernan	25798	1	2				9		10		4			7		6	11	3				5				8	
40	21	Huddersfield Town	1-1	Hurst	24109	1	2						10		4			7		6	11	3	8							9	5
41	28	MIDDLESBROUGH	3-0	Duffy, Hurst, Lumley	11329	1	2					11			4			7		6	10	3	8							9	5
42	May 5	DERBY COUNTY	1-2	Lumley	17275	1	2						10		4			7		6	11	3	8							9	5
					Apps	37	14	8	11	21	3	5	31	2	41	27	3	40	11	17	37	42	9	4	6	28	3	16	1	39	6
					Goals					4		1	14			1		14	9		9		2		2					7	

F. Cup

						Bartram S	Campbell J	Croker EA	Croker PHL	Cullum RG	D'Arcy SD	Duffy C	Evans JW	Fell LJ	Fenton BRV	Forbes DD	Hammond CS	Hurst G	Jeppson HO	Johnson WH	Kiernan WE	Lock FW	Lumley IT	Marsh WE	O'Linn S	Phipps HJ	Revell CH	Shreeve JTT	Uytenbogaardt A	Vaughan CJ	Walls JP
R3	Jan 6	BLACKPOOL	2-2	P Croker, Revell (p)	43737	1			2				10		4	6		7			11		8			5	3			9	
rep	10	Blackpool	0-3		21715	1			2		9				4	6		7		8	10	11				5	3				

Chelsea

20th in Division One

	Date	Opponent	Score	Scorers	Att	Armstrong K	Bathgate S	Bentley TRF	Billington HJR	Bowie JD	Campbell RI	Dickson W	Dyke CH	Gray WP	Harris J	Hinshelwood WAA	Hughes WM	Jones TB	McKnight P	Medhurst HE	Mitchell FR	Parsons EG	Pickering PB	Robertson WG	Saunders FJ	Smith RA	Tickridge S	Willemse SB	Williams RF	Winter DT
1	Aug 19	SHEFFIELD WEDNESDAY	4-0	Bentley 2, Gray, Billington	48468	4	2	9	10	8				7	5			11		1	6							3		
2	23	Arsenal	0-0		61166	4	2	9	10	8				7	5					1	6							3	11	
3	26	Middlesbrough	0-3		41573	4	2	9	10	8	11			7	5					1	6							3		
4	30	ARSENAL	0-1		48792	4	2	9	10	8	11			7	5					1	6							3		
5	Sep 2	HUDDERSFIELD T	1-2	Harris	41112	9	2		10	8	11			7	5				4	1	6							3		
6	4	Bolton Wanderers	0-1		25457	6	2			8	10		7	11	5				4	1						9		3		
7	9	Newcastle United	1-3	Armstrong	56903	4	2			8	9	10	7	11	5				6	1								3		
8	16	WEST BROMWICH ALB.	1-1	Harris	39570	4	2	9		8	11	10		7	5				6	1								3		
9	23	Stoke City	1-2	Gray	25521	4	2	9		8	11	10		7	5				6	1								3		
10	30	EVERTON	2-1	Gray, Campbell	34970	4	2	9		8	11	10		7						1	6				5			3		
11	Oct 7	Blackpool	2-3	Bowie, Bentley	29240	4	2	9	10	8	7			11						1	6				5			3		
12	14	TOTTENHAM HOTSPUR	0-2		65992	4	2	9	10	8	7			11	5					1	6							3		
13	21	Wolverhampton Wan.	1-2	Billington	40014	4	2	10	9		8		7	11	5		3				6		1							
14	28	SUNDERLAND	3-0	Campbell 2, Billington	51315	4	2	10	9		8		7	11	5		3				6		1							
15	Nov 4	Charlton Athletic	2-1	Dyke, Campbell	29913	4	2	10	9		8		7	11	5		3				6		1							
16	11	MANCHESTER UNITED	1-0	Billington	51882	4	2	10	9		8		7	11	5		3				6		1							
17	18	Aston Villa	2-4	Billington, Gray	27609	4	2	10	9		8		7	11	5		3				6		1							
18	25	DERBY COUNTY	1-2	Campbell	26908	4	2	10	9		8		7	11	5		3				6		1							
19	Dec 2	Liverpool	0-1		28717	4	2	10	9	8					5		3	11		1	6	7								
20	9	FULHAM	2-0	Smith, Jones	43835	4	2	10		8					5		3	11		1	6	7				9				
21	23	MIDDLESBROUGH	1-1	Billington	35323	4	2	10	8						5		3	11		1	6	7				9				
22	25	Portsmouth	3-1	Bowie, Smith, Bentley	23645	4	2	10		8					5			11		1	6	7				9		3		
23	26	PORTSMOUTH	1-4	Harris	41909	4	2	10		8					5			11		1	6	7				9		3		
24	Jan 13	NEWCASTLE UNITED	3-1	Smith 2, Williams	43840	4	2	10	8				7		5		3				6		1			9			11	
25	20	West Bromwich Albion	1-1	Gray	30985	4	2	10			8			7	5		3				6		1			9			11	
26	Feb 3	STOKE CITY	1-1	Gray	27063	4	2	10			8	6		11	5	7	3						1			9				
27	17	Everton	0-3		33005	4		10	9		11	6			5	7	3						1						8	2
28	24	Sheffield Wednesday	2-2	Harris, Dickson	40964	4		9	10		11	8			5	7	3			1	6									2
29	28	BLACKPOOL	0-2		36074	4		9	10		11	8			5	7	3			1	6									2
30	Mar 3	Tottenham Hotspur	1-2	Campbell	59449	8		9			11	10			5	7	3			1	6								4	2
31	17	Sunderland	1-1	Hinshelwood	24270			10			8	6		11	5	7	3			1						9			4	2
32	23	Burnley	1-2	Harris	22266			10			8	6		11	5	7	3			1						9	2		4	
33	24	CHARLTON ATHLETIC	2-3	Bentley, Williams	38196	4		10			8	6		11	5	7	3			1							2		9	
34	26	BURNLEY	0-2		23723	4	2	10	9		8	6		11	5	7	3			1										
35	31	Manchester United	1-4	Willemse	25779	4	2				8	6		10	5	7	3			1								11	9	
36	Apr 7	ASTON VILLA	1-1	Williams	28569	4	2	10			8	6		11	5	7	3			1									9	
37	14	Derby County	0-1		16364	4		10			8	6		11	5	7	3			1						9	2			
38	18	Huddersfield Town	1-2	Gallogly (og)	23995	10	2	8			7			11	4					1					5	9	3		6	
39	21	LIVERPOOL	1-0	Smith	30134	10	2	8			7	6		11										1	5	9	3		4	
40	25	WOLVERHAMPTON W.	2-1	Bentley, Armstrong	36410	10	2	8				4		7				11			6			1	5	9	3			
41	28	Fulham	2-1	Armstrong 2	24897	10	2	8			7	4									6			1	5	9	3		11	
42	May 5	BOLTON WANDERERS	4-0	Bentley 2, Smith 2	38928	10	2	8			7	4		11							6			1	5	9	3			

	Armstrong K	Bathgate S	Bentley TRF	Billington HJR	Bowie JD	Campbell RI	Dickson W	Dyke CH	Gray WP	Harris J	Hinshelwood WAA	Hughes WM	Jones TB	McKnight P	Medhurst HE	Mitchell FR	Parsons EG	Pickering PB	Robertson WG	Saunders FJ	Smith RA	Tickridge S	Willemse SB	Williams RF	Winter DT
Apps	40	34	38	20	16	33	20	9	31	36	12	23	7	5	28	27	5	10	4	7	16	8	15	13	5
Goals	4		8	6	2	6	1	1	6	5	1		1								7		1	3	

One own goal

F.A. Cup

	Date	Opponent	Score	Scorers	Att	Armstrong K	Bathgate S	Bentley TRF	Billington HJR	Bowie JD	Campbell RI	Dickson W	Dyke CH	Gray WP	Harris J	Hinshelwood WAA	Hughes WM	Jones TB	McKnight P	Medhurst HE	Mitchell FR	Parsons EG	Pickering PB	Robertson WG	Saunders FJ	Smith RA	Tickridge S	Willemse SB	Williams RF	Winter DT
R3	Jan 9	Rochdale	3-2	Bentley 2, Billington	17249	4	2	10	8				7	11	5		3				6		1			9				
R4	27	Exeter City	1-1	Williams	20000	4	2	10			8	6		7	5		3						1			9			11	
rep	31	EXETER CITY	2-0	Smith 2	46134	4	2	10			8	6		7	5		3						1			9			11	
R5	Feb 10	FULHAM	1-1	Bentley	69434	4		10			8	6		11	5	7	3						1			9				2
rep	14	Fulham	0-3		29346	4		10			8	6		11	5	7	3						1			9				2

Chester

13th in Division Three (North)

							Astbury TA	Burgess AC	Coffin GW	Devonshire LE	Elliott E	Foulkes WI	Greenwood P	Hankinson J	Hilton J	Hindle FJ	Jones E	Kirkpatrick RW	Lee EG	McNeil D	Molyneux JA	Moremont R	Threadgold JH	Tilston TA	Whitlock PJ
1	Aug	19	Lincoln City	1-2	Foulkes	10793	4	8		11	1	7		10		3		6	5		2	9			
2		23	OLDHAM ATHLETIC	3-1	Devonshire, Foulkes, Kirkpatrick (p)	6720	4	10		11	1	7		8		3		6	5		2	9			
3		26	DARLINGTON	3-1	Moremont 2, Burgess	7510	4	10		11		7		8		3		6	5		2	9	1		
4		29	Oldham Athletic	0-1		11694	4	10		11		7		8		3		6	5		2	9	1		
5	Sep	2	Stockport County	3-0	Foulkes, Burgess 2	10834	4	8		11		7	6			3		10	5		2	9	1		
6		6	WREXHAM	0-0		11280	4	8		11		7	6			3		10	5		2	9	1		
7		9	HALIFAX TOWN	2-1	Burgess, Moremont	7720	4	8		11		7	6			3		10	5		2	9	1		
8		13	Wrexham	0-2		16710	4	8		11		7	6			3		10	5		2	9	1		
9		16	Hartlepools United	2-1	Kirkpatrick 2	8773	4	8		11		7	6			3		10	5		2	9	1		
10		23	GATESHEAD	2-2	Moremont, Burgess	10363		10		11		7	4	8		3		6	5		2	9	1		
11		30	Crewe Alexandra	0-3		10178	4	8		11	1	7	6			3		10	5		2	9			
12	Oct	7	CARLISLE UNITED	1-1	Burgess	7671	10	8		11		7	4			3		6	5		2	9	1		
13		14	York City	2-2	Devonshire, Astbury	8852	10	8		11		7	4			3		6	5		2	9	1		
14		21	SOUTHPORT	0-2		7114	10	8		11			4			3	7	6	5		2	9	1		
15		28	Accrington Stanley	2-1	Burgess 2	5744	4	10	9	11		7	6	8		3			5		2		1		
16	Nov	4	BRADFORD PARK AVE.	2-0	Astbury, Coffin	7362	4	10	9	11		7	6	8		3			5		2		1		
17		11	Tranmere Rovers	1-3	Devonshire	14343	4	10		11		7	6	8		3			5		2		1	9	
18		18	BARROW	1-2	Moremont	5200	4		8	11		7	6			3			5		2	10	1	9	
19	Dec	2	MANSFIELD TOWN	0-1		3963	8		9	11		7	6			3			5		2	4	1	10	
20		9	Scunthorpe United	0-2		7989	8		9	11		7	6			3			5		2	4	1	10	
21		23	Darlington	0-0		3570	10	8		11		7				3		6	5		2	4	1	9	
22		25	SHREWSBURY TOWN	3-1	Foulkes, Tilston 2	5544	10	8		11		7				3		6	5		2	4	1	9	
23		26	Shrewsbury Town	0-1		10857	10	8		11		7				3		6	5		2	4	1	9	
24	Jan	13	Halifax Town	1-3	Hankinson	5421		10		11		7		8		3		6	5		2	4	1	9	
25		16	Rochdale	3-2	Burgess 2, Devonshire	1435	6	10		11		7		8		5				3	2	4	1	9	
26		20	HARTLEPOOLS UNITED	2-1	Tilston, Burgess	4809	6	10		11		7		8		5				3	2	4	1	9	
27		27	ROCHDALE	1-3	Astbury	4534	6	10		11		7		8		5				3	2	4	1	9	
28	Feb	3	Gateshead	1-2	Coffin	4804	6	8	9	11				7		3		10	5		2	4	1		
29		10	Bradford City	1-0	Coffin	9444	4	8	9	11			6	7		3		10			2	5	1		
30		17	CREWE ALEXANDRA	1-1	Coffin	6178	6	8	9	11		7				3		10	5		2	4	1		
31		24	Carlisle United	1-2	Burgess	11012	6	8	9	11		7				3		10	5		2	4	1		
32	Mar	3	YORK CITY	3-1	Coffin 2, Burgess	4828	4	8	9	11		7	6			3		10	5		2		1		
33		10	Southport	1-0	Burgess	3997	4	8	9	11		7	6			3		10	5		2		1		
34		17	ACCRINGTON STANLEY	2-2	Burgess, Foulkes	3400	4	8	9	11		7	6			3		10	5			2	1		
35		24	Bradford Park Avenue	0-2		11679	4	8	9	11		7	6			3		10	5			2	1		
36		31	TRANMERE ROVERS	1-3	Kirkpatrick	5730	4	8	9	11		7	6			3		10	5		2		1		
37	Apr	4	STOCKPORT COUNTY	3-0	Moremont 3 (1p)	2896	4		8	11		7	6			3		10	5		2	9	1		
38		7	Barrow	0-2		4289	4		8	11		7	6			3		10	5		2		1	9	
39		11	LINCOLN CITY	2-1	Kirkpatrick, Moremont (p)	4730	4	10	8			7	6			3		11	5		2	9	1		
40		14	ROTHERHAM UNITED	1-2	Burgess	7760	4	10	8			7	6			3		11	5		2	9	1		
41		16	Rotherham United	0-0		18481	4	10		11		7	6			3			5		2	9	1		8
42		21	Mansfield Town	1-2	Burgess	10239	4	10		11		7	3					6	5		2	9	1		8
43		25	NEW BRIGHTON	3-1	Kirkpatrick, Burgess, Moremont	3535	4	8		11		7	3		10			6	5		2	9	1		
44		28	SCUNTHORPE UNITED	4-1	Burgess 3, Moremont (p)	3778	4	8		11		7			10			6	5	3	2	9	1		
45	May	2	New Brighton	0-1		2421	4	10		11		7		8					5	3	2	9	1		6
46		5	BRADFORD CITY	2-2	Burgess, Hilton	4247	4	8		11		7			10			6	5	3	2	9	1		
						Apps	44	41	18	44	3	43	29	15	3	41	1	35	42	6	44	39	43	12	3
						Goals	3	22	6	4		5		1	1			6				11		3	

F.A. Cup

R1	Nov	25	Bradford Park Avenue	1-2	Coffin	8255	4	10	9	11		7	6	8		3			5		2		1		

Chesterfield

21st in Division Two: Relegated

						Bacci A	Blakey D	Booker K	Capel FJ	Costello MB	Dale G	Donaldson ID	Flockett TW	Foster RJ	Halton RL	Harrison WE	Harvey A	Holmes J	Hudson J	Marron C	Marsh IK	Massart DL	Middleton R	Milburn S	Moore A	Percival RFJ	Smallwood JW	Southall RJ	Thompson D	Thompson J
1	Aug 19	Queen's Park Rangers	1-1	Capel (p)	18381			5	3		11								10	9			1	2	7		6	4		8
2	21	GRIMSBY TOWN	2-2	Marron 2	15910			5	3		11								10	9			1	2	7		6	4		8
3	26	BARNSLEY	1-2	Capel (p)	14828			5	3		11				6				10	9			1	2	7		4			8
4	30	Grimsby Town	2-1	Dale, Booker	18268	8		5	3		11				6				10	9			1	2	7		4			
5	Sep 2	LEICESTER CITY	1-0	Bacci	14768	8		5	3		11				6				10	9			1	2	7		4			
6	6	Preston North End	1-4	Bacci	20896	8		5	3		11				6				10	9			1	2	7		4			
7	9	Manchester City	1-5	Marron	43631	8		5	3		11								10	9			1	2	7	6	4			
8	11	PRESTON NORTH END	2-0	Dale, Capel (p)	15568		10	5	3		11								8	9			1	2	7	6	4			
9	16	COVENTRY CITY	1-1	Capel (p)	16260		10	5	3		11								8	9			1	2	7	6	4			
10	23	Cardiff City	0-1		27754		10	5	3		11									9			1	2	7	6	4			8
11	30	BIRMINGHAM CITY	1-1	Marron	12339			5	3		11									9	10		1	2	7	6	4			8
12	Oct 7	Swansea Town	0-2		22005			5	3		11									9	10		1	2	7	6	4			8
13	14	HULL CITY	0-0		17486			5	3		11			8						9	10		1	2	7		6			4
14	21	Leeds United	0-2		23032		10	5			11		3	8						9			1	2	7		6			4
15	28	WEST HAM UNITED	1-2	Holmes	11197		5	6			11		3					8		9	10		1	2	7					4
16	Nov 4	Sheffield United	1-4	Hudson	26400		5	6			11		3						10	9	8		1	2	7					4
17	11	LUTON TOWN	1-1	Moore	10996			5	8		11		3						10		9		1	2	7		6	4		
18	18	Doncaster Rovers	2-1	Marron 2	21696			5	3		11	6							10	9	8		1	2	7			4		
19	25	BRENTFORD	2-2	Hill (og), Hudson	9719			5	3		11	6							10	9	8		1	2	7			4		
20	Dec 2	Blackburn Rovers	1-1	Hudson	22284			5	3		11	6							10	9	8		1	2	7			4		
21	9	SOUTHAMPTON	2-3	Marron 2	11881			5	3		11	6				4			10	9	8		1	2	7					
22	16	QUEEN'S PARK RANGERS	3-1	Marsh, Marron, Donaldson	7421			5	3		11	6				4			10	9	8		1	2	7					
23	23	Barnsley	0-0		16573			5	3		11	6				4			10	9	8		1	2	7					
24	25	NOTTS COUNTY	0-0		20848		5		3		11	6				4			10	9	8		1	2					7	
25	26	Notts County	0-1		35649		5		3		11	6	2			4			10	9			1						7	8
26	30	Leicester City	0-1		19972			5	3		11	6	2			4	8		7	9	10		1							
27	Jan 13	MANCHESTER CITY	1-2	Smallwood	12384			5			11		3			4	8				10		1	2	7		9	6		
28	20	Coventry City	0-1		24899			5			11		3			4	8				10		1	2	7		9	6		
29	Feb 3	CARDIFF CITY	0-3		12998			5			11		3			4	8					9	1	2	7			6		10
30	17	Birmingham City	1-2	Massart	33768			5			11		3			4		6	7		10	9	1	2			8			
31	24	SWANSEA TOWN	3-1	Massart 2, Marsh	10549			5			11		3			4		6	7		10	9	1	2				8		
32	Mar 3	Hull City	1-2	Holmes	30913			5			11		3			4		6	7		10	9	1	2				8		
33	10	LEEDS UNITED	1-0	Marsh	9856		5				11	6	3			4			7		10	9	1	2				8		
34	17	West Ham United	0-2		15878		5				11	6	3			4			7		10	9	1	2				8		
35	23	Bury	2-2	Massart 2	15858			5			11		3			4			7		10	9	1	2			6	8		
36	24	SHEFFIELD UNITED	0-2		16866			5			11		3			4			7		10	9	1	2			6	8		
37	26	BURY	3-0	Hudson, Marsh, Harvey	9918			5			11		3			4	8		7		10	9	1	2			6			
38	31	Luton Town	0-3		13055			5			11		3			4	8		7		10	9	1	2			6			
39	Apr 7	DONCASTER ROVERS	1-4	Harrison	13832			5	3		11					6	8		7		10	9	1	2				4		
40	14	Brentford	0-4		17278			5		7	11		3			10		6	8	9			1	2				4		
41	21	BLACKBURN ROVERS	4-1	Marron 2, Harrison, Holmes	8995			5		7	11		3			10		6	8	9			1	2				4		
42	28	Southampton	1-1	Hudson	13922			5		7	11		3			10		6	8	9			1	2				4		
					Apps	4	10	38	24	3	42	11	21	2	4	22	7	7	33	28	26	11	42	40	26	6	22	19	2	12
					Goals	2		1	4		2	1				2	1	3	5	11	4	5			1		1			

One own goal

F.A. Cup

						Bacci A	Blakey D	Booker K	Capel FJ	Costello MB	Dale G	Donaldson ID	Flockett TW	Foster RJ	Halton RL	Harrison WE	Harvey A	Holmes J	Hudson J	Marron C	Marsh IK	Massart DL	Middleton R	Milburn S	Moore A	Percival RFJ	Smallwood JW	Southall RJ	Thompson D	Thompson J
R3	Jan 6	Brighton & Hove Alb.	1-2	Booker	17688			5	3		11		2			4	8				10		1		7		9	6		

Colchester United

16th in Division Three (South)

No	Date		Opponent	Score	Scorers	Att	Allen AR	Bearryman HW	Bircham B	Church J	Cullum AR	Curry R	Cutting FC	Elder J	Gallego IA	Harrison JW	Hillman DV	Jones L	Keeble VAW	Kettle AH	Layton WH	Locherty J	McKim J	Rochford W	Rowlands TI	Stewart RP	Turner AA	Wright GW
1	Aug	19	Gillingham	0-0		19525	3	4		11		8		6				7		2			10			5	9	1
2		23	Swindon Town	1-1	Curry	15717	3	4		11		8		6				7		2			10			5	9	1
3		26	BRISTOL ROVERS	0-0		13687	3	4		11		8		6				7		2			10			5	9	1
4		31	SWINDON TOWN	4-1	Church, Curry, Turner 2	12579	3	4		11		8		6				7		2			10			5	9	1
5	Sep	2	Crystal Palace	3-1	Curry, McKim, Turner	22544	3	4		11		8		6				7		2			10			5	9	1
6		7	BOURNEMOUTH	4-1	Curry 2, Turner 2	14199	3	4		11		8		6				7		2			10			5	9	1
7		9	BRIGHTON & HOVE ALB	4-1	Jones, McKim 2, Turner	13729	3	4		11		8		6				7		2			10			5	9	1
8		13	Bournemouth	0-2		18452	3	4				8		6	11			7		2			10			5	9	1
9		16	Newport County	0-2		16021	3	4		11		8		6				7		2			10			5	9	1
10		23	NORWICH CITY	2-3	Curry, Cutting	13843	3	4				8	10	6				7	11	2						5	9	1
11		30	Northampton Town	1-2	Locherty	10160	3	4		11		8		6		2		7				10				5	9	1
12	Oct	7	EXETER CITY	0-1		10864	3	4		11		8		6				7	9	2			10			5		1
13		14	Southend United	2-4	Curry, Turner	18358	3	4				8	10	6				7	11	2						5	9	1
14		21	READING	1-1	Cutting	11469	3	4		11		8	10	6				7		2						5	9	1
15		28	Plymouth Argyle	1-7	Curry	20845	3	4		11		8	10	6				7		2						5	9	1
16	Nov	4	IPSWICH TOWN	2-3	Church, Turner	14037	3	4		11		8	10	6		2		7								5	9	1
17		18	WALSALL	0-1		9584	3	4		11		8	10			2		7			6					5	9	1
18	Dec	2	MILLWALL	3-0	Church 2, Curry	9695	3	4		11		8		6		2		7				10				5	9	1
19		9	Leyton Orient	1-1	Curry	8716	3	4		11		8		6		2		7				10				5	9	1
20		16	GILLINGHAM	4-2	Church, Curry 2, Elder	6941	3	4		11		8		6		2		7				10				5	9	1
21		23	Bristol Rovers	1-1	Jones	14341	3	4		11		8		6		2		7				10				5	9	1
22		25	Nottingham Forest	0-0		20111	3	4		11		8		6		2		7				10				5	9	1
23		26	NOTTM. FOREST	0-2		12874	3	4					8	6	11	2		7				10				5	9	1
24		30	CRYSTAL PALACE	1-0	Cutting	8587	3	4		11			8	6		2		7				10				5	9	1
25	Jan	13	Brighton & Hove Albion	1-3	Allen (p)	11699	3	4		11			8	6				7		2		10				5	9	1
26		20	NEWPORT COUNTY	1-1	Turner	8230	3	4		11			8	6		2		7				10				5	9	1
27		27	ALDERSHOT	1-0	Elder	9285	3	4		11			10	6		2		7	9				8			5		1
28	Feb	3	Norwich City	1-1	Keeble	25110	3	4		11				6		2		7	9				8			5	10	1
29		10	Watford	0-2		9122	3	4		11				6		2		7	9				10			5	8	1
30		17	NORTHAMPTON T	2-1	Curry, McKim	7048		4	1	11		8		6		2		7	9				10	3		5		
31		24	Exeter City	0-5		7268		4	1	11		8		6		2		7					10	3		5	9	
32	Mar	3	SOUTHEND UNITED	1-3	Turner	12360		4	1	11		8		6		2		7					10		3	5	9	
33		10	Reading	2-3	Church, Turner	16010		4	1	11		8		6		2	7		9						3	5	10	
34		17	PLYMOUTH ARGYLE	3-0	Keeble 3	8746		4	1	11		8		6		2	7		9						3	5	10	
35		23	TORQUAY UNITED	3-1	Elder (p), Keeble, Turner	12443		4	1	11		8		6		2	7		9						3	5	10	
36		24	Ipswich Town	0-3		19033		4	1			8		6	11	2	7		9						3	5	10	
37		26	Torquay United	1-4	Cullum	7820		4			7	8		6	11	2			9						3	5	10	1
38		31	LEYTON ORIENT	1-0	Church	9291		4		11		8		6		2		7	9						3	5	10	1
39	Apr	7	Walsall	2-4	McKim 2	7097		4		11				6		2		7	9				8		3	5	10	1
40		11	Aldershot	0-2		5821		4		11				10		2		7	9		6		8		3	5		1
41		14	WATFORD	4-1	Church 2, Keeble, McKim	8073		4		11				10		2		7	9		6		8		3	5		1
42		16	Port Vale	1-1	Elder	8520		4		11				10		2		7	9		6		8		3	5		1
43		21	Millwall	0-2		17776		4		11				10		2		7	9		6		8		3	5		1
44		25	Bristol City	2-0	Keeble, Rowlands	12802		4		11				10		2		7	9		6		8		3	5		1
45		28	BRISTOL CITY	1-1	Church	7202		4		11				10		2		7	9		6		8		3	5		1
46	May	5	PORT VALE	1-1	McKim	8414		4		11		8		6		2		7	9				10		3	5		1

	Allen AR	Bearryman HW	Bircham B	Church J	Cullum AR	Curry R	Cutting FC	Elder J	Gallego IA	Harrison JW	Hillman DV	Jones L	Keeble VAW	Kettle AH	Layton WH	Locherty J	McKim J	Rochford W	Rowlands TI	Stewart RP	Turner AA	Wright GW
Apps	29	46	7	40	1	32	11	45	4	31	4	41	21	15	7	10	24	2	15	46	36	39
Goals	1			10	1	13	3	4				2	7			1	8		1		12	

F.A. Cup

Rd	Date		Opponent	Score	Scorers	Att	Allen AR	Bearryman HW	Bircham B	Church J	Cullum AR	Curry R	Cutting FC	Elder J	Gallego IA	Harrison JW	Hillman DV	Jones L	Keeble VAW	Kettle AH	Layton WH	Locherty J	McKim J	Rochford W	Rowlands TI	Stewart RP	Turner AA	Wright GW
Q4	Nov	11	Woodford Town	7-1	* See below	7000	3	4		11		8	10			2		7			6					5	9	1
R1		25	Bournemouth	0-1		15359	3	4		11		8		6		2		7				10				5	9	1

Scorers in Q4: Curry 2, Cutting, Jones, Layton, Turner 2

Coventry City

7th in Division Two

							Alderton JH	Allen BW	Barratt H	Bell J	Briggs TH	Chisholm KMcT	Cook L	Evans JJ	Hart H	Hill J	Hill P	Jamieson JW	Lockhart NH	Mason RJ	McDonnell MH	Roberts E	Simpson NH	Springthorpe TA	Taylor PT	Timmins C	Warner LH	Wood AR
1	Aug	19	Notts County	2-0	Warner, Chisholm	41088		8	4			10							11	3	5	9	6			2	7	1
2		21	LEEDS UNITED	1-0	Roberts	30213		8	4			10							11	3	5	9	6			2	7	1
3		26	PRESTON NORTH END	1-0	Roberts	24676		8	4			10							11	3	5	9	6			2	7	1
4		30	Leeds United	0-1		28938		8	4			10							11	3	5	9	6			2	7	1
5	Sep	2	Bury	0-1		15090			4			10						8	11	3	5	9	6			2	7	1
6		6	Birmingham City	1-1	Simpson	24719		8	4			10							11	3	5	9	6			2	7	1
7		9	QUEEN'S PARK RANGERS	3-0	Chisholm 2, Lockhart	22298		8	4			10							11	3	5	9	6			2	7	1
8		11	BIRMINGHAM CITY	3-1	Roberts 2, Chisholm	30448		8	4			10							11	3	5	9	6			2	7	1
9		16	Chesterfield	1-1	Chisholm	16260		8	4			10							11	3	5	9	6			2	7	1
10		23	LEICESTER CITY	2-1	Chisholm 2	33324		8	4			10		9					11	3	5		6			2	7	1
11		30	Manchester City	0-1		40868		8	4			10							11	3	5	9	6			2	7	1
12	Oct	7	Brentford	4-0	Simpson, Allen, Chisholm, Lockhart	19754		8	4			10							11	3	5	9	6			2	7	1
13		14	BLACKBURN ROVERS	6-1	Allen 2, Lockhart 2, Roberts, Chisholm	34918		8	4			10							11	3	5	9	6			2	7	1
14		21	Hull City	2-0	Warner, Roberts	33227			4			10					8		11	3	5	9	6			2	7	1
15		28	DONCASTER ROVERS	3-1	Roberts, Chisholm, Hainsworth (og)	32757	4	8				10							11	3	5	9	6			2	7	1
16	Nov	4	West Ham United	2-3	Allen, Roberts	26044	6	8	4			10				11				3	5	9				2	7	1
17		11	SWANSEA TOWN	3-1	Chisholm 2, Roberts	29672	6	8	4			10							11	3	5	9				2	7	1
18		18	Southampton	4-5	Allen, Roberts, Chisholm, Lockhart	22438	6	8	4			10							11	3	5	9				2	7	1
19		25	BARNSLEY	3-3	Allen 2, Chisholm	28680	6	8	4			10							11	3	5	9				2	7	1
20	Dec	2	Sheffield United	0-2		28804		8	4			10	6						11	3	5	9				2	7	1
21		9	LUTON TOWN	4-1	Chisholm 3, Allen	22044		8	4			10	6						11	3	5	9				2	7	1
22		16	NOTTS COUNTY	1-2	Allen	25102	6	8	4			10							11	3	5	9				2	7	1
23		23	Preston North End	1-1	Chisholm	30031	6	8	4			10		9					11	3	5			2			7	1
24		25	Cardiff City	1-2	Barratt	32778	6	8	4			10		9					11	3	5			2			7	1
25		26	CARDIFF CITY	2-1	Chisholm 2	33194	6	8	4			10		9					11	3	5			2			7	1
26		30	BURY	5-2	Chisholm 2, Warner, Allen, Briggs	27595	6	8	4		9	10							11		5			3		2	7	1
27	Jan	13	Queen's Park Rangers	1-3	Briggs	17380	6	8	4		9	10							11		5			3		2	7	1
28		20	CHESTERFIELD	1-0	Warner	24899	6	8	4	3	9	10							11		5					2	7	1
29	Feb	3	Leicester City	0-3		33515	6	8	4	3	9	10							11		5			2			7	1
30		17	MANCHESTER CITY	0-2		29205	6	8	4		9	10							11	3	5					2	7	1
31		24	BRENTFORD	3-3	Barratt, Allen, Briggs	22892		8	4		9	10							11	3	5		6			2	7	1
32	Mar	3	Blackburn Rovers	0-1		31144	4	8				10	6						11	3	5	9		2			7	1
33		10	HULL CITY	4-1	Allen 2, Roberts, Chisholm	22650	4	8				10	6						11	3	5	9		2			7	1
34		17	Doncaster Rovers	1-2	Roberts	18464	4	8				10	6			11				3	5	9		2			7	1
35		23	Grimsby Town	2-1	Allen, Roberts	18841	4	8					6		10	11				3	5	9		2			7	1
36		24	WEST HAM UNITED	1-0	Hill	21894	4	8					6		10	11				3	5	9		2			7	1
37		27	GRIMSBY TOWN	1-0	Lockhart	26441	4	8					6		10				11	3	5	9				2	7	1
38		31	Swansea Town	1-2	Beech (og)	20567	4	8				10	6						11	3	5	9				2	7	1
39	Apr	7	SOUTHAMPTON	2-2	Roberts, Lockhart	20158	4	8				10	6						11	3	5	9				2	7	1
40		14	Barnsley	0-3		12434	4	8				10	6					7	11	3	5	9				2		1
41		21	SHEFFIELD UNITED	2-3	Roberts, Chisholm	17514	4	8		3		10	6						11		5	9				2	7	1
42		28	Luton Town	1-1	Hart	11336	4	8			9		6		10				11		5			3	1	2	7	
						Apps	25	40	30	3	7	38	13	4	4	4	1	2	38	36	42	31	16	12	1	33	41	41
						Goals		14	2		3	24			1	1			7			15	2				4	

Two own goals

F.A. Cup

							Alderton JH	Allen BW	Barratt H	Bell J	Briggs TH	Chisholm KMcT	Cook L	Evans JJ	Hart H	Hill J	Hill P	Jamieson JW	Lockhart NH	Mason RJ	McDonnell MH	Roberts E	Simpson NH	Springthorpe TA	Taylor PT	Timmins C	Warner LH	Wood AR
R3	Jan	6	Sunderland	0-2		36988	6	8	4			10							11		5	9		3		2	7	1

Crewe Alexandra

9th in Division Three (North)

							Barlow H	Basford WJ	Briggs TR	Chapman R	Cook PH	Ellison PE	Evans RF	Farrar JN	Hornby EV	King JW	Linstrem KR	McGuigan J	Meaney JF	Mitcheson FJ	Morris GE	Mountford D	Mullard AT	Parker AE	Parker S	Phillips RR	Smith D	Travis D	Waddington A	Walton R	Young RG
1	Aug	19	Hartlepools United	2-0	Phillips, Cook	10359			5		10	1							6			7	8	2		9	11		4		3
2		23	Accrington Stanley	0-1		2930			5		10	1							6			7	8	2		9	11		4		3
3		26	GATESHEAD	0-1		8359	6		5		10	1							8			7		2		9	11		4		3
4		30	ACCRINGTON STANLEY	3-0	McGuigan, Smith, Phillips	7708			5		10	1						7	8	6				2		9	11		4		3
5	Sep	2	Southport	0-2		7887			5		8	1						7	6	10				2		9	11		4		3
6		4	STOCKPORT COUNTY	0-2		9469			5		8	1			3			7	6	10				2		9	11		4		
7		9	New Brighton	2-0	Basford. Mitcheson	6582		10	5			1			3			7	6	8				2		9	11		4		
8		11	Stockport County	0-3		8112		10	5			1						7	6	8				2		9	11		4		3
9		16	BRADFORD CITY	1-1	Basford	6381		10	5			1						7	6	8				2		9	11		4		3
10		23	Rochdale	1-1	Phillips	8576		10	5			1						7	6	8				2		9	11		4		3
11		30	CHESTER	3-0	Phillips, McGuigan, Basford	10178		10	5			1						7	6	8				2		9	11		4		3
12	Oct	7	MANSFIELD TOWN	2-0	Phillips, Basford	8743		10	5			1						7	6	8				2		9	11		4		3
13		14	Scunthorpe United	1-1	Smith	11307		10	5			1						7	6	8				2		9	11		4		3
14		21	BARROW	2-0	Basford 2	7956		10	5			1						7	6	8				2		9	11		4		3
15		28	Rotherham United	3-2	Basford, Phillips, Mitcheson	11179		10	5			1						7	6	8				2		9	11		4		3
16	Nov	4	CARLISLE UNITED	1-1	Meaney	8782		10	5			1						7	6	8				2		9	11		4		3
17		11	York City	2-1	Smith, Basford	7003		10	5			1						7	6	8				2		9	11		4		3
18		18	WREXHAM	1-1	Smith	9225		10	5			1						7	6	8				2		9	11		4		3
19	Dec	2	BRADFORD PARK AVE.	2-4	Meaney, McGuigan	7649		10	5			1						7	6	8				2			11	9	4		3
20		16	HARTLEPOOLS UNITED	3-1	McGuigan, Cook, Travis	3741		10	5		8	1						7	6					2			11	9	4		3
21		23	Gateshead	0-4		6638		10	5		8	1						7	6					2			11	9	4		3
22		25	HALIFAX TOWN	0-0		5853		10	5		8	1							6			7		2			11	9	4		3
23		26	Halifax Town	0-1		8042		10	5			1				8			6			7		2			11	9	4		3
24	Jan	13	NEW BRIGHTON	2-0	Meaney, Travis	4629		10	5	11		1						7	6	8				2				9	4		3
25		20	Bradford City	1-1	Mitcheson	9945		10	5	7		1							6	8				2		9	11		4		3
26		27	DARLINGTON	5-0	Travis 2,Meaney,Brown(og),Chapman	4736			5	11		1						7	6	8				2		9		10		4	3
27	Feb	3	ROCHDALE	3-1	Travis, Phillips 2	6941			5	11		1						7	6	8				2		9		10		4	3
28		10	LINCOLN CITY	0-4		7467			5	11		1						7	6	8				2		9		10		4	3
29		17	Chester	1-1	Phillips	6178			5	11		1		4				7	6	8				2		9		10			3
30		24	Mansfield Town	1-4	Mitcheson	9227			5			1		4				7	6	8				2	9		11	10			3
31	Mar	3	SCUNTHORPE UNITED	2-0	Smith, S Parker	6390			5	7		1							6	8				2	9		11	10		4	3
32		10	Barrow	1-0	Travis	3942			5	7		1					6		4	8				2	9		11	10			3
33		17	ROTHERHAM UNITED	1-2	McGuigan	7322			5			1					4	7	6	8				2	9		11	10			3
34		23	SHREWSBURY TOWN	1-2	Travis	7845		10	5	11		1					4	7	6	8				2				9			3
35		24	Carlisle United	1-2	S Parker	10508		10	5	11		1						8	6		4	7		2	9						3
36		26	Shrewsbury Town	1-0	S Parker	10637			5	11			1						6	8	4	7		2	9			10			3
37		31	YORK CITY	2-4	Smith, S Parker	4236			5	7			1						6	8	4			2	9		11	10			3
38	Apr	4	SOUTHPORT	1-0	Mitcheson	2009		9	5	11		1					6	7		8				3	2			10		4	
39		7	Wrexham	2-0	Basford, Linstrem	6102		9	5	11	4	1					6	7		8				3	2			10			
40		10	Tranmere Rovers	0-3		5843		9	5		4	1					6	7	8					3	2			10			11
41		14	OLDHAM ATHLETIC	2-1	Cook, Travis	4466		9	5	11	8	1					4	7	6					3	2			10			
42		17	Oldham Athletic	2-0	Cook, Basford	10404		9		11	8	1					4	7	6					5	2			10			3
43		21	Bradford Park Avenue	1-1	Meaney	9427		10		11	8	1					6	7	4					5	2			9			3
44		28	TRANMERE ROVERS	1-1	S Parker	4843		10		11	8	1					6	7				4		5	2			9			3
45		30	Darlington	0-2		1981		10		11	8	1					6	7				4		5	2			9			3
46	May	5	Lincoln City	1-4	Basford	6781		10			8	1					6	7				4		5	2		11	9			3

	Barlow H	Basford WJ	Briggs TR	Chapman R	Cook PH	Ellison PE	Evans RF	Farrar JN	Hornby EV	King JW	Linstrem KR	McGuigan J	Meaney JF	Mitcheson FJ	Morris GE	Mountford D	Mullard AT	Parker AE	Parker S	Phillips RR	Smith D	Travis D	Waddington A	Walton R	Young RG
Apps	1	30	41	19	17	44	2	2	2	1	12	36	41	31	3	10	2	46	16	23	30	26	25	5	41
Goals		11		1	3						1	4	6	5					5	10	6	8			

One own goal

F.A. Cup

							Barlow H	Basford WJ	Briggs TR	Chapman R	Cook PH	Ellison PE	Evans RF	Farrar JN	Hornby EV	King JW	Linstrem KR	McGuigan J	Meaney JF	Mitcheson FJ	Morris GE	Mountford D	Mullard AT	Parker AE	Parker S	Phillips RR	Smith D	Travis D	Waddington A	Walton R	Young RG
R1	Nov	25	NORTH SHIELDS	4-0	McGuigan 2, Travis, Basford	11366		10	5			1						7	6	8				2			11	9	4		3
R2	Dec	9	PLYMOUTH ARGYLE	2-2	Meaney 2	11592		10	5			1						7	6	8					2		11	9	4		3
rep		13	Plymouth Argyle	0-3		17500		10	5			1						7	6	8					2		11	9	4		3

Crystal Palace

Bottom of Division Three (South)

						Broughton E	Buckley FL	Bumstead CH	Chilvers GT	Cushlow R	Edwards WJ	Evans FJ	George RA	Graham RD	Hanlon W	Harding E	Herbert TE	Jones WM	Kelly N	Kurz FJ	Marsden E	McDonald H	Murphy JP	Rooke RL	Ross AMC	Rundle CR	Saward LR	Smith GCB	Stevens LWG	Thomas JE	Watson JF	Whittaker WP
1	Aug 19	ALDERSHOT	0-2		24968									1	11	2		10	8				3			9		4	7		5	6
2	23	Torquay United	1-4	Stevens	11776									1	11	2		10		9			3					4	8		5	6
3	26	Swindon Town	0-2		13699									1	11	2		10					3					4	8	9	5	6
4	30	TORQUAY UNITED	2-1	Whittaker, Rooke (p)	11212								3	1	11	2			8	9				10				4	7		5	6
5	Sep 2	COLCHESTER UNITED	1-3	Thomas	22544								3	1	11	2			8					10				4	7	9	5	6
6	6	Bristol City	0-2		13422			1					3		11	2		8	10									4		9	5	6
7	9	Bristol Rovers	1-1	Hanlon	16804			1					3		11	2		8	10									4		9	5	6
8	13	BRISTOL CITY	1-0	Stevens	12937			1					3		11	2		8	10						4				7	9		6
9	16	Millwall	0-1		29874			1					3		11			8	10				2		4				7	9		6
10	23	BRIGHTON & HOVE ALB	0-2		17800			1					3					8	10	7			2		4				11		9	6
11	30	Newport County	4-2	Rooke 2, Kelly, Jones	10114			1					3					8	10	7			2	9	4				11			6
12	Oct 7	GILLINGHAM	4-3	Jones 2, Rooke 2 (p)	18896			1					3					8	10	7			2	9	4				11			6
13	14	Bournemouth	0-5		14187								2	1				8	10	7		3		9	4				11			6
14	21	EXETER CITY	0-1		16133				5				2	1				8	10	7		3	4	9					11			6
15	28	Southend United	2-5	Stevens, Thomas	10387		6		5				2	1	10			9		7		3	4						11	8		
16	Nov 4	READING	0-3		12479		6						3	1	10	2		8	7				4			9			11			5
17	11	Plymouth Argyle	0-4		18414		6						3	1	11	2			8							9			7	10	4	5
18	18	IPSWICH TOWN	1-3	Kelly	12146	7	6							1		2		10	8			3				9			11		4	5
19	Dec 2	WALSALL	1-0	Herbert	12083	7	4	1	6				3		11	2	9		8							10					5	
20	9	Watford	0-1		7987	7	4	1	6				3		11	2	9		8							10					5	
21	23	SWINDON TOWN	2-0	Kelly 2	7267	7	4	1	6				3		11	2	9		8							10					5	
22	25	NORTHAMPTON T	0-0		11001	7	4	1	6				3		11	2	9		8							10					5	
23	26	Northampton Town	0-2		12607	7	4	1	6				3		11	2			8	9						10					5	
24	30	Colchester United	0-1		8587	7		1	6				3		11	2			8							10	4			9	5	
25	Jan 6	Nottingham Forest	0-1		12923	7		1	6				3		11	2		10	8								4			9	5	
26	13	BRISTOL ROVERS	1-0	Kurz	10632	7		1	6				3		11	2			8	9						10					5	4
27	20	MILLWALL	1-1	Kurz	22392	7		1	6				3		11	2		10	8	9											5	4
28	27	NOTTM. FOREST	1-6	Kurz	17179	7		1	6				3		11	2			8	9						10					5	4
29	Feb 3	Brighton & Hove Albion	0-1		6790			1	6	5					11	2				9	8	3				10			7			4
30	10	Leyton Orient	0-2		11763			1	6	5						2			8	7	9	3				10			11			4
31	17	NEWPORT COUNTY	1-1	Rundle	9990				6	5					11	2			8		9	3				10			7			4
32	24	Gillingham	0-0		11478				6	5					11	2			8		9	3				10			7			4
33	Mar 3	BOURNEMOUTH	0-1		13323				6	5					11	2	9		8	7		3				10						4
34	10	Exeter City	2-1	Broughton, Herbert	6534	7			6	5					11	2	9					3				10	8					4
35	17	SOUTHEND UNITED	0-2		12898				6	5		7	3		11	2	9									10	8					4
36	24	Reading	1-1	Saward	16720				6	5		7			11	2	9					3				8	10					4
37	26	PORT VALE	0-2		11320				6	5	3	9			11	2			7	8							10					4
38	31	PLYMOUTH ARGYLE	0-1		10411	7			6	5	3	9			11	2			8								10					4
39	Apr 7	Ipswich Town	1-1	Thomas	11032	7			6	5	3				11	2			8							10				9		4
40	14	LEYTON ORIENT	1-1	Evans (p)	10390	7			6	5	3	8			11	2										10				9		4
41	18	NORWICH CITY	0-5		14782	7			6	5	3	8			11	2					10									9		4
42	21	Walsall	0-0		7838	7	9	1	6	5	3				11	2					10				4							8
43	26	Port Vale	2-2	Marsden 2	7069	10		1	6	5	3		2		11						9				8							4
44	28	WATFORD	1-1	Marsden	5258	10	4	1	6	5	3		2		11						9				8							
45	May 2	Aldershot	0-3		4279	10	4	1	6	5	3	7	2		11						9											
46	5	Norwich City	1-3	Thomas	15693	8	4	1	6	5		7			11	2				9		3								10		
					Apps	21	13	24	30	18	9	8	28	11	39	36	8	17	32	17	9	12	10	6	9	22	7	7	20	14	20	35
					Goals	1						1			1		2	3	4	3	3			5		1	1		3	4		1

Played in one game: JW Rainford (45, at 8)

Played in games 31 and 32 at 1: RN Bailey

Played in games 43 and 44 at 7: R Hancox

Played at 7 in 4 games (2, 3, 6 and 7): W Blackshaw

Played at 5 in 6 games (8 to 13 inclusive): GH Briggs

Played at 1 in 9 games (33 to 41 inclusive): WA Hughes

F.A. Cup

						Broughton E	Buckley FL	Bumstead CH	Chilvers GT	Cushlow R	Edwards WJ	Evans FJ	George RA	Graham RD	Hanlon W	Harding E	Herbert TE	Jones WM	Kelly N	Kurz FJ	Marsden E	McDonald H	Murphy JP	Rooke RL	Ross AMC	Rundle CR	Saward LR	Smith GCB	Stevens LWG	Thomas JE	Watson JF	Whittaker WP
R1	Nov 29	MILLWALL	1-4	Kelly	14817	7	6	1								2		10	8			3				9			11		5	4

Darlington

18th in Division Three (North)

			Opponent	Score	Scorers	Att.	Brown R	Clark HM	Connors JJ	Davison JH	Docherty P	Dunn WC	Eves JR	Galley GW	Hewitt R	Kelly TW	Liddle K	Maddison D	MacVinish T	Murray K	O'Brien W	Parsley NN	Powell B	Price E	Quinn A	Roddom J	Steel R	Stone G	Ward TA	Williams G	Yates H
1	Aug	19	ROCHDALE	0-2		10530			6	2		1	3		7				11					4	10			5		9	8
2		21	Mansfield Town	1-2	Steel	14307				2		1	3		7					9				4	10	6	11	5			8
3		26	Chester	1-3	Quinn	7510				2		1	3		7	5				9		4			10	6	11				8
4		30	MANSFIELD TOWN	1-2	Steel	7334				2		1	3		7	5				9		6			10		11		4		8
5	Sep	2	SHREWSBURY TOWN	2-1	Brown 2	7709	9					1	3	11	7	2						6		4	10			5			8
6		5	New Brighton	2-2	Yates, Brown	6536	9			2		1	3	11	7							4		6	10			5			8
7		9	Lincoln City	0-3		11514	9			2		1	3	11	7							4		6	10			5			8
8		13	NEW BRIGHTON	5-3	Yates 2, Brown 3	6278	9		6	2		1	3	11	7					10								5	4		8
9		16	Rotherham United	1-0	Brown	10851	9			2		1	3	11	7	6				10								5	4		8
10		23	STOCKPORT COUNTY	2-1	Murray, Galley	7146	9			2		1	3	11	7	6				10								5	4		8
11		30	Halifax Town	2-2	Yates, Brown	5919	9			2		1	3	11	7					10		6						5	4		8
12	Oct	7	TRANMERE ROVERS	1-1	Docherty	8650	9			2	11	1	3		7					10		6						5	4		8
13		14	Southport	0-1		6548	9			2	11	1	3		7										10		6	5	4		8
14		21	OLDHAM ATHLETIC	0-0		8018	9			2		1	3	11	7	5									10		6		4		8
15		28	Bradford Park Avenue	1-2	Galley	12046	9			2		1	3	11	7							4					6	5	10		8
16	Nov	4	SCUNTHORPE UNITED	3-2	Williams, Yates, Davison (p)	5496				2		1	3	11	7	5						4					10		6	9	8
17		11	Wrexham	1-3	Galley	7637	9			2		1	3	11								4	7				10	5	6		8
18		18	ACCRINGTON STANLEY	3-0	Steel 2, Ward	5582				2		1	3	11		5				10			7			6	9		4		8
19	Dec	2	YORK CITY	0-3		4428	5			2		1	3	11						10			7	4		6	9				8
20		9	Barrow	3-0	Galley, Ward 2	2838	2					1	3	11						10				6			4	5	7	9	8
21		23	CHESTER	0-0		3570	2					1	3	11						10				6			4	5	7	9	8
22		26	Bradford City	3-0	Ward 3	17119	2	10				1	3	11	7									6			4	5	9		8
23		30	Shrewsbury Town	2-2	Galley, Yates	4408	2	10				1	3	11	7									6			4	5	9		8
24	Jan	1	GATESHEAD	4-2	Yates 2, Galley, Ward	5821	2	10				1	3	11	7									6			4	5	9		8
25		13	LINCOLN CITY	1-1	Galley (p)	6108	2	10				1	3	11	7							4		6				5	9		8
26		20	ROTHERHAM UNITED	2-2	Ward 2	8421	2	10				1	3	11	7									6			4	5	9		8
27		27	Crewe Alexandra	0-5		4736	2					1	3	11	7		10			4				6				5	9		8
28	Feb	3	Stockport County	0-1		11814	2	10		3		1		11	7							4		6				5	9		8
29		10	Gateshead	2-5	Yates, Ward	5694	2	10		3		1		11	7	5						4		6					9		8
30		17	HALIFAX TOWN	2-0	Hewitt, Brown (p)	4428	2	10		3	11	1			7							4					6	5	9		8
31		24	Tranmere Rovers	2-3	Yates 2	11430	2	10		3		1		11	7							4					6	5	9		8
32	Mar	3	SOUTHPORT	1-1	Yates	5103	2	10		3		1		11	7							4					6	5	9		8
33		10	Oldham Athletic	0-2		12659	2					1	3	11						10				6			4	5	7	9	8
34		17	BRADFORD PARK AVE.	1-4	Galley	5126	2					1	3	11	7					10	5					6	4		9		8
35		23	Hartlepools United	1-6	Clark	10003	2	10				1	3	11	7					9	5					6	4				8
36		24	Scunthorpe United	0-2		8888	9	7		2		1	3	11		5				8		4		6	10						
37		26	HARTLEPOOLS UNITED	0-1		4498	2	10		3				11	7	5		1		9		4		6							8
38		31	WREXHAM	1-1	Ward	2436	2	10	4	3		1		11	7	5								6					9		8
39	Apr	7	Accrington Stanley	0-1		3245	2	10	4	3		1		11		5								6			7		9		8
40		14	CARLISLE UNITED	1-0	Scott (og)	4026	2	10	6	3		1		11		5						4			9				7		8
41		19	Carlisle United	1-2	Quinn	9365	2	10		3		1		11		5						4		6	9				7		8
42		21	York City	1-1	Hewitt	6214	4			3		1	2	11	10	5									9		6		7		8
43		23	BRADFORD CITY	2-1	Yates, Quinn	3655	4	7		3		1	2	11	10	5									9		6				8
44		28	BARROW	1-1	Galley	4287	4	7		3		1	2	11	10	5											6		9		8
45		30	CREWE ALEXANDRA	2-0	Yates, Hewitt	1981	2	10		3		1		11	7	5						6					4		9		8
46	May	5	Rochdale	0-0		3448	2	10		3		1		11	7	5						4					6		9		8

	Brown R	Clark HM	Connors JJ	Davison JH	Docherty P	Dunn WC	Eves JR	Galley GW	Hewitt R	Kelly TW	Liddle K	Maddison D	MacVinish T	Murray K	O'Brien W	Parsley NN	Powell B	Price E	Quinn A	Roddom J	Steel R	Stone G	Ward TA	Williams G	Yates H
Apps	40	21	5	34	3	45	34	39	36	20	1	1	1	18	2	22	3	22	14	6	28	26	35	5	45
Goals	10	1		1	1			8	3					1					3		4		11	1	14

One own goal

F.A. Cup

			Opponent	Score	Scorers	Att.	Brown R	Clark HM	Connors JJ	Davison JH	Docherty P	Dunn WC	Eves JR	Galley GW	Hewitt R	Kelly TW	Liddle K	Maddison D	MacVinish T	Murray K	O'Brien W	Parsley NN	Powell B	Price E	Quinn A	Roddom J	Steel R	Stone G	Ward TA	Williams G	Yates H
R1	Nov	25	ROTHERHAM UNITED	2-7	Murray, Steel	10616				2		1	3	11		5				10			7			6	9		4		8

Derby County

11th in Division One

							Bell C	Brown HT	Harrison RF	Lee J	Mays AE	McLachlan S	McLaren H	Morris J	Mozley B	Musson WJ	Mynard LD	Oliver JHK	Parr J	Parry J	Powell T	Revell CH	Savin KA	Scott K	Sharman DW	Stamps JD	Ward TV	Webster TC
1	Aug	19	Sunderland	0-1		52452		1	7	9				10	2	6		5	3		11					8	4	
2		23	WOLVERHAMPTON W.	1-2	Stamps	31897		1	7	9		3		10	2	6		5			11					8	4	
3		26	ASTON VILLA	4-2	Lee 2, Harrison, Powell	26865		1	7	9		4		10	2	6			3		11					8	5	
4		28	Wolverhampton Wan.	3-2	Lee 2, Morris	46285		1	7	9		4		10	2	6			3		11					8	5	
5	Sep	2	Stoke City	1-4	Morris	27457		1	7	9		4		10	2	6			3		11					8	5	
6		6	CHARLTON ATHLETIC	5-0	Lee 3, Stamps, Powell	21266		1	7	9		4		10	2	6			3		11					8	5	
7		9	Liverpool	0-1		50079		1	7	9		4		10	2	6			3		11					8	5	
8		16	FULHAM	3-2	Lee 2, Stamps	25329		1	7	9		4		10	2	6			3		11					8	5	
9		23	Bolton Wanderers	0-3		36745		1	7	9		4		10	2	6			3		11					8	5	
10		30	BLACKPOOL	4-1	Stamps 4	32471		1		9				10	2	6		5	3		11			7		8	4	
11	Oct	7	WEST BROMWICH ALB.	1-1	Stamps	27098		1						10	2	6		5	3	9	11			7		8	4	
12		14	Newcastle United	1-3	Lee	54793		1		9			11	10	2	6		5	3		7					8	4	
13		21	SHEFFIELD WEDNESDAY	4-1	Stamps 2 (1p), Morris, McLaren	31162		1		9			11	10	2	6		5	3		7					8	4	
14		28	Arsenal	1-3	Lee	62889		1		9			11	10	2	6		5	3		7					8	4	
15	Nov	4	HUDDERSFIELD T	3-0	Harrison, Stamps, McLaren	21593		1	7	9			11		2	6		5	3		10					8	4	
16		11	Middlesbrough	1-1	Lee	36943		1	7	9				10	2	6		5	3		11					8	4	
17		18	BURNLEY	1-1	Morris	21418		1	7	9			11	10	2	6		5	3							8	4	
18		25	Chelsea	2-1	Lee, Morris	26908		1	7	9			11	10	2	6		5	3		8						4	
19	Dec	2	PORTSMOUTH	2-3	Ward, Harrison	23872		1	7	9			11	10	2	6		5	3		8						4	
20		9	Everton	2-1	Harrison, Morris	37757		1	7	9			11	10	2	6		5	3							8	4	
21		16	SUNDERLAND	6-5	Lee 4, McLaren 2	15952		1	7	9			11	10	2	6		5	3							8	4	
22		23	Aston Villa	1-1	Stamps	28129		1	7	9			11	10	2	6		5	3							8	4	
23		25	TOTTENHAM HOTSPUR	1-1	Stamps	32301		1	7	9			11	10	2	6		5	3							8	4	
24		26	Tottenham Hotspur	1-2	McLaren	59885		1	7	9			11	10	2	6		5	3							8	4	
25		30	STOKE CITY	1-1	Lee	19585		1	7	9			11	10	2	6		5	3		8						4	
26	Jan	13	LIVERPOOL	1-2	Lee	21849		1	7	9			11		2	6		5	3		10					8	4	
27		20	Fulham	5-3	Lee 3, Stamps 2	28865		1		9			11	7	2	6		5			10		3			8	4	
28	Feb	3	BOLTON WANDERERS	2-2	Stamps, Morris	19879		1	7				11	10	2	6		5	3		8					9	4	
29		17	Blackpool	1-3	McLaren	21002				9			11	10	2	6	7	5	3							8	4	1
30		24	West Bromwich Albion	2-1	Harrison, Stamps	33572			7	9			11	10	3	6		5	2							8	4	1
31	Mar	3	NEWCASTLE UNITED	1-2	Lee	25599			7	9	6		11	10	3			5	2							8	4	1
32		17	ARSENAL	4-2	Lee 2, McLaren 2	22168			7	9	4		11	10	2	6		5				3				8		1
33		23	Manchester United	0-2		43802			7	9	4		11	10	2	6		5				3				8		1
34		24	Huddersfield Town	0-2		25573	2		7	9	4		11	10		6		5				3				8		1
35		26	MANCHESTER UNITED	2-4	Harrison, Stamps	25861	2		7	9	4		11	10		6		5				3				8		1
36		31	MIDDLESBROUGH	6-0	Morris 2,Harrison,Lee,McLaren,Mays	16788	2		7	9	4		11	10		6		5				3				8		1
37	Apr	7	Burnley	0-1		21714	2		7	9	4		11	10		6		5				3				8		1
38		14	CHELSEA	1-0	Harrison	16364			7	9	4		11	10	2	6		5			8	3			1			
39		18	Sheffield Wednesday	3-4	Lee 2, Stamps	40610			7	9	4				2	6	11	5		10		3			1	8		
40		21	Portsmouth	2-2	Stamps, Revell	29016		1	7	9	4				2	6		5	3	10		11				8		
41		28	EVERTON	0-1		9129		1	7	9	4		11		2	6		5		10		3				8		
42	May	5	Charlton Athletic	2-1	Morris, Parry	17275		1	7		4			8	2	6	11	5		10		3				9		

	Bell C	Brown HT	Harrison RF	Lee J	Mays AE	McLachlan S	McLaren H	Morris J	Mozley B	Musson WJ	Mynard LD	Oliver JHK	Parr J	Parry J	Powell T	Revell CH	Savin KA	Scott K	Sharman DW	Stamps JD	Ward TV	Webster TC
Apps	4	31	35	39	12	8	27	37	38	41	3	35	30	5	23	11	1	2	2	38	31	9
Goals			8	28	1		9	10						1	2	1				20	1	

F.A. Cup

							Bell C	Brown HT	Harrison RF	Lee J	Mays AE	McLachlan S	McLaren H	Morris J	Mozley B	Musson WJ	Mynard LD	Oliver JHK	Parr J	Parry J	Powell T	Revell CH	Savin KA	Scott K	Sharman DW	Stamps JD	Ward TV	Webster TC
R3	Jan	6	WEST BROMWICH ALB.	2-2	Stamps 2	24807		1	7	9			11	10	2	6		5	3							8	4	
rep		10	West Bromwich Albion	1-0	Stamps	33223		1	7	9			11	10	2	6		5	3							8	4	
R4		27	BIRMINGHAM CITY	1-3	Lee	37384		1		9			11	7	2	6		5	3		10					8	4	

Doncaster Rovers

11th in Division Two

						Adey AL	Anderson RL	Bycroft S	Calverley A	Doherty PD	Dubois JM	Giles CJ	Graham WGL	Hainsworth L	Hardwick K	Harrison RW	Herbert R	Hodgson JV	Holmes W	Jones W	Lawlor JC	Lowes AR	Makepeace B	Martin T	Miller D	Paterson WAK	Rouse H	Sarson A	Teasdale JG	Tindill H	Wakeman AD
1	Aug 19	Leeds United	1-3	Harrison	40208			5	11	10			3		1	9						4		8	6		2			7	
2	23	Southampton	1-1	Tindill	24579			5	11	10			3		1	9						4		8	6		2			7	
3	26	WEST HAM UNITED	3-0	Lowes, Doherty, Harrison	22804			5	11	10			3		1	9						4		8	6		2			7	
4	30	SOUTHAMPTON	0-0		23444			5	11	10			3		1	9					8	4			6		2			7	
5	Sep 2	Swansea Town	2-2	Graham, Harrison	20756			5	11	10			3	2	1	9					8	4			6					7	
6	9	Hull City	2-1	Doherty (p), Lawlor	40218			5	11	10			3	2	1						8	4			6			9		7	
7	11	Sheffield United	0-0		34897			5	11				3	2	1	9					8	4		10	6					7	
8	16	Notts County	2-1	Tindill, Doherty	39719			5	11	10			3	2	1	9					8	4			6					7	
9	23	Brentford	1-1	Doherty	21544			5		10		11	3	2	1	9					8	4			6					7	
10	30	BLACKBURN ROVERS	0-1		23973			5		10		11	3	2	1	9					8	4			6					7	
11	Oct 7	MANCHESTER CITY	4-3	Doherty 2 (1p), Lawlor, Harrison	32937			5	11	10			3	2	1	9					8	4			6					7	
12	14	Leicester City	0-2		33782			5	11	10			3	2	1	9					8	4			6					7	
13	21	CARDIFF CITY	0-0		26356			5	11	10			3	2	1	9					8	4			6					7	
14	28	Coventry City	1-3	Doherty	32757			5	11	10			3	2	1					4	8			9	6					7	
15	Nov 4	GRIMSBY TOWN	3-1	Doherty 2, Giles	23197			5		10		11	3	2	1					4	8			9	6					7	
16	11	Birmingham City	2-0	Doherty 2	26779		3	5		10		7		2	1					4	8			9	6					11	
17	18	CHESTERFIELD	1-2	Giles	21696			5		10		11	3	2	1		6			4	8			7						9	
18	25	Queen's Park Rangers	2-1	Martin, Heath (og)	16861			5	11	10	7		3	2	1		6			4				8						9	
19	Dec 2	BURY	1-1	Tindill	20399			5	11	10	7		3	2	1		6			4				8						9	
20	9	Preston North End	1-6	Lawlor	27024		3	5	11	10				2	1		6			4	8			7						9	
21	16	LEEDS UNITED	4-4	Doherty 3, Martin	16745			5	11	10				2	1			3		4	8			7	6					9	
22	23	West Ham United	0-0		16186			5	7			11	3	2	1	9				4	10				6					8	
23	25	BARNSLEY	3-2	Lawlor, Harrison, Calverley	28995			5	7			11	3	2	1	9				4	10				6					8	
24	26	Barnsley	1-0	Lawlor	33867			5	7			11		2	1	9		3		4	10				6					8	
25	Jan 13	HULL CITY	2-4	Doherty, Tindill	30604			5	11	10			3	2	1	9				4	8				6					7	
26	20	NOTTS COUNTY	3-2	Lawlor 2, Tindill	26045			5	11	9			3	2	1					4	10			8	6					7	
27	27	SWANSEA TOWN	1-0	Tindill	21878			5	11	10			3	2	1				9	4	8				6					7	
28	Feb 3	BRENTFORD	0-3		20733			5	11				3	2	1				9	4	10			8	6					7	
29	17	Blackburn Rovers	2-4	Calverley, Miller	21605			5	7				3		1	9				4	10		2	8	6					11	
30	24	Manchester City	3-3	Lawlor 2, Branagan (og)	38691			5	7				3		1	9				4	10		2	8	6					11	
31	Mar 3	LEICESTER CITY	2-2	Harrison, Tindill	22403			5	7				3		1	9				4	10		2	8	6					11	
32	10	Cardiff City	0-0		27724			5	7				3		1	9				4	10		2	8	6					11	
33	17	COVENTRY CITY	2-1	Harrison, Miller	18464			5	7				3		1	9				4	10		2	8	6					11	
34	23	LUTON TOWN	5-2	Harrison 2, Tindill 2, Lawlor	22613			5	7				3		1	9				4	10		2	8	6					11	
35	24	Grimsby Town	0-1		18754			5	11		7		3		1	9				4			2	8	6					10	
36	26	Luton Town	1-3	Tindill	14486			5			7	11	3		1	9				4			2	8	6					10	
37	31	BIRMINGHAM CITY	0-1		16091			5			7		3		1	9				4	10		2	8	6					11	
38	Apr 7	Chesterfield	4-1	Harrison 2, Tindill, Herbert	13832			5			7		3		1	9	10						2	8	6				4	11	
39	14	QUEEN'S PARK RANGERS	0-2		16344	9					7		3				10			4			2	8	6	5				11	1
40	21	Bury	1-3	Harrison	13586			5			7		3		1	9				4	10		2	8	6					11	
41	26	PRESTON NORTH END	2-0	Harrison, Tindill	29327			5	7			11	3		1	9				4	10		2		6					8	
42	May 5	SHEFFIELD UNITED	1-1	Tindill	14557			5	7			11	3		1	9				4	10		2		6					8	

	Adey AL	Anderson RL	Bycroft S	Calverley A	Doherty PD	Dubois JM	Giles CJ	Graham WGL	Hainsworth L	Hardwick K	Harrison RW	Herbert R	Hodgson JV	Holmes W	Jones W	Lawlor JC	Lowes AR	Makepeace B	Martin T	Miller D	Paterson WAK	Rouse H	Sarson A	Teasdale JG	Tindill H	Wakeman AD
Apps	1	2	41	32	23	8	11	38	24	41	29	6	2	2	28	33	13	14	26	38	1	4	1	1	42	1
Goals				3	14		2	1			13	1				10	1		2	2					13	

Two own goals

F.A. Cup

						Adey AL	Anderson RL	Bycroft S	Calverley A	Doherty PD	Dubois JM	Giles CJ	Graham WGL	Hainsworth L	Hardwick K	Harrison RW	Herbert R	Hodgson JV	Holmes W	Jones W	Lawlor JC	Lowes AR	Makepeace B	Martin T	Miller D	Paterson WAK	Rouse H	Sarson A	Teasdale JG	Tindill H	Wakeman AD
R3	Jan 6	Rotherham United	1-2	Miller	22000			5	7			11	3	2	1	9				4	10				6					8	

Everton

Bottom of Division One: Relegated

							Buckle HE	Burnett GG	Catterick H	Clinton TJ	Eglington TJ	Falder DEJ	Farrell PD	Fielding AW	Gibson DJ	Grant JA	Hampson A	Harris JA	Hold O	Humphreys JV	Jones TE	Lindley WM	Lindsay JS	McIntosh JMcL	Moore E	O'Neill JA	Parker JW	Potts H	Rankin G	Sagar E	Saunders GE	Wainwright EF
1	Aug	19	HUDDERSFIELD T	3-2	Buckle 2, Grant	51768	7	1	9		11	5	6	10		4									2						3	8
2		23	Middlesbrough	0-4		41478	7		9		11	5	6	10		4									2	1					3	8
3		26	Newcastle United	1-1	Catterick	49096	7		9		11	5	6	10		4									2	1					3	8
4		30	MIDDLESBROUGH	3-2	Eglington 2, McIntosh	43459	7				11	5	6	10		4			8					9	2	1					3	
5	Sep	2	WEST BROMWICH ALB.	0-3		46502	7		9		11	5	6	10		4									2	1					3	8
6		6	Arsenal	1-2	Farrell	36576	7		9	2	11		6	10		4					5					1					3	8
7		9	Stoke City	0-2		29383	7		9	2	11		6	10		4						5				1					3	8
8		13	ARSENAL	1-1	Hold	47518	7			2	11		6	10		4			9		5					1					3	8
9		16	LIVERPOOL	1-3	Eglington	71150	7			3	11		6	10		4			9	5					2	1						8
10		23	PORTSMOUTH	1-5	Catterick	40281	7		9	3	11	5	8			4						6		10	2	1						
11		30	Chelsea	1-2	Eglington	34970	7		9	2	11		6	10		4						5			3	1						8
12	Oct	7	Fulham	5-1	Catterick 3, Buckle, Fielding	29442	7		9	2	11		6	10		4						5			3					1		8
13		14	BOLTON WANDERERS	1-1	Buckle	53421	7	1		2	11		6	8		4	10					5		9	3							
14		21	Charlton Athletic	1-2	Eglington	27965	7	1		2	11		6	8		4						5		9	3			10				
15		28	MANCHESTER UNITED	1-4	McIntosh	51142	7	1		2	11		6	8		4					5			9	3			10				
16	Nov	4	Blackpool	0-4		20902	7	1		2	11		6	8		4					5			9	3			10				
17		11	TOTTENHAM HOTSPUR	1-2	Buckle	47125	7	1		2	11		6	8		4					5			9	3			10				
18		18	Wolverhampton Wan.	0-4		31275	7	1		2	11		6	8		4					5			9	3			10				
19		25	SUNDERLAND	3-1	Eglington, Hold, Potts	46060				2	11		6	7		4			8		5			9	3			10		1		
20	Dec	2	Aston Villa	3-3	Fielding, McIntosh, Potts	27133				2	11		6	7		4			8		5			9	3			10		1		
21		9	DERBY COUNTY	1-2	Wainwright	37757					11		6	7		4			10		5			9	2				3	1		8
22		16	Huddersfield Town	2-1	McIntosh 2	12253					11		6	7		4			8		5			9	2			10	3	1		
23		23	NEWCASTLE UNITED	3-1	Fielding, Hold, Potts	35870					11		6	7		4			8		5			9	2			10	3	1		
24		25	BURNLEY	1-0	McIntosh	40864					11		6	7		4			8		5			9	2			10	3	1		
25		26	Burnley	1-1	Eglington	38444					11		6	7		4			8		5			9	2			10	3	1		
26		30	West Bromwich Albion	1-0	Eglington	17912					11		6	7		4			8		5			9	2			10	3	1		
27	Jan	13	STOKE CITY	0-3		31771					11		6	7		4			8		5			9	2			10	3	1		
28		20	Liverpool	2-0	McIntosh 2	48688					11		6	7		4			8		5			9	2			10	3	1		
29	Feb	3	Portsmouth	3-6	Hold, McIntosh, Potts	26277					11		6	7		4			8		5			9	2			10	3	1		
30		17	CHELSEA	3-0	Farrell, Grant, Hold	33005					11		6	7		4			8		5			9	2			10	3	1		
31		28	FULHAM	1-0	McIntosh	19904	7				11		6			4			8		5			9	2			10	3	1		
32	Mar	3	Bolton Wanderers	0-2		36752	7				11		6			4			8		5			9	2			10	3	1		
33		10	CHARLTON ATHLETIC	0-0		31066					11		6	7		4			8		5			9	2			10	3	1		
34		17	Manchester United	0-3		31108	7		9				6			4			8		5		3	11	2			10		1		
35		24	BLACKPOOL	0-2		61387							6	7		4			8		5		3	9	2		11	10		1		
36		26	SHEFFIELD WEDNESDAY	0-0		33331							10			4		7			5	6		9	2		11	8	3	1		
37		31	Tottenham Hotspur	0-3		46651			9		11		6	7		4					5				2		10	8	3	1		
38	Apr	7	WOLVERHAMPTON W.	1-1	Farrell	32786					11		6	7		4					5			9	2		10	8	3	1		
39		14	Sunderland	0-4		27283					11		6			7					5	4		9	2		10	8	3	1		
40		21	ASTON VILLA	1-2	McIntosh	45245	7				11		6			4			8		5			9	2			10	3	1		
41		28	Derby County	1-0	Potts	9129			9		11		6		7	4					5		3				10	8		1	2	
42	May	5	Sheffield Wednesday	0-6		41303		1	9		11		6	7		4					5		3				10	8			2	
						Apps	22	8	13	15	39	6	42	34	1	42	1	1	21	1	30	8	4	29	37	10	7	28	18	24	10	11
						Goals	5		5		8		3	3		2			5					11				5				1

F.A. Cup

R3	Jan	6	Hull City	0-2		36465					11		6	7		4			8		5			9	2			10	3	1		

Exeter City

14th in Division Three (South)

							Carter SA	Clark JD	Dare RA	Davey F	Doyle RL	Dunlop WL	Fallon PD	Goddard R	Greenaway AR	Harrower W	Hutchings DG	Johnstone C	Lear GJ	Lynn J	Mackay AMacD	McClelland C	Regan DJT	Rowe ES	Salter K	Short AJM	Singleton B	Smart R	Smith AN	Smyth PR	Warren DB	Wilkinson HS
1	Aug	19	MILLWALL	0-1		12922		3		6	5		4					2		10	7	11					1	8	9			
2		23	Bristol City	1-3	Smith	23598				6	5	8	4					2		10	7	11		3			1		9			
3		26	Watford	2-1	Smith 2	12203				6		8	4	5				2		10	7	11		3			1		9			
4		30	BRISTOL CITY	1-0	Smith	9571				6		8	4	5		7		2		10		11		3			1		9			
5	Sep	2	WALSALL	1-0	Lynn	10781				6	5	8	4			7		2		10		11		3			1		9			
6		6	Swindon Town	0-1		9468				6	5		4			7		2		10		11		3			1	8	9			
7		9	Leyton Orient	3-1	Smart 2, Smith	17187				6	5		4			7		2		10		11		3			1	8	9			
8		13	SWINDON TOWN	1-0	McClelland	9866				6	5		4			7		2		10		11		3			1	8	9			
9		16	IPSWICH TOWN	2-0	McClelland, Davey	10767				6	5		4			7				10		11		3			1	8	9		2	
10		23	Plymouth Argyle	1-0	Smith	24727				6	2		4	5		7				10		11		3			1	8	9			
11		30	READING	1-3	Smith (p)	11203				6	2		4	5		7				10		11		3			1	8	9			
12	Oct	7	Colchester United	1-0	Smith	10864		2		6			4	5						10		11	7	3			1	8	9			
13		14	BRISTOL ROVERS	0-2		13397		2		6			4	5						10		11	7	3			1	8	9			
14		21	Crystal Palace	1-0	Regan	16133		2		6			4	5						10	8	11	7	3			1		9			
15		28	BRIGHTON & HOVE ALB	4-2	Mackay 3, McClelland	10865		2	9	6			4	5						10	8	11		3			1		7			
16	Nov	4	Newport County	3-0	McClelland 2, Smith	10653		2	9	6			4	5						10		11	7	3			1		8			
17		11	NORWICH CITY	1-2	Lynn	12595		2	9	6			4	5						10	8	11	7	3			1					
18		18	Northampton Town	1-4	Regan	11503		2	9	6				5		4					10	7	11	3			1		8			
19	Dec	2	Nottingham Forest	2-2	Regan, Mackay	24128		2		6	5		8			4					10	7	11	3			1		9			
20		23	WATFORD	3-3	Eggleston (og), Fallon 2	7332		2		6	5		8			4					10	7	11	3			1		9			
21		25	Aldershot	2-4	Smith, Singleton	6633		2		6	5		4							8	10	7	11	3			1		9			
22		26	ALDERSHOT	3-0	McClelland 2, Smith	11959		3		6	5		4						1	8	10	7	11						9		2	
23		30	Walsall	2-0	Mackay, Smith	4275		3		6	5		4						1	10	8	7	11						9		2	
24	Jan	13	LEYTON ORIENT	0-0		9392		3		6	5		8			4				10		7	11				1		9		2	
25		17	Gillingham	4-9	Kingsnorth (og), Smith 2, Regan	4701		3		6	5		8			4				10		7	11				1		9		2	
26		20	Ipswich Town	0-1		10461		3		6	5		8			4				10		7	11				1		9		2	
27	Feb	3	PLYMOUTH ARGYLE	3-2	Mackay, Smith, McClelland	19941								5		4				6	10	7	11	3			1		9	8	2	
28		7	GILLINGHAM	1-2	Mackay	5188							6	5		4		2		8	10	7	11	3			1		9			
29		10	PORT VALE	0-3		7893			9	6				5		4		2		8	10		11	3		7	1					
30		17	Reading	2-4	Short, Regan	15775		3		6				5		4					10		11			7	1		9	8	2	
31		24	COLCHESTER UNITED	5-0	Rochford (og), Smith 3, Regan	7268		3		6				5		4					10		11			7	1		9	8	2	
32	Mar	3	Bristol Rovers	1-3	Mackay	25264		3		6				5		4					10		11			7	1		9	8	2	
33		10	CRYSTAL PALACE	1-2	Smart	6534		3		6				5		4					10		11			7	1	8	9		2	
34		17	Brighton & Hove Albion	1-4	Smith (p)	8305		3		6	5					4	7				10		11				1	8	9		2	
35		23	Bournemouth	1-1	Harrower	11017		3		6			4	5		8					10	7	11				1		9		2	
36		24	NEWPORT COUNTY	2-2	Regan, Harrower	7565		2		6			4	5		8					10	7	11	3	1				9			
37		26	BOURNEMOUTH	2-1	Smith, Hutchings	9913				6			4	5		8	7	2			10		11	3			1		9			
38		31	Norwich City	0-3		21705				6			4	5		8	7	2			10	11		3			1		9			
39	Apr	4	TORQUAY UNITED	0-0		6998				6	5		4				7	2	1		10	11		3				8	9			
40		7	NORTHAMPTON T	1-0	Smart	6141			9	6	5		4				7	2			10	11		3			1	8				
41		18	SOUTHEND UNITED	1-0	Smith (p)	5650				6	5					4	7	2		8	10		11	3			1		9			
42		21	NOTTM. FOREST	0-5		11003				6	5		4			7		2			10	11		3			1		9	8		
43		25	Millwall	0-5		13408		2					4	5	10	8	7					11		3			1	9				6
44		28	Torquay United	0-2		9570		2		6			4	5		7				8	10			3			1	9	11			
45		30	Port Vale	0-2		2630	5	2		6			4			7				8	10			3			1	9	11			
46	May	5	Southend United	1-5	Fallon	7572				6			8	5		4	7				10	11		3			1	9			2	

	Carter SA	Clark JD	Dare RA	Davey F	Doyle RL	Dunlop WL	Fallon PD	Goddard R	Greenaway AR	Harrower W	Hutchings DG	Johnstone C	Lear GJ	Lynn J	Mackay AMacD	McClelland C	Regan DJT	Rowe ES	Salter K	Short AJM	Singleton B	Smart R	Smith AN	Smyth PR	Warren DB	Wilkinson HS
Apps	1	26	6	43	22	4	37	25	1	32	8	16	3	29	31	36	26	34	1	5	42	17	41	5	14	1
Goals				1			3			2	1			2	8	8	7			1	1	4	21			

Three own goals

F.A. Cup

							Carter SA	Clark JD	Dare RA	Davey F	Doyle RL	Dunlop WL	Fallon PD	Goddard R	Greenaway AR	Harrower W	Hutchings DG	Johnstone C	Lear GJ	Lynn J	Mackay AMacD	McClelland C	Regan DJT	Rowe ES	Salter K	Short AJM	Singleton B	Smart R	Smith AN	Smyth PR	Warren DB	Wilkinson HS
R1	Nov	25	Glastonbury	2-1	Smith, Mackay	4000		2		6	5					4				10	8	7	11	3			1		9			
R2	Dec	9	SWINDON TOWN	3-0	Smith, Fallon, Mackay	14764		2		6	5		8			4					10	7	11	3			1		9			
R3	Jan	6	Grimsby Town	3-3	Mackay 2, McClelland	13233		3		6	5		4							8	10	7	11				1		9		2	
rep		10	GRIMSBY TOWN	4-2	McClelland 2, Smith 2	18117		3		6	5		8			4				10		7	11				1		9		2	
R4		27	CHELSEA	1-1	Regan	20000		3		6				5		4				8	10	7	11				1		9		2	
rep		31	Chelsea	0-2		46134			9	6			4	5		8				10		7	11	3			1				2	

Fulham

18th in Division One

						Bacuzzi GLD	Black IH	Bowie JD	Brennan RA	Campbell JP	Freeman HG	Hinshelwood WAA	Jezzard BAG	Lawler JF	Lowe E	Lowe R	Macaulay AR	McDonald JC	Pavitt WE	Quested LW	Robson RW	Stevens AH	Taylor JG	Thomas RA
1	Aug 19	Manchester United	0-1		45857	3	1		10		2		9		6		4	11		8		7	5	
2	23	CHARLTON ATHLETIC	1-3	Stevens	31573	3	1		10		2		9		6		4			8		7	5	11
3	26	WOLVERHAMPTON W.	2-1	Stevens, Quested	42013	3	1		10		2		9		6		8			4		7	5	11
4	30	Charlton Athletic	0-0		28997	3	1				2	11	9		6		8			4		7	5	10
5	Sep 2	Sunderland	1-0	Macaulay	43080		1			7	2		9		6	3	8			4		11	5	10
6	4	Blackpool	0-4		28051		1			7	2		9		6	3	8			4		11	5	10
7	9	ASTON VILLA	2-1	Jezzard, Thomas	35817		1			7	2		9		6	3	8			4		11	5	10
8	13	BLACKPOOL	2-2	Jezzard, Thomas	39761	3	1			7	2		9		6		8			4		11	5	10
9	16	Derby County	2-3	Jezzard, Morris (og)	25329	3	1			7	2		9		6		8			4		11	5	10
10	23	LIVERPOOL	2-1	Jezzard, Thomas	42954	3	1			7			9		6		8		2	4		11	5	10
11	30	Portsmouth	0-1		32187	3	1		10	7			9		6		8		2	4		11	5	
12	Oct 7	EVERTON	1-5	Hinshelwood	29442	3	1					7	9		6		8		2	4		11	5	10
13	14	Stoke City	1-1	Quested	26658		1				2	7	9		6		4		3	8		11	5	10
14	21	HUDDERSFIELD T	1-1	Stevens	31622		1		10		2		9		6		4		3	7		11	5	8
15	28	Middlesbrough	1-1	Jezzard	34117	3	1		10		2		9		6		4			7		11	5	8
16	Nov 4	WEST BROMWICH ALB.	0-1		21133	3	1		10		2		9		6		4			7		11	5	8
17	11	Newcastle United	2-1	Thomas, Stevens	54234	3	1		10		2				6		8	11		4		7	5	9
18	18	SHEFFIELD WEDNESDAY	4-2	McDonald, Thomas 2, Macaulay	26357	3	1		10		2				6		8	11		4		7	5	9
19	25	Arsenal	1-5	Thomas	41344	3	1		10						6		8	11	2	4		7	5	9
20	Dec 2	BURNLEY	4-1	* see below	25250	2	1		10				11		6	3	8			4		7	5	9
21	9	Chelsea	0-2		43835	2	1		10				11		6	3	8			4		7	5	9
22	16	MANCHESTER UNITED	2-2	Stevens 2	19649	2	1		10				11		6	3	8			4		7	5	9
23	23	Wolverhampton Wan.	1-1	Stevens	29222	2	1		10				11		6	3	8			4		7	5	9
24	25	BOLTON WANDERERS	0-1		21712	2	1		10				11		6	3	8			4		7	5	9
25	26	Bolton Wanderers	1-0	Campbell	43116	2	1		10	11				4	6	3	8		5			7		9
26	30	SUNDERLAND	1-1	Brennan	33615	2	1		10	11				4	6	3	8		5			7		9
27	Jan 13	Aston Villa	0-3		39994	2	1		10	11				6		3	8		5	4		7		9
28	20	DERBY COUNTY	3-5	Stevens, Brennan 2	28865	2	1		10	11			9	6		3	8		5	4		7		
29	Feb 3	Liverpool	0-2		33330	2	1	8	10	11			9		6	3	4		5			7		
30	28	Everton	0-1		19904	2	1	8	9	11			10		6	3				4		7	5	
31	Mar 3	STOKE CITY	2-0	Stevens, Bowie	26063	2	1	8	10	11					6	3				4		7	5	9
32	10	Huddersfield Town	2-1	Jezzard, Thomas	19651	2	1	8		11			10		6	3				4		7	5	9
33	17	MIDDLESBROUGH	2-0	Bowie, Quested	29446	2	1	8		11			10		6	3				4		7	5	9
34	23	TOTTENHAM HOTSPUR	0-1		47391	2	1	8		11			10		6	3				4		7	5	9
35	24	West Bromwich Albion	0-0		23698	2	1	8		11			10		6	3				4		7	5	9
36	26	Tottenham Hotspur	1-2	Jezzard	51862	2	1	8		11			10		6	3				4		7	5	9
37	31	NEWCASTLE UNITED	1-1	Campbell	28107	2	1	8		11			10		6	3				4		7	5	9
38	Apr 7	Sheffield Wednesday	2-2	Thomas, Bowie	32351	2	1	8					11		6	3				4	10	7	5	9
39	14	ARSENAL	3-2	Quested, Thomas 2	34111	2	1	8		11			10		6	3				4		7	5	9
40	21	Burnley	2-0	Thomas 2	19929		1	8		11	2		10		6	3				4		7	5	9
41	28	CHELSEA	1-2	Jezzard	24897		1	8		11	2		10		6	3				4		7	5	9
42	May 2	PORTSMOUTH	1-4	Stevens	21279		1	8			2		10		6	3		11		4		7	5	9

Scorers in game 20: Thomas, Jezzard, Stevens, Cummings (og)

Apps	34	42	14	22	23	18	3	35	4	40	26	29	5	11	39	1	42	37	37
Goals			3	3	2		1	9				2	1		4		11		14

Two own goals

F.A. Cup

R3	Jan 6	SHEFFIELD WEDNESDAY	1-0	Brennan	29200	2	1		10	11					6	3	8		5	4		7		9
R4	27	Millwall	1-0	Campbell	42170	2	1		10	11			9		6	3	8			4		7	5	
R5	Feb 10	Chelsea	1-1	Campbell	69434	2	1	8	9	11					6	3	10			4		7	5	
rep	14	CHELSEA	3-0	Brennan 2, Stevens	29946	2	1	8	9	11			10		6	3				4		7	5	
R6	24	Blackpool	0-1		32000	2	1	8	9	11			10		6	3				4		7	5	

Gateshead

8th in Division Three (North)

						Brown W	Buchan WRM	Cairns RL	Callender JW	Callender TS	Campbell J	Cassidy W	Fowler HN	Gray R	Ingham JR	Johnson JE	Kendall JB	Palmer F	Robinson E	Small ML	Wilbert GN	Winters IA	Woodburn J	Wyles H
1	Aug 19	ACCRINGTON STANLEY	7-0	Buchan, Wilbert 2, Kendall 4	9623		10		4	5	11		3	1	7		8				9		6	2
2	24	Carlisle United	0-3		12016		10		4	5	11		3	1	7		8				9		6	2
3	26	Crewe Alexandra	1-0	Winters	8359		10		4	5	11		3	1	8						9	7	6	2
4	28	CARLISLE UNITED	4-3	Wilbert 3, Winters	14896		10		4	5	11		3	1	8						9	7	6	2
5	Sep 2	NEW BRIGHTON	4-0	Winters, Buchan 2, Campbell	14037		10		4	5	11		3	1	7						9	8	6	2
6	4	HALIFAX TOWN	5-0	Campbell, Winters 2, Buchan, Wilbert	13035		10		4	5	11		3	1	7						9	8	6	2
7	9	Bradford City	2-2	Wilbert, T Callender (p)	15607		10		4	5	11		3	1	7						9	8	6	2
8	11	Halifax Town	0-1		6468		10		4	5	11		3	1	7		8				9		6	2
9	16	ROCHDALE	4-1	Wilbert 2, T Callender (p), Winters	13607		10		4	5	11		3	1	7						9	8	6	2
10	18	STOCKPORT COUNTY	2-0	J Callender 2	11196		10		4	5	11		3	1	7						9	8	6	2
11	23	Chester	2-2	Winters, Buchan	10363		10		4	5	11		3	1	7						9	8	6	2
12	30	SHREWSBURY TOWN	3-0	Winters 2, Ingham	9570		10		4	5	11		3	1	7						9	8	6	2
13	Oct 7	SCUNTHORPE UNITED	1-0	Ingham	11903		10		4	5	11		3	1	7						9	8	6	2
14	14	Wrexham	0-0		11228		10		4	5	11		3	1	7						9	8	6	2
15	21	ROTHERHAM UNITED	0-3		14039		10		4	5	11		3	1	7						9	8	6	2
16	28	Mansfield Town	1-2	Ingham	13349		10		4	5	11		3	1	7						9	8	6	2
17	Nov 4	YORK CITY	3-0	Ingham, Winters, T Callender (p)	7614		10		4	5	11		3	1	7						9	8	6	2
18	11	Barrow	1-1	Woodburn	6061		10		4	5	11		3	1	7						9	8	6	2
19	18	OLDHAM ATHLETIC	3-2	Campbell, T Callender (p), Wilbert	8570		10		4	5	11		3	1	7						9	8	6	2
20	25	Shrewsbury Town	0-1		9709		10		4	5	11		3	1	7						9	8	6	2
21	Dec 2	TRANMERE ROVERS	2-0	Wilbert, Woodburn	8956		10	2		5	11	6		1	7						9	8	4	3
22	23	CREWE ALEXANDRA	4-0	Buchan, Wilbert 2, Winters	6638		10	2		5	11	6		1	7						9	8	4	3
23	25	HARTLEPOOLS UNITED	0-1		8595		10			5	11	6	3	1	7						9	8	4	2
24	26	Hartlepools United	0-3		9269		10		6	5	11		3	1	7					4	9	8		2
25	Jan 1	Darlington	2-4	Wilbert 2	5821	6	10	2		5	11		4	1			7				9	8		3
26	13	BRADFORD CITY	2-0	Buchan, Woodburn	6437		10		6	5	11		3	1	7						9	8	4	2
27	20	Rochdale	0-2		5612		10		6	5	11			1	7				3		9	8	4	2
28	27	Southport	0-1		3599		10		6	5	11			1	7				3		9	8	4	2
29	31	Stockport County	2-5	Wyles, Winters	6045		10	2	6	5				1	7				11		9	8	4	3
30	Feb 3	CHESTER	2-1	Wilbert, Woodburn	4804		10		8	5		6		1	11				3		9	7	4	2
31	10	DARLINGTON	5-2	Palmer, Woodburn 2, T Callender 2	5694		10		4	5		6	3	1	7			11			9		8	2
32	24	Scunthorpe United	1-2	Buchan	9688		10		4	5	11	6	3	1	7						9		8	2
33	Mar 3	WREXHAM	0-0		5642		8		4	5	11			1	7	10			3		9		6	2
34	10	Rotherham United	2-1	Kendall, Campbell	14655		8		4	5	11			1		10	7		3		9		6	2
35	17	MANSFIELD TOWN	1-3	Wilbert	4342		8		4	5	11			1	7	10			3		9		6	2
36	23	Lincoln City	1-2	T Callender (p)	11245				4	5	11			1	7	10	8		3		9		6	2
37	24	York City	1-1	Ingham	5848				4	5	11			1	7	10	8		3		9		6	2
38	26	LINCOLN CITY	1-2	Johnson	5672				4	5	11			1	7	10	8		3		9		6	2
39	31	BARROW	1-0	Ingham	2916				4	5	11			1	7	10	8		3		9		6	2
40	Apr 4	New Brighton	1-0	Buchan	2668		10		4	5				1	7	11			3		9	8	6	2
41	7	Oldham Athletic	3-2	Winters, Wilbert, J Callender	11707		10		4	5				1	7	11			3		9	8	6	2
42	14	BRADFORD PARK AVE.	5-0	* see below	4717		10		4	5				1	7	11			3		9	8	6	2
43	18	Bradford Park Avenue	0-2		7003		10		4	5				1	7	11			3		9	8	6	2
44	21	Tranmere Rovers	2-2	Winters, Ingham	8929		10		4	5				1	7	11			3		9	8	6	2
45	30	SOUTHPORT	1-3	Winters	3006		10		4	5				1	7	11			3		9	8	6	2
46	May 5	Accrington Stanley	2-2	Ingham 2	2782		8		4	5			3	1	7			11		10		9	6	2

Scorers in game 42: Johnson, Ingham, Woodburn, T Callender 2 (2p)

	Brown W	Buchan WRM	Cairns RL	Callender JW	Callender TS	Campbell J	Cassidy W	Fowler HN	Gray R	Ingham JR	Johnson JE	Kendall JB	Palmer F	Robinson E	Small ML	Wilbert GN	Winters IA	Woodburn J	Wyles H
Apps	1	42	4	42	46	36	6	27	46	44	13	9	2	17	2	45	34	44	46
Goals		9		2	10	4				10	2	5	1			18	15	7	1

F.A. Cup

						Brown W	Buchan WRM	Cairns RL	Callender JW	Callender TS	Campbell J	Cassidy W	Fowler HN	Gray R	Ingham JR	Johnson JE	Kendall JB	Palmer F	Robinson E	Small ML	Wilbert GN	Winters IA	Woodburn J	Wyles H
R3	Jan 6	Sheffield United	0-1		25881		10		4	5	11		3	1	7						9	8	6	2

Gillingham

22nd in Division Three (South)

							Ayres H	Boswell J	Briggs J	Burke JJ	Burtenshaw CE	Burtenshaw WF	Campbell J	Carr J	Collins WH	Dorling GJ	Forrester GL	Gage LA	Hales WH	Henson L	Jenkins RJ	Kingsnorth TH	Lewin DR	Lewis DJE	Maguire LGR	Marks CWA	Piper GH	Russell HW	Skivington MN	Thomas DWJ	Veck R	Warsap WJB
1	Aug	19	COLCHESTER UNITED	0-0		19525	10	4			7	8			6			1				5	3			2		9			11	
2		23	Bournemouth	1-3	Veck	16070	10	4			7	8			6			1				5	3			2		9			11	
3		26	Bristol City	0-2		21531		4	10		7	8			6			1					3			2		9	5		11	
4		30	BOURNEMOUTH	2-2	Veck (p), Russell	15397		4	10		7				6			1			8		3			2		9	5		11	
5	Sep	2	MILLWALL	4-3	Russell, Veck, Briggs, C Burtenshaw	20126		4	10		7		8		6			1					3			2		9	5		11	
6		4	Bristol Rovers	0-3		14414		4	10		7	9	8		6			1					3			2			5		11	
7		9	Watford	0-5		10529		4	10		7		8		6			1				5	3			2		9			11	
8		13	BRISTOL ROVERS	1-0	Veck (p)	12293	6	4	10				8					1				5	3	9		2		7			11	
9		16	WALSALL	4-1	Lewis 3, Campbell	14718	6	4	10				8					1				5	3	9		2		7			11	
10		23	Leyton Orient	0-4		16005	6	4	10				8					1				5	3	9		2					11	7
11		30	IPSWICH TOWN	0-1		12853	6	4	10			5	8					1					2	9		3					11	7
12	Oct	7	Crystal Palace	3-4	Veck, Briggs (og), Marks	18896	6	5	11		7	8			4			1					2			3		9			10	
13		14	BRIGHTON & HOVE ALB	1-1	Forrester	15060	6	5			7				4		11	1					2			3		10		9	8	
14		21	Newport County	0-1		9828	6	5			7		8		4	2	11	1								3				9	10	
15		28	NORWICH CITY	2-2	Thomas, Veck (p)	14348	6							8	4	2	11	1								3	5	7		9	10	
16	Nov	4	Northampton Town	1-4	Carr	10785	6	4						8		2	11	1								3	5	7		9	10	
17		11	PORT VALE	1-1	Thomas	12103	6	5	10		7				4	2	8	1								3				9	11	
18		18	Nottingham Forest	2-9	Veck, Thomas	20639	6	5	10		7				4	2	11	1								3				9	8	
19	Dec	2	Aldershot	4-2	Thomas 3, Carr	7253	6	4			7	8		11		2		1			10		3						5	9		
20		16	Colchester United	2-4	Briggs, Thomas	6941		4	10		7	8		11		2	6	1					3						5	9		
21		23	BRISTOL CITY	1-2	W Burtenshaw	8579	6	4			7	8		11				1					3	10		2			5	9		
22		25	READING	0-3		9539		4	10		7	8		11		2	6	1								3			5	9		
23		26	Reading	1-1	W Burtenshaw	17464	6	4			7	8					10	1				5	3			2				9	11	
24		30	Millwall	3-4	Thomas, C Burtenshaw, Lewis	20630	6	4			7	8						1				5	3	10		2				9	11	
25	Jan	13	WATFORD	3-1	Thomas, Eggleston (og), Veck	10036	6	4			7	8						1				5	3	10		2				9	11	
26		17	EXETER CITY	9-4	* see below	4701	6	4			7							1				5	3	8	10	2				9	11	
27		20	Walsall	1-2	Lewis	8817	6	4			7							1				5	3	8	10	2				9	11	
28	Feb	3	LEYTON ORIENT	1-0	Veck	8352	6	4			7		10					1				5	3	8		2				9	11	
29		7	Exeter City	2-1	Campbell, Thomas	5188	6	4			7		8				10	1				5	3			2				9	11	
30		10	TORQUAY UNITED	2-0	Veck (p), C Burtenshaw	12995	6	4			7		8				10	1				5	3			2				9	11	
31		17	Ipswich Town	1-5	C Burtenshaw	9676	6				7	8						1				5	3			2	4	10		9	11	
32		24	CRYSTAL PALACE	0-0		11478	6				7	8						1				5	3			2	4	10		9	11	
33	Mar	3	Brighton & Hove Albion	2-2	Thomas 2	10903	6	4				8					11	1				5	3			2		10		9	7	
34		10	NEWPORT COUNTY	0-1		9040	6	4				8						1				5	3	10		2		7		9	11	
35		17	Norwich City	0-2		19010	6	4						7			11	1				5	3	8		2		10		9		
36		23	SOUTHEND UNITED	0-0		15356	6	4						7				1				5	3	8		2		10		9	11	
37		24	NORTHAMPTON T	3-1	Veck, Lewis, Thomas	10657	6	4						7				1				5	3	8		2		10		9	11	
38		26	Southend United	0-4		10544	6	4						7				1				5	3	8		2		10		9	11	
39		31	Port Vale	3-4	Hales 3	5947		4				7					6	1	9			5	3			2		10		8	11	
40	Apr	7	NOTTM. FOREST	1-4	Thomas	13845	6	4						7				1	9			5	3		10	2				8	11	
41		14	Torquay United	2-1	Thomas 2	6666		4		1		7							9	6		5	3	8	11	2				10		
42		18	Plymouth Argyle	0-2		11340		4		1		7					11		9	6		5	3	8		2				10		
43		21	ALDERSHOT	3-0	W Burtenshaw, Hales, Thomas	10492		4				7					11		9	6		5	3	8		2				10		
44		28	Swindon Town	0-2		3915				1		7					11		9	6		5	3	8		2				10	4	
45	May	2	SWINDON TOWN	2-1	Hales 2 (1p)	8295	6	4		1		7				3	11		9	5				8		2				10		
46		5	PLYMOUTH ARGYLE	1-2	W Burtenshaw	12096	6	4		1		7	8			3			9	5					11	2				10		

Played in one game: JN Day (43, at 1)

Scorers in game 26: Lewis 3, Thomas 2, McGuire 2, Veck, Doyle (og)

	Ayres H	Boswell J	Briggs J	Burke JJ	Burtenshaw CE	Burtenshaw WF	Campbell J	Carr J	Collins WH	Dorling GJ	Forrester GL	Gage LA	Hales WH	Henson L	Jenkins RJ	Kingsnorth TH	Lewin DR	Lewis DJE	Maguire LGR	Marks CWA	Piper GH	Russell HW	Skivington MN	Thomas DWJ	Veck R	Warsap WJB
Apps	34	42	14	5	26	24	12	11	13	10	18	40	8	6	2	28	38	20	5	44	4	21	8	34	36	2
Goals			2		4	4	2	2			1		6					9	2	1		2		19	12	

Three own goals

F.A. Cup

							Ayres H	Boswell J	Briggs J	Burke JJ	Burtenshaw CE	Burtenshaw WF	Campbell J	Carr J	Collins WH	Dorling GJ	Forrester GL	Gage LA	Hales WH	Henson L	Jenkins RJ	Kingsnorth TH	Lewin DR	Lewis DJE	Maguire LGR	Marks CWA	Piper GH	Russell HW	Skivington MN	Thomas DWJ	Veck R	Warsap WJB
R1	Nov	25	Linby Colliery	4-1	* see below	4635	6	4			7	8		11		2		1			10		3						5	9		
R2	Dec	9	Bristol Rovers	2-2	Thomas, Carr	15479	6	4			7	8		11		2		1			10		3						5	9		
rep	Dec	13	BRISTOL ROVERS	1-1	(aet) Carr	10642	6	4			7	8		11		2		1			10		3						5	9		
rep2	Dec	18	Bristol Rovers	1-2	Lewis	3927	6	4			7	8				2		1					3	10					5	9	11	

R2 replay 2 at White Hart Lane

Scorers in R1: Thomas, C Burtenshaw, W Burtenshaw, Jenkins

Grimsby Town

Bottom of Division Two: Relegated

						Barratt AG	Bloomer J	Briggs TH	Cairns WH	Chisholm W	Duthie J	Fisher FT	Greetham H	Hair G	Harnby DR	Hayhurst SH	Jenkin K	Johnston CP	Lloyd WS	MacKenzie ML	Maddison JP	McMillan D	McStay JG	Moody KG	Rankin J	Scotson R	Squires F	Taylor WB	Turnbull GF	Walker A	Wood K
1	Aug 19	CARDIFF CITY	0-0		20083		7	9	10	1		3		11				4		6		5		2			8				
2	21	Chesterfield	2-2	Briggs, Hair	15910			9	10	1		3		11				4		6		5	7	2			8				
3	26	Birmingham City	1-1	Briggs	33017			9	10	1		3		11				4		6		5	7	2			8				
4	30	CHESTERFIELD	1-2	MacKenzie (p)	18268			9	10	1		3		11				4		6		5	7	2			8				
5	Sep 2	Hull City	1-2	Briggs	38332			9	10	1		3		11				4		6		5	7	2			8				
6	6	MANCHESTER CITY	4-4	Cairns,Westwood(og),McMillan,Briggs	18529			9	10	1		3		11				4	7	6		5		2							
7	9	NOTTS COUNTY	1-4	Cairns	21432		8	9	10	1		3		11				4	7	6		5		2							
8	16	Preston North End	0-2		26461			9	10	1	6			11	3					4		5		2			8				
9	23	BURY	2-1	Squires, Cairns	14956			9	10	1	6	3		11						4		5	7	2			8				
10	30	Queen's Park Rangers	1-7	Briggs	16331			9	10	1	6	3		11				4	7			5		2			8				
11	Oct 7	Barnsley	1-3	Briggs	18417		7	9	10	1	6				3						11	5		2			8				
12	14	SHEFFIELD UNITED	2-2	Cairns 2	15098		7	9	10	1	6				3						11	5		2			8				
13	21	Blackburn Rovers	0-2		23235		7	9		1	6				3					10	11	5		2			8				
14	28	SOUTHAMPTON	4-2	Bloomer 4	13383	4	9			1	6				3					10	11	5	7	2			8				
15	Nov 4	Doncaster Rovers	1-3	MacKenzie	23197	4	9			1	6				3					10	11	5	7	2			8				
16	11	BRENTFORD	7-2	* see below	14985	4	9			1	6									10	11	5		2	7		8	3			
17	18	Luton Town	0-4		12144	4	9			1	6									10	11	5		2	7		8	3			
18	25	LEEDS UNITED	2-2	MacKenzie 2 (1p)	15561	4	9			1	6									10	11	5		2	7		8	3			
19	Dec 2	West Ham United	1-2	Cairns	18518	6			9	1	5	2								10	11			4	7		8	3			
20	9	SWANSEA TOWN	4-2	Briggs 2, Lloyd, MacKenzie	13754	6		9		1	5								7	10	11			2		4	8	3			
21	16	Cardiff City	2-5	Briggs 2	15364	6		9		1	5	3							7	10	11			2		4	8				
22	23	BIRMINGHAM CITY	1-1	Briggs	13141	6		9		1	5								7	10	11			2		4	8	3			
23	25	LEICESTER CITY	0-2		17565	6		9		1	5							4	7	10	11			2			8	3			
24	26	Leicester City	0-0		28296	6	9		10		5	2		11					7							4	8	3	1		
25	30	HULL CITY	1-1	Maddison	20668	6	9				5	2							7	10	11					4	8	3	1		
26	Jan 13	Notts County	2-3	Cairns, Maddison	24849	6			9	1	5				2				7	10	11					4	8	3			
27	20	PRESTON NORTH END	0-4		16836	6	9		10		5				2	1			7		11					4	8	3			
28	Feb 3	Bury	3-2	Cairns 2, Lloyd	12775	6	9		10		5				2	1			7		11					4	8	3			
29	17	QUEEN'S PARK RANGERS	2-2	Cairns, Lloyd	14005	6			9		5				2	1	7		11	10						4	8	3			
30	24	BARNSLEY	3-1	Cairns, MacKenzie (p), Lloyd	14862	6	9		8		5				2	1	7		11	10						4		3			
31	Mar 3	Sheffield United	2-4	Cairns, MacKenzie (p)	23558	6			9		5				2	1	7		11	10						4	8	3			
32	10	BLACKBURN ROVERS	1-1	Cairns	13216	6	9		10		5				2	1			7		11					4	8	3			
33	17	Southampton	1-5	Cairns	14598	6	9		10		5				3	1			7		11					4	8	2			
34	23	COVENTRY CITY	1-2	Cairns	18841	4			9		6				3	1			10		11	5	7				8	2			
35	24	DONCASTER ROVERS	1-0	Bloomer	18754		9				6				3	1			10	4	11	5	7	2			8				
36	27	Coventry City	0-1		26441		9				6				3	1			10	4	11	5	7	2			8				
37	31	Brentford	1-5	Cairns	15777				8		9				3	1			10	6	11	5	7	2		4					
38	Apr 7	LUTON TOWN	0-2		12435		9				5				3	1			10	6	11		7	2		4	8				
39	14	Leeds United	0-1		15524		9						2		3	1			10	8	11	5	7			4				6	
40	21	WEST HAM UNITED	0-1		10674		9						2	11	3	1	7		10	8		5				4				6	
41	28	Swansea Town	3-1	Wood 2, Bloomer	14585	4	9						2	11	3	1			7			5					8			6	10
42	May 5	Manchester City	2-2	Bloomer, Lloyd	30293	4	9						2	11	3	1			7			5					8			6	10

Played in one game: JMcM Shearer (game 6, at 8), JR Mulholland (8, at 7)

Played in 3 games, 11, 12 and 13, at 4: GJP Gray

Scorers in game 16: Bloomer 3, MacKenzie 2, Rankin, Squires

	Barratt AG	Bloomer J	Briggs TH	Cairns WH	Chisholm W	Duthie J	Fisher FT	Greetham H	Hair G	Harnby DR	Hayhurst SH	Jenkin K	Johnston CP	Lloyd WS	MacKenzie ML	Maddison JP	McMillan D	McStay JG	Moody KG	Rankin J	Scotson R	Squires F	Taylor WB	Turnbull GF	Walker A	Wood K
Apps	23	24	17	24	24	31	13	4	14	23	16	4	9	26	31	25	26	13	27	4	17	36	18	2	4	2
Goals		10	11	16					1					5	9	2	1			1		2				2

One own goal

F.A. Cup

						Barratt AG	Bloomer J	Briggs TH	Cairns WH	Chisholm W	Duthie J	Fisher FT	Greetham H	Hair G	Harnby DR	Hayhurst SH	Jenkin K	Johnston CP	Lloyd WS	MacKenzie ML	Maddison JP	McMillan D	McStay JG	Moody KG	Rankin J	Scotson R	Squires F	Taylor WB	Turnbull GF	Walker A	Wood K
R3	Jan 6	EXETER CITY	3-3	Scotson, Bloomer, MacKenzie	13823	6	9				5								7	10	11					4	8	3	1		
rep	10	Exeter City	2-4	Squires, Bloomer	18177	6	9				5				2				7	10	11					4	8	3	1		

Played at 2 on Jan 6: Mouncer

Halifax Town

22nd in Division Three (North)

						Breaks E	Core J	Crossley R	Dale FW	Drake KL	Elliott E	Fisher R	Frost D	Glaister G	Hindle T	Horton L	Jowett HO	Lee J	Massey KBW	Moncrieff JC	Morgan WA	Morris E	Moss J	Murphy TE	Mycock D	Rayner E	Smyth HR	Tomlinson F	Toze E	Webster C	Westlake FA
1	Aug 19	NEW BRIGHTON	0-2		7680	3	8	4	9						11				7		6			10	5	1					2
2	24	Barrow	0-2		6407	3		9	8	2					11				7		6			10	5	1	4				
3	26	Bradford City	0-2		14959	3		9	8	2				11					7		6			10	5	1	4				
4	28	BARROW	0-0		5228	3	9		8	2				11			7				6			10	5	1				4	
5	Sep 2	ROCHDALE	1-1	Core	10219	3	9		8	2				11			7				6			10	5	1				4	
6	4	Gateshead	0-5		13035	3	9			2				11	8		7				6			10	5	1				4	
7	9	Chester	1-2	Hindle	7720	3				9		2		11	8		7				6			10	5				1	4	
8	11	GATESHEAD	1-0	Core	6468	3	9			2				11	8		7				6			10	5				1	4	
9	16	SHREWSBURY TOWN	3-1	Jowett, Hindle, Core	7473	3	9			2				11	8		7				6			10	5				1	4	
10	23	Lincoln City	1-3	Mycock (p)	11358	3	9					2		11	8		7				6			10	5				1	4	
11	30	DARLINGTON	2-2	Webster, Murphy	5919	3	9			2				11	8		7				6			10	5				1	4	
12	Oct 7	OLDHAM ATHLETIC	3-0	Core, Hindle, Mycock	7929	3	9			2				11	8		7				6			10	5	1				4	
13	14	Bradford Park Avenue	1-2	Core	14621	3	9			2				11	8						6			10	5	1		7		4	
14	21	SCUNTHORPE UNITED	3-3	Core, Tomlinson 2	9512	3	9			2				11	8						6			10	5	1		7		4	
15	28	Wrexham	2-2	Core, Glaister	7972	3	9			2				11	8						6			10	5	1		7		4	
16	Nov 4	ROTHERHAM UNITED	1-2	Morgan	9175	3	9			2				11	8						6			10	5	1		7		4	
17	11	Mansfield Town	1-3	Tomlinson	9744				9	2				11	8						6			10	5	1		7		4	3
18	18	TRANMERE ROVERS	0-1		6854	3	9			2				11	8						6			10	5	1		7		4	
19	Dec 2	ACCRINGTON STANLEY	2-2	Tomlinson, Dale	4883	3			9	2	1				8				11		6			10	5			7		4	
20	16	New Brighton	0-1		2124	3			9	2	1			11	8						6	4		10	5			7			
21	23	BRADFORD CITY	1-2	Glaister	5778	3			9	2	1			11	8					4	6			10	5			7			
22	25	Crewe Alexandra	0-0		5853	3			9	2	1			11	8					4	6			10	5			7			
23	26	CREWE ALEXANDRA	1-0	Dale	8042	3			9	2	1			11	8					4	6			10	5			7			
24	Jan 6	Hartlepools United	2-5	Glaister, Willetts (og)	2987	3			8	2	1		9	11	4						6			10	5			7			
25	13	CHESTER	3-1	Glaister 2, Frost	5421	3			7	4	1	2	9	11	8						6			10	5						
26	20	Shrewsbury Town	0-2		8360	3			7	4	1	2	9		11						6		8	10	5						
27	27	HARTLEPOOLS UNITED	1-0	Frost	6674	3			7	2	1		9	11						4	6		8	10							
28	Feb 3	LINCOLN CITY	4-1	Frost 4	8760	3			7	2			9	11						4	6		8	10	5	1					
29	10	YORK CITY	1-3	Dale	8299	3			7	2	1		9						11	4	6		8	10	5						
30	17	Darlington	0-2		4428	3			7	2	1		9		11					4	6		8	10	5						
31	24	Oldham Athletic	0-2		15500	3			7	2	1		9	11						4	6		8	10	5						
32	Mar 3	BRADFORD PARK AVE.	2-2	Murphy, Moss	10533	3			7	4	1		9	11				2			6		8	10	5						
33	10	Scunthorpe United	2-2	Murphy, Frost	8447	3			7	4	1		9	11				2			6		8	10	5						
34	17	WREXHAM	1-0	Glaister	5702	3			7	4	1		9	11				2			6		8	10	5						
35	24	Rotherham United	0-2		14195	3			7	4	1		9	11		10		2			6		8		5						
36	26	Stockport County	1-2	Frost	6308	3			7	4	1		9	11				2			6		8	10	5						
37	27	STOCKPORT COUNTY	1-0	Dale	8272	3			7	4			9	11				2			6		8	10	5	1					
38	31	MANSFIELD TOWN	0-1		5537	3			7	4			9	11				2			6		8	10	5	1					
39	Apr 7	Tranmere Rovers	2-3	Dale, Glaister	6170	3			7	4	1		9	11				2			6		8	10	5						
40	10	Rochdale	0-0		3342	3			7		1		9		11	4		2			6		8	10	5						
41	14	SOUTHPORT	4-0	Frost 3, Hindle	6509	3			7		1		9		11	4		2			6		8	10	5						
42	17	Southport	1-1	Hindle	3707	3					1		9		11	4		2			6		8	10	5			7			
43	21	Accrington Stanley	0-1		4550	3					1		9		11	4		2			6		8	10	5			7			
44	26	Carlisle United	0-1		7954	3					1		9	11	7	4		2			6		8	10	5						
45	28	CARLISLE UNITED	1-0	Frost	4720	3					1		9		11	4		2	7		6		8	10	5						
46	May 5	York City	0-0		2791	3			8		1		9		11	4		2	7		6			10	5						

Played in one game: FO Seddon (game 27, at 5)

	Breaks E	Core J	Crossley R	Dale FW	Drake KL	Elliott E	Fisher R	Frost D	Glaister G	Hindle T	Horton L	Jowett HO	Lee J	Massey KBW	Moncrieff JC	Morgan WA	Morris E	Moss J	Murphy TE	Mycock D	Rayner E	Smyth HR	Tomlinson F	Toze E	Webster C	Westlake FA
Apps	45	14	3	30	37	25	4	23	34	31	8	9	15	7	8	46	1	20	45	45	16	2	14	5	16	2
Goals		7		5				12	7	5		1				1		1	3	2			4		1	

One own goal

F.A. Cup

						Breaks E	Core J	Crossley R	Dale FW	Drake KL	Elliott E	Fisher R	Frost D	Glaister G	Hindle T	Horton L	Jowett HO	Lee J	Massey KBW	Moncrieff JC	Morgan WA	Morris E	Moss J	Murphy TE	Mycock D	Rayner E	Smyth HR	Tomlinson F	Toze E	Webster C	Westlake FA
R1	Nov 25	ASHINGTON	2-3	Glaister, Core	7546	3	9		8	2				11	10						6				5	1		7		4	

Hartlepools United

16th in Division Three (North)

							Bain WC	Ballantyne JD	Briggs W	Burnett WJ	Derbyshire T	Donaldson RS	Harden LJ	McClure W	McGuigan T	McKeown J	Moore W	Morris D	Newton JL	Ollerenshaw J	Rimmington N	Sales RD	Sloan J	Stamper FFT	Thompson R	Whitelock A	Wildon LE	Willetts J
1	Aug	19	CREWE ALEXANDRA	0-2		10359	9		1	7				11	8	4			6	2		5			3		10	
2		21	York City	0-3		10522	9		1	7				11	8	4			6	2		5			3		10	
3		26	New Brighton	0-1		6079			1	7		4		11	10	8	5		6						3		9	2
4		28	YORK CITY	4-1	McGuigan 2, Wildon, Willetts (p)	8648			1	7		4		11	10	8	5		6						3		9	2
5	Sep	2	BRADFORD CITY	1-1	Wildon	9107			1	7		4		11	10	8	5		6						3		9	2
6		7	Carlisle United	0-1		14780			1	7		4		11	10	8	5							6	3		9	2
7		9	Rochdale	1-3	McGuigan	9146			1	7		4		11	10	8	5							6	3		9	2
8		11	CARLISLE UNITED	3-3	Willetts (p), McKeown, Wildon	8654			1	7		4		11	10	8	5							6	3		9	2
9		16	CHESTER	1-2	McKeown	8773			1	7		4		11	10	8	5							6	3		9	2
10		23	Shrewsbury Town	0-1		9268				7		4		11	10	8	5		6		1		9		3			2
11		30	LINCOLN CITY	2-2	Wildon 2	6729				7		4		11	10	8	5		6		1				3		9	2
12	Oct	7	WREXHAM	4-1	Wildon 4	8386				7		4		11	10	8	5		6		1				3		9	2
13		14	Oldham Athletic	1-5	McGuigan	11831				7				11	10	8	5		6		1			4	3		9	2
14		21	MANSFIELD TOWN	1-1	Wildon	8524				7				11	10	8	5		4		1			6	3		9	2
15		28	Scunthorpe United	0-0		10576				7				11	10	8	5		4		1			6	3		9	2
16	Nov	4	BARROW	6-1	Wildon 3, McClure 2, McGuigan	5783				7				11	10	8	5		4		1			6	3		9	2
17		11	Rotherham United	1-2	Noble (og)	10440				7				11	10	8	5		4		1			6	3		9	2
18		18	BRADFORD PARK AVE.	3-1	Wildon 3	7536				7				11	10	8	5		4		1			6	3		9	2
19	Dec	2	SOUTHPORT	3-2	Wildon 2, Burnett	7868				7				11	10	8	5		4		1			6	3		9	2
20		16	Crewe Alexandra	1-3	Donaldson	3741				7		9		11	10	8	5		4		1			6	3			2
21		23	NEW BRIGHTON	0-1		4520				7				11	10	8	5		4		1			6	3		9	2
22		25	Gateshead	1-0	Wildon	8595				7		4		11	10	6	5				1		8		3		9	2
23		26	GATESHEAD	3-0	Burnett, McGuigan, McKeown	9269				7		4		11	10	8	5		6		1				3		9	2
24		30	Bradford City	1-3	Wildon	7772				7		4		11	10	8	5		6		1				3		9	2
25	Jan	6	HALIFAX TOWN	5-2	McClure 3, Wildon 2	2987				7		2		11	10	8	5		4		1			6			9	3
26		13	ROCHDALE	0-0		7585				7				11	10	8	5		4		1	3		6			9	2
27		20	Chester	1-2	McClure	4809				7		4		11	10	8	5		6		1			3			9	2
28		27	Halifax Town	0-1		6674				7		4		11	10	8	5		6		1			3			9	2
29	Feb	3	SHREWSBURY TOWN	1-0	Fisher (og)	7081				7				11	10	8	5		4		1			6	3		9	2
30		10	STOCKPORT COUNTY	2-0	McKeown, McClure	7162				7				11	10	8	5		4		1			6	3		9	2
31		17	Lincoln City	0-1		10336				7		4		11	10	8			6		1			5	3		9	2
32		24	Wrexham	0-1		7386				7		4		11		8	5		6		1			9	3		10	2
33	Mar	3	OLDHAM ATHLETIC	0-1		8075				7		4		11	8	3	5		6		1			10			9	2
34		10	Mansfield Town	0-1		7282						7		11	10	8	5		4		1			6		2	9	3
35		17	SCUNTHORPE UNITED	4-2	McKeown 2, McClure, Wildon	5365			1	7				11	10	8	5		4					6		2	9	3
36		23	DARLINGTON	6-1	Willetts 3(3p),McKeown,McClure,Wildon	10003			1	7				11	10	8	5		4					6		2	9	3
37		24	Barrow	0-3		6289			1	7				11	10	8	5		4					6		2	9	3
38		26	Darlington	1-0	McClure	4498			1	7				11	10	8	5		4					6	3		9	2
39		31	ROTHERHAM UNITED	3-1	Wildon, Harden, Noble (og)	8706			1	7			11		10	8	5		4					6	3		9	2
40	Apr	7	Bradford Park Avenue	1-1	Newton	6910			1	7			11		10	8	5		4					6	3		9	2
41		14	TRANMERE ROVERS	2-1	Newton, McGuigan	7626			1	7		4		11	10	8			6					5	3		9	2
42		17	Tranmere Rovers	0-1		7999			1	7		4		11	10	8			6					5	3		9	2
43		21	Southport	0-3		3990			1	7		4		11	10	8			6					5		2	9	3
44		25	Accrington Stanley	0-2		4091		2	1	8				11		4	5	7					9	6			10	3
45		28	ACCRINGTON STANLEY	1-0	Wildon	3568		4	1	7				11		8	5						9	6		2	10	3
46	May	5	Stockport County	0-2		6005		3		7	1			11		8	5		4				9	6			10	2

	Bain WC	Ballantyne JD	Briggs W	Burnett WJ	Derbyshire T	Donaldson RS	Harden LJ	McClure W	McGuigan T	McKeown J	Moore W	Morris D	Newton JL	Ollerenshaw J	Rimmington N	Sales RD	Sloan J	Stamper FFT	Thompson R	Whitelock A	Wildon LE	Willetts J
Apps	2	3	20	45	1	24	2	44	42	46	40	1	39	2	25	3	5	35	33	6	44	44
Goals				2		1	1	10	7	7			2								26	5

Three own goals

F.A. Cup

							Bain WC	Ballantyne JD	Briggs W	Burnett WJ	Derbyshire T	Donaldson RS	Harden LJ	McClure W	McGuigan T	McKeown J	Moore W	Morris D	Newton JL	Ollerenshaw J	Rimmington N	Sales RD	Sloan J	Stamper FFT	Thompson R	Whitelock A	Wildon LE	Willetts J
R1	Nov	25	Worcester City	4-1	McGuigan 2, Burnett, Wildon	10000				7				11	10	8	5		4		1			6	3		9	2
R2	Dec	9	OLDHAM ATHLETIC	1-2	Stamper	15360				7				11	10	8	5		4		1			6	3		9	2

Huddersfield Town

19th in Division One

							Battye JE	Boot E	Burke RS	Carr JW	Gallogly C	Glazzard J	Gunn AR	Hassall HW	Hepplewhite G	Howe G	Howe JR	Hunter D	Kelly L	McEvoy DW	McGarry WH	McKenna J	Metcalfe V	Mills HO	Morgan L	Nightingale AJ	Senior C	Smith WC	Stewart H	Taylor JN	Wheeler WJ	Womersley EH
1	Aug	19	Everton	2-3	Taylor 2	51768	4	6	10		2				5							7	11	1				8	3	9		
2		23	STOKE CITY	3-1	Smith, Boot, Hassall	16075	4	6			2			10	5							7	11	1				8	3	9		
3		26	PORTSMOUTH	2-1	Hassall,Taylor	28087	4	6			2			10	5							7	11	1				8	3	9		
4		28	Stoke City	1-0	Hassall	21780	4	6						8	5		2						11	1		10		7	3	9		
5	Sep	2	Chelsea	2-1	Taylor, Hepplewhite	41112	4	6						8	5		2						11	1		10		7	3	9		
6		6	Newcastle United	0-6		34031	4	6						8	5		2						11	1		10		7	3	9		
7		9	BURNLEY	3-1	Cummings(og),Metcalfe(p),Nightingale	30664	4	6						8	5		2					7	11	1		10			3	9		
8		13	NEWCASTLE UNITED	0-0		30343	4	6						8	5		2					7	11	1		10			3	9		
9		16	Arsenal	2-6	Metcalfe, Nightingale	51518	4	6						8	5		2					7	11	1		10			3	9		
10		23	SHEFFIELD WEDNESDAY	3-4	Nightingale, Hassall, Metcalfe	28645		6			2			8	5			4				7	11			10			3	9	1	
11		30	Middlesbrough	0-8		32401	4	5			2			6			3					7	11	1		10		8		9		
12	Oct	7	Sunderland	0-0		33571	4		9					8		3			2	5			11	1		10	6					7
13		14	ASTON VILLA	4-2	Taylor 2, Hassall 2	25903					4			8	5	3			2			7	11	1		10	6			9		
14		21	Fulham	1-1	Hassall	31622					4			8	5	3			2			7	11	1		10	6			9		
15		28	BOLTON WANDERERS	0-4		30989					4			8	5	3			2			7	11	1		10	6			9		
16	Nov	4	Derby County	0-3		21593	4	6			2			8	5				3			7	11	1		10				9		
17		11	LIVERPOOL	2-2	Glazzard, Battye	25229	4	6			2	9		10	5				3			7	11	1		8						
18		18	Blackpool	1-3	Glazzard	19724	4	6			2	9		10					3	5		7	11	1		8						
19		25	TOTTENHAM HOTSPUR	3-2	Glazzard, Hassall, Metcalfe	39519	4	6			2	9		10					3	5		7	11			8					1	
20	Dec	2	Charlton Athletic	2-3	Hassall, PH Crocker (og)	19605	4	6			2	9		10					3	5		7	11			8					1	
21		9	MANCHESTER UNITED	2-3	Metcalfe (p), Taylor	26845	4	6			2			10	5				3			7	11			8				9	1	
22		16	EVERTON	1-2	Glazzard	12253		6			2	8		10				4	3	5		7	11							9	1	
23		23	Portsmouth	0-1		22011		6			2	9		10				4	3	5			11			8					1	7
24		25	WOLVERHAMPTON W.	1-2	Hunter	24952		6			2			10				4	3	5		7	11			8				9	1	
25		26	Wolverhampton Wan.	1-3	Hassall	40838		6			2			10				4	3	5		7	11			8				9	1	
26	Jan	13	Burnley	1-0	Glazzard	22168	4	6		11		7		10	2		3			5								8		9	1	
27		20	ARSENAL	2-2	Hepplewhite,Hassall	37175	4	6				9	7	10	2				3	5			11			8					1	
28	Feb	3	Sheffield Wednesday	2-3	Taylor, Hassall	40902	4	6					7	8	2				3	5			11			10				9	1	
29		17	MIDDLESBROUGH	2-3	Hassall, Senior	23533	4							8					2	5		7	11			10	6		3	9	1	
30	Mar	3	Aston Villa	1-0	McKenna	36083	4	6			2			8					3	5		7	11			10				9	1	
31		7	SUNDERLAND	3-4	Metcalfe (p), Hassall, Glazzard	11537		6				9		8			2	4	3	5		7	11	1		10						
32		10	FULHAM	1-2	Nightingale	19651		6			2			8					3	5		7	11		4	10				9	1	
33		17	Bolton Wanderers	0-4		29796		6			2			8					3	5	4	7	11			10				9	1	
34		24	DERBY COUNTY	2-0	Nightingale, Taylor	25573		6			2	8		10					3	5	4		11			7				9	1	
35		26	West Bromwich Albion	2-0	Metcalfe, Hassall	24264		6			2	8		10					3	5	4		11			7				9	1	
36		27	WEST BROMWICH ALB.	1-2	Glazzard	32401		6			2	8		10					3	5	4		11			7				9	1	
37		31	Liverpool	4-1	Hassall,Spicer(og),Glazzard,Metcalfe	27915		6			2	8		10					3	5	4		11			7				9	1	
38	Apr	7	BLACKPOOL	2-1	Taylor, Hassall	52479		6			2	8		10					3	5	4		11			7				9	1	
39		14	Tottenham Hotspur	2-0	Glazzard, Nightingale	55014		6			2	8							3	5	4	7	11			10				9	1	
40		18	CHELSEA	2-1	Glazzard, Hassall	23995		6			2	8		10					3	5	4	7	11							9	1	
41		21	CHARLTON ATHLETIC	1-1	Taylor	24109		6			2	8		10					3	5	4	7	11							9	1	
42		28	Manchester United	0-6		28310		6			2	8	7	10					3	5	4		11							9	1	
						Apps	22	37	2	1	30	18	3	40	19	4	9	6	30	25	10	28	41	18	1	34	5	8	11	34	24	2
						Goals	1	1				10		18	2			1				1	8			6	1	1		11		

Three own goals

F.A. Cup

							Battye JE	Boot E	Burke RS	Carr JW	Gallogly C	Glazzard J	Gunn AR	Hassall HW	Hepplewhite G	Howe G	Howe JR	Hunter D	Kelly L	McEvoy DW	McGarry WH	McKenna J	Metcalfe V	Mills HO	Morgan L	Nightingale AJ	Senior C	Smith WC	Stewart H	Taylor JN	Wheeler WJ	Womersley EH
R3	Jan	6	TOTTENHAM HOTSPUR	2-0	Taylor, Glazzard	25390	4	6			2	7		8					3	5			11			10				9	1	
R4		27	Preston North End	2-0	Metcalfe (p), Taylor	39500	4	6					7	8	2				3	5			11			10				9	1	
R5	Feb	10	Wolverhampton Wan.	0-2		52708	4					7		8	2				3	5			11			10	6			9	1	

Hull City

10th in Division Two

No	Month	Day	Opponent	Score	Scorers	Att	Ackerman A	Berry T	Bly W	Burbanks E	Carter H	Durham D	Franklin C	Gaynor L	Gerrie S	Gibson A	Greenhalgh J	Harris W	Harrison K	Hassall W	Inwood G	Jensen V	Meens H	Mellor A	Revie D	Robinson J	Savage J	Smith F	Tarrant E	Varney J
1	Aug	19	West Ham United	3-3	Ackerman 2, Carter	30056	9	3	1	11	10					2			7			4	5	6	8					
2		24	BARNSLEY	3-3	Ackerman, Carter 2	41949	9	3	1	11	10					2			7			4	5	6	8					
3		26	SWANSEA TOWN	2-1	Carter, Revie	35333	9	3	1	11	10					2			7			4	5	6	8					
4		30	Barnsley	2-4	Ackerman, Carter	24583	9	3	1	11	10					2			7			4	5	6	8					
5	Sep	2	GRIMSBY TOWN	2-1	Carter 2	38332	9	3		11	10	6				2	4		7				5		8	1				
6		6	Luton Town	2-1	Ackerman 2	14905	9	5		11	10	6				2	4		7			3			8	1				
7		9	DONCASTER ROVERS	1-2	Carter	40218	9	5		11	10	6				2	4		7			3			8	1				
8		16	BRENTFORD	3-0	Carter 2, Revie	31925	9	5		11	10	6				2	4		7			3			8	1				
9		23	Blackburn Rovers	2-2	Carter, Harrison	28904	9	5		11	10					2	4		7			3			8	1			6	
10		30	SOUTHAMPTON	4-1	Ackerman 2, Harrison 2	22795	9	5		11	10					2	4		7			3			8	1			6	
11	Oct	7	LEICESTER CITY	1-3	Ackerman	33609	9	5		11	10					2			7			3		4	8	1			6	
12		14	Chesterfield	0-0		17486	9		1	11	10								7	2		3	5	6	4			8		
13		21	COVENTRY CITY	0-2		33227		5		7	10								9	2	11	3		6	4	1		8		
14		28	Manchester City	0-0		45842	9	5			10							4	7	2	11			6	8	1				3
15	Nov	4	BIRMINGHAM CITY	3-2	Carter, Harrison 2	32038	9	5		11	10							4	7	2				6	8	1				3
16		11	Cardiff City	1-2	Ackerman	25007	9	5		11	10				8			6	7	2					4	1				3
17		18	QUEEN'S PARK RANGERS	5-1	Ackerman 3, Carter, Gerrie	33866	9	5		11	10				8			6	7	2		3			4	1				
18		25	Bury	2-0	Gerrie, Harrison	15239	9	5		11					10		4	6	7	2		3			8	1				
19	Dec	2	PRESTON NORTH END	0-0		37269	9	5		11					8			6	7	2		3			4	1		10		
20		9	Notts County	2-2	Ackerman, Gerrie	32708	9	5		11					8			6	7	2		3			4	1		10		
21		16	WEST HAM UNITED	1-2	Burbanks	20623	9	5		11					10			4	7	2		3		6	8	1				
22		23	Swansea Town	0-1		16371	9	5		11					10			4	7	2		3		6	8	1				
23		25	Sheffield United	1-3	Ackerman	34043	9	5										4	7	2	11	3		6	10	1		8		
24		26	SHEFFIELD UNITED	1-1	Revie	37145		5		11					9			4	7	2				6	10	1		8		3
25		30	Grimsby Town	1-1	Carter	20668		5		11	10				9			6	7	2					4	1		8		3
26	Jan	13	Doncaster Rovers	4-2	Ackerman, Carter, Gerrie, Revie	30604	9	5		11	8				10			6	7	2		3			4	1				
27		20	Brentford	1-2	Revie	20523	9	5		11	8				10			6	7	2		3			4	1				
28	Feb	3	BLACKBURN ROVERS	2-2	Gerrie, Ackerman	38786	9			11	8		5		10			6	7	2		3			4	1				
29		17	Southampton	3-2	Carter, Gerrie, Harrison	23710	9			11	8		5		10			6	7	2		3			4	1				
30		24	Leicester City	0-4		35451	9			11	8		5		10			6	7	2		3			4		1			
31	Mar	3	CHESTERFIELD	2-1	Ackerman, Burbanks	30913	9	3		11	8		5	10				6	7	2					4		1			
32		10	Coventry City	1-4	Revie	22650	9	3		11			5	10				6	7	2		4			8		1			
33		17	MANCHESTER CITY	3-3	Carter 2, Harrison	26840		3		11	10		5		9			6	7	2		4			8		1			
34		23	LEEDS UNITED	2-0	Carter, Harrison	46701				11	10		5		9			6	7	2		4			8	1				3
35		24	Birmingham City	1-2	Harrison	27512				11	10		5		9	3		6	7	2		4			8	1				
36		26	Leeds United	0-3		27889	9			11			5						7	2		4		6	8	1		10		3
37		31	CARDIFF CITY	2-0	Ackerman, Gerrie	20239	11				10		5		9				7	2		4		6	8	1				3
38	Apr	7	Queen's Park Rangers	1-3	Ackerman	14628	11				10		5		9				7	2		4		6	8	1				3
39		14	BURY	4-0	Gerrie 2, Harrison, Revie	25841				11	10		5		9				7	2		3		6	8	1			4	
40		21	Preston North End	0-1		37827	8			11	10		5		9				7	2		3		6		1			4	
41		28	NOTTS COUNTY	1-0	Gerrie	24190		5		11	10				9				7	2		3		6	8	1			4	
42	May	5	LUTON TOWN	5-3	* see below	17478	8			11			5		9				7	2		3		6	10	1			4	

Scorers in game 42: Ackerman, Gerrie, Harrison, Revie, Shanks(og)

	Ackerman A	Berry T	Bly W	Burbanks E	Carter H	Durham D	Franklin C	Gaynor L	Gerrie S	Gibson A	Greenhalgh J	Harris W	Harrison K	Hassall W	Inwood G	Jensen V	Meens H	Mellor A	Revie D	Robinson J	Savage J	Smith F	Tarrant E	Varney J
Apps	34	30	5	38	32	4	14	2	23	12	7	22	42	31	3	35	6	20	41	33	4	8	7	9
Goals	21			2	19				11				12						8					

One own goal

F.A. Cup

Round	Month	Day	Opponent	Score	Scorers	Att	Ackerman A	Berry T	Bly W	Burbanks E	Carter H	Durham D	Franklin C	Gaynor L	Gerrie S	Gibson A	Greenhalgh J	Harris W	Harrison K	Hassall W	Inwood G	Jensen V	Meens H	Mellor A	Revie D	Robinson J	Savage J	Smith F	Tarrant E	Varney J
R3	Jan	6	EVERTON	2-0	Carter, Gerrie	36465	9	5		11	8				10			6	7	2		3			4	1				
R4		27	ROTHERHAM UNITED	2-0	Carter, Harrison	50040	9	5		11	8				10			6	7	2		3			4	1				
R5	Feb	10	Bristol Rovers	0-3		30724	9			11	8							6	7	2		10	5		4	1				3

Ipswich Town

8th in Division Three (South)

							Baird HHC	Brown J	Brown T	Burns MT	Clarke GE	Deacon DB	Dobson RP	Driver A	Elsworthy JT	Feeney JMcB	Green D	Jennings HW	Jones WJ	McCrory SMcK	Murchison RA	Myles NT	O'Brien J	Parker SF	Parker TR	Pole HEW	Rees DC	Roberts JN	Tyler LDV	Warne RJ	Wookey KW
1	Aug	19	NORTHAMPTON T	1-1	J Brown	15325	4	7	1					9		2				8			11	10	6		5		3		
2		23	LEYTON ORIENT	2-2	J Brown, Driver	12444	4	7	1					9		2				8			11	10	6		5		3		
3		26	PLYMOUTH ARGYLE	2-0	McCrory, O'Brien	15552	4	7		1				9		2				8			11	10	6		5		3		
4		31	Leyton Orient	0-2		15408	4	7		1				9		2				8			11	10	6		5		3		
5	Sep	2	Reading	0-2		17378	4			1				10		2				8			11	7	6	9	5		3		
6		4	Port Vale	0-1		15884	4	7		1				9		2				8				10	6	11	5		3		
7		9	SOUTHEND UNITED	1-0	McCrory	12956	4	7		1				9		2				10			11	8	6		5		3		
8		13	PORT VALE	2-2	McCrory 2 (1p)	10724	4			1				9		2			7	10			11	8	6		5		3		
9		16	Exeter City	0-2		10767	4			1				10		2			7	8			11	9	6		5		3		
10		23	BOURNEMOUTH	1-0	Elsworthy	12331	4	11		1				9	10	2			7	8					6		5		3		
11		30	Gillingham	1-0	Roberts	12853	4	7		1		3		9	10	2				8					6		5	11			
12	Oct	7	Nottingham Forest	0-0		26668	4			1				10		2		9		8					6		5	11	3		7
13		14	TORQUAY UNITED	3-1	Driver, Roberts, Jennings	14272	4			1				10		2		9		8					6		5	11	3		7
14		21	Aldershot	1-0	Roberts	7625	4			1				10		2		9		8					6		5	11	3		7
15		28	SWINDON TOWN	4-1	McCrory 2, Roberts, Jennings	12945	4			1				10		2		9		8					6		5	11	3		7
16	Nov	4	Colchester United	3-2	McCrory, Driver, Wookey	14037	4			1				10		2		9		8					6		5	11	3		7
17		11	BRISTOL ROVERS	2-3	McCrory (p), Myles	15351	4			1						2		9		8		10			6		5	11	3		7
18		18	Crystal Palace	3-1	McCrory 3	12146	4			1				10		2		9		8					6		5	11	3		7
19	Dec	2	Newport County	2-1	T Parker, Jennings	11496	4			1				10		2		9		8					6		5	11	3		7
20		16	Northampton Town	1-2	Barron (og)	7123	4	7		1				9		2				8	10				6		5	11	3		
21		23	Plymouth Argyle	1-2	Warne	14346	4	7		1				10		2				8					6		5	11	3	9	
22		25	MILLWALL	2-1	McCrory, Roberts	12891	4			1				10		2			7	8					6		5	11	3	9	
23		26	Millwall	0-4		18028	4			1				10		2			7	8					6		5	11	3	9	
24		30	READING	0-2		10295	4	7		1	9					2			10	8			11		6		5		3		
25	Jan	6	WALSALL	3-1	Driver, Myles, Warne	9492	4			1				10		2						8		7	6		5	11	3	9	
26		13	Southend United	0-1		8207	4			1				10		2				8				7	6		5	11	3	9	
27		20	EXETER CITY	1-0	Warne	10461	4			1				10		2				8		7			6		5	11	3	9	
28		27	Walsall	0-2		9334	4			1				10		2		9		8	6	7					5	11	3		
29	Feb	3	Bournemouth	1-2	Warne	9383	4			1				10		2				8					6		5	11	3	9	7
30		10	BRIGHTON & HOVE ALB	3-0	Driver, Roberts, Warne	10977	4	7		1				10		2				8					6		5	11	3	9	
31		17	GILLINGHAM	5-1	T Parker, McCrory(p), Driver, Warne 2	9676	4	7		1				10		2				8					6		5	11	3	9	
32		24	NOTTM. FOREST	1-3	Roberts	17620	4	7	1					10		2				8					6		5	11	3	9	
33	Mar	3	Torquay United	1-0	J Brown	6256		7		1				10		2				8	4				6		5	11	3	9	
34		10	ALDERSHOT	5-2	* See below	9802		7		1				10		2				8	4				6		5	11	3	9	
35		17	Swindon Town	0-2		7442	4	7		1				10		2				8					6		5	11	3	9	
36		23	Watford	2-0	Warne 2	7596	4			1				10		2				8					6		5	11	3	9	7
37		24	COLCHESTER UNITED	3-0	McCrory, Driver 2	19033	4			1				10		2				8					6		5	11	3	9	7
38		26	WATFORD	2-1	McCrory 2 (1p)	13490	4	7		1				10		2				8					6		5	11	3	9	
39		31	Bristol Rovers	1-1	Roberts	16947	4			1				10		2				8					6		5	11	3	9	7
40	Apr	7	CRYSTAL PALACE	1-1	Driver	11032	4			1				10		2				8					6		5	11	3	9	7
41		11	NORWICH CITY	0-1		24289	4			1				10		2				8					6		5	11	3	9	7
42		14	Brighton & Hove Albion	0-4		11031	4			1				10		2				8					6		5	11	3	9	7
43		18	Bristol City	1-2	Roberts	12026	4	7		1		2		10						8					6		5	11	3	9	
44		21	NEWPORT COUNTY	2-1	J Brown, Warne	10294	4	7		1				10		2				8					6		5	11	3	9	
45		28	Norwich City	3-1	McCrory 2 (1p), Dobson	30210	4	7		1			9	10			2			8					6		5	11	3		
46	May	5	BRISTOL CITY	2-0	J Brown, Driver	10728	4	7		1			9	10		2				8					6		5	11	3		

Scorers in game 34: J Brown, McCrory (p), Driver, Warne, Jefferson (og)

	Baird HHC	Brown J	Brown T	Burns MT	Clarke GE	Deacon DB	Dobson RP	Driver A	Elsworthy JT	Feeney JMcB	Green D	Jennings HW	Jones WJ	McCrory SMcK	Murchison RA	Myles NT	O'Brien J	Parker SF	Parker TR	Pole HEW	Rees DC	Roberts JN	Tyler LDV	Warne RJ	Wookey KW
Apps	44	22	3	43	1	2	2	44	2	44	1	9	6	45	4	4	9	11	45	2	46	35	45	22	15
Goals		6					1	11	1			2		21		2	1		1			9		11	1

Two own goals

F.A. Cup

							Baird HHC	Brown J	Brown T	Burns MT	Clarke GE	Deacon DB	Dobson RP	Driver A	Elsworthy JT	Feeney JMcB	Green D	Jennings HW	Jones WJ	McCrory SMcK	Murchison RA	Myles NT	O'Brien J	Parker SF	Parker TR	Pole HEW	Rees DC	Roberts JN	Tyler LDV	Warne RJ	Wookey KW
R1	Nov	25	Leyton Orient	2-1	McCrory 2	10560	4			1				10		2		9		8					6		5	11	3		7
R2	Dec	9	Brighton & Hove Albion	0-2		14411	4			1				10		2		9		8					6		5	11	3		7

Leeds United

5th in Division Two

							Browning LJ	Burden TD	Charles WJ	Cochrane D	Dudley FE	Dunn J	Frost D	Hair KGA	Harrison P	Hughes C	Iggleden H	Kerfoot E	Kirk R	McCabe JJ	McNeish S	Milburn J	Miller EG	Moss I	Scott JA	Searson HV	Stevenson E	Vickers P	Williams HT
1	Aug	19	DONCASTER ROVERS	3-1	Dudley 2, Browning	40208	9	6	5	7	10	2					8	4				3				1			11
2		21	Coventry City	0-1		30213	9	6	5	7	10	2						4				3		8		1			11
3		26	Brentford	2-1	Burden, Williams	20276	9	6			10	2			7			4		5		3		8		1			11
4		30	COVENTRY CITY	1-0	Browning	28938	9	6			10	2	8		7			4		5		3				1			11
5	Sep	2	BLACKBURN ROVERS	0-1		32799	9	8	5		10	2			7			4		6		3				1			11
6		7	Swansea Town	2-4	Browning, Dudley	19501	9	6	5		10	2			7			4				3		8		1			11
7		9	Southampton	0-2		25806	9	6	5		10	2			7			4				3		8		1			11
8		16	BARNSLEY	2-2	Browning, Williams	37633	9	6	5		10	2				11	8	4				3				1			7
9		23	Sheffield United	2-2	Dudley, Hughes	28872	9	6	5		10	2				11	8	4				3				1			7
10		30	LUTON TOWN	2-1	Browning, Dudley	21209	9	6	5		10	2			7	11	8	4				3				1			
11	Oct	7	BURY	1-1	Williams	25859	9	6	5		10	2				11	8	4				3				1			7
12		14	Preston North End	0-2		35578		6	5		9	2				11	8	4				3		10		1			7
13		21	CHESTERFIELD	2-0	Browning, Iggleden	23032	9	6	5		11	2			7		8	4				3		10		1			
14		28	Queen's Park Rangers	0-3		15935	9	6	5		11	2					8	4				3		10		1			7
15	Nov	4	MANCHESTER CITY	1-1	Dudley	30764	9	8	5		10	2			7	11		6		4		3			1				
16		11	Leicester City	5-1	Dudley 3, Burden, Williams	26573	9	8	5		10	2			7			6		4		3			1				11
17		18	NOTTS COUNTY	0-1		29728	9	8	5		10	2			7			6		4		3			1				11
18		25	Grimsby Town	2-2	Browning 2	15561	9	10	5		7	2					8	6		4		3			1				11
19	Dec	2	BIRMINGHAM CITY	3-0	Browning, Burden, Milburn	23355	9	8	5		11	2					10	6		4		3			1				7
20		9	Cardiff City	0-1		23716	9	8	5		11	2					10	6		4		3			1				7
21		16	Doncaster Rovers	4-4	Harrison 2, Browning, Dudley	16745	9	6	5		10	2			7					4		3	8			1			11
22		23	BRENTFORD	1-0	Dudley	19839	9	6	5		10	2			7					4		3	8		1				11
23		25	West Ham United	1-3	Harrison	19519	9	6	5		10	2			7					4		3	8		1				11
24		26	WEST HAM UNITED	2-0	Browning 2	33162	9	6	5		10	2			7					4		3	8			1			11
25	Jan	13	SOUTHAMPTON	5-3	Browning 3, Burden, Williams	29253	9	6	5		10	2			7					4		3	8			1			11
26		20	Barnsley	2-1	Milburn (p), Glover (og)	21967	9	6	5		10	2			7					4		3	8			1			11
27	Feb	3	SHEFFIELD UNITED	1-0	Browning	28438	9		5			2			7		8	6		4		3			1		10		11
28		10	Blackburn Rovers	1-2	Harrison	25496	9	6				2			7		8		5	4		3			1		10		11
29		17	Luton Town	3-2	Browning, Iggleden, Stevenson	13323	9	6				2			7	11	8		5	4		3			1		10		
30		24	Bury	1-0	Stevenson	13517	9		5			2			7	11	8	6		4		3			1		10		
31	Mar	3	PRESTON NORTH END	0-3		42114	9	6	5			2				11	8			4		3			1		10		7
32		10	Chesterfield	0-1		9856	9	6	5			2			7					4		3	8		1		10		11
33		17	QUEEN'S PARK RANGERS	2-2	Browning, Milburn	18094	9	6	5			2				11		4				3	8		1			10	7
34		23	Hull City	0-2		46701	9	6	5			2			7	11		4				3	8		1			10	
35		24	Manchester City	1-4	Harrison	35149		8	9			2			7			6	5	4	10	3			1				11
36		26	HULL CITY	3-0	Charles 2, Stevenson	27889		6	9			2			7		8	4	5			3				1	10		11
37		31	LEICESTER CITY	2-1	Burden 2	14397		9						3	7		8	6	5	4		2				1	10		11
38	Apr	7	Notts County	0-0		23466		9	5					3	7		8	6		4		2				1	10		11
39		14	GRIMSBY TOWN	1-0	Charles	15524			9			2			7		8	6	5	4		3				1	10		11
40		21	Birmingham City	1-0	Stevenson	23809		9				2			7		8	6	5	4		3				1	10		11
41		28	CARDIFF CITY	2-0	Iggleden, Hollyman (og)	14765		9				2			7		8	6	5	4		3				1	10		11
42	May	5	SWANSEA TOWN	2-0	Browning, Iggleden	11213	9	6				2			7		8		5	4		3				1	10		11
						Apps	34	39	34	2	26	40	1	2	30	11	23	31	9	28	1	42	9	7	17	25	13	2	36
						Goals	19	6	3		11				5	1	4					3					4		5

Two own goals

F.A. Cup

R3	Jan	6	MIDDLESBROUGH	1-0	Browning	45583	9	6	5		10	2			7					4		3	8			1			11
R4		27	Manchester United	0-4		55434	9	6	5		10	2			7		8			4		3				1			11

Leicester City

14th in Division Two

							Adam C	Anderson J	Ayton J	Baldwin JJ	Barlow H	Crawford JC	Dryburgh TJD	Godwin TF	Griffiths WM	Halton RL	Harrison WE	Hines DJ	Jackson R	Jelly HE	King JC	Lever AR	Marsh JK	McArthur T	McGraw J	McGregor W	Moran E	Plummer NL	Rowley GA	Small PV	Wilson IG	Worthington F
1	Aug	19	Bury	3-2	Marsh 2, Rowley	17535				4	8			1	7				3	2	6		10					5	9		11	
2		23	Birmingham City	0-2		28343				4	8			1	7				3	2	6		10					5	9		11	
3		26	QUEEN'S PARK RANGERS	6-2	Marsh 2,Barlow,Griffiths,Rowley,Wilson	28911				4	8			1	7				3	2	6		10					5	9		11	
4		28	BIRMINGHAM CITY	1-3	Rowley	31291				4				1	7		8		3	2	6		10					5	9		11	
5	Sep	2	Chesterfield	0-1		14768				4	8				7				3	2	6		10	5	1				9		11	
6		4	NOTTS COUNTY	1-1	Barlow	37169				4	8		11						3	2	6		10	5	1				9	7		
7		9	SHEFFIELD UNITED	2-2	Barlow, Wilson	31512			10	4	8								3		6	2		5	1				9	7	11	
8		16	MANCHESTER CITY	1-2	Rowley	32856			10	4	8								3		6	2		5	1				9	7	11	
9		23	Coventry City	1-2	Rowley (p)	33324				4	8			1				9	3		6	2		5					10	7	11	
10		30	CARDIFF CITY	1-1	Hines	22696				4	8		11	1	7	6		9	3			2		5					10			
11	Oct	7	Hull City	3-1	Rowley 2, Hines	33609				4	8		11	1	7	6		9	3			2		5					10			
12		14	DONCASTER ROVERS	2-0	Hines, Rowley	33782				4	8		11	1	7	6		9	3			2		5					10			
13		21	West Ham United	0-0		23330				4	8		11	1	7	6		9	3			2		5					10			
14		28	SWANSEA TOWN	2-3	Dryburgh, Griffiths	26224				4	8		11	1	7	6		9	3			2		5					10			
15	Nov	4	Luton Town	2-0	Adam, Hines	12967	11			4	8			1	7	6		9	3			2		5					10			
16		11	LEEDS UNITED	1-5	Rowley	26573	11				8			1	7	6	4	9	3			2		5					10			
17		18	Brentford	0-0		16277	11			4				1	7	6		9	3			2		5			8		10			
18		25	BLACKBURN ROVERS	2-0	Moran, Rowley (p)	22361	11							1	7	6		9	3		4	2		5			8		10			
19	Dec	2	Southampton	2-2	Adam, Rowley	22375	11							1	7	6		9	3		4	2		5			8		10			
20		9	BARNSLEY	1-2	Rowley (p)	25869	11							1	7	6		9	3		4	2		5			8		10			
21		16	BURY	4-0	Rowley 3, Hines	16772	11							1	7	6		9	3		4	2		5			8		10			
22		23	Queen's Park Rangers	0-3		11095	11							1	7	6		9	3		4	2		5			8		10			
23		25	Grimsby Town	2-0	Hines, Rowley	17565	11	1			8					6		9	3		4	2		5					10	7		
24		26	GRIMSBY TOWN	0-0		28296		1				8	11			6		9	3		4			5		2			10	7		
25		30	CHESTERFIELD	1-0	Griffiths	19972	11	1			8				7	6		9	3		4			5		2			10			
26	Jan	13	Sheffield United	1-2	Rowley	28380	11	1		8					7	6		9	3		4	2		5					10			
27		20	Manchester City	1-1	Rowley	30297	11	1		8		10			7	6			3		4	2		5					9			
28	Feb	3	COVENTRY CITY	3-0	Griffiths, Hines, Rowley	33515	11	1		8					7	6		9	3		4	2		5					10			
29		17	Cardiff City	2-2	Hines, Rowley (p)	23583	11			8					7			9	3		4	2		5	1				10			
30		24	HULL CITY	4-0	Adam, Griffiths, Hines, Rowley	35451	11	1		8					7	6		9	3		4	2		5					10			
31	Mar	3	Doncaster Rovers	2-2	Adam, Rowley (p)	22403	11	1		8					7	6		9	3		4	2		5					10			
32		10	WEST HAM UNITED	1-0	Hines	22779	11	1		8					7	6		9	3		4	2		5					10			
33		17	Swansea Town	1-2	Baldwin	12914	11	1		8					7	6		9	3		4	2		5					10			
34		24	LUTON TOWN	3-1	Rowley 2, Hines	23560	11	1		8					7	6		9	3		4	2		5					10			
35		26	Preston North End	2-3	Adam, Rowley (p)	37581	11	1		8					7	6		9	3		4	2		5					10			
36		27	PRESTON NORTH END	2-3	Rowley 2	37252	11	1		8					7	6		9	3		4	2		5					10			
37		31	Leeds United	1-2	Hines	14397	11	1			10				7	6		9	3		4	2		5								8
38	Apr	7	BRENTFORD	1-2	Halton (p)	20384	11	1							7	6		9	3		4	2		5					10			8
39		14	Blackburn Rovers	0-1		10867	7			10			11	1		6		9	3		4	2		5								8
40		21	SOUTHAMPTON	3-1	Dryburgh 2, Baldwin	15922	10			4			11	1	7	6		9				2		5		3						8
41		28	Barnsley	0-0		9882				4			11	1		6		9	3			2		5					10	7		8
42	May	5	Notts County	3-2	Barlow, Hines, Rowley	24092	11			4	8			1	7	6		9	3			2		5					10			

Played in game 29 at 6: T Dunne

Apps	26	15	2	31	19	2	10	22	34	32	2	33	41	6	31	34	6	38	5	3	6	4	39	7	8	5
Goals	5			2	4		3		5	1		13					4				1		28		2	

F.A. Cup

R3	Jan	6	PRESTON NORTH END	0-3		31078	11	1			8				7	6		9	3		4			5		2			10			

Leyton Orient

19th in Division Three (South)

						Aldous SER	Banner A	Blair JA	Blizzard LWB	Brown TL	Cairney C	Davies D	Deverall HR	Evans JA	Francis KR	Jackson BH	Lewis JL	McEwan W	McGeachy J	Pattison JM	Pullen WE	Rees W	Robb WL	Rooney R	Sherratt IA	Simmonds CK	Sutherland GB	Taylor A	Trailor CH	Walton R	Welton RP
1	Aug 19	Plymouth Argyle	1-2	Blair	21633		3	10		6		7	4	2						11		8		5		9					1
2	23	Ipswich Town	2-2	Blair, Pattison	12444		3	10		6		7	4	2						11		8		5		9					1
3	26	READING	2-0	Pattison, Simmonds	21298		3	10		6		7	4	2						11		8		5		9					1
4	31	IPSWICH TOWN	2-0	Blair 2	15408		3	10		6		7	4	2						11		8		5		9					1
5	Sep 2	Southend United	1-0	Pattison	14697		3	10		6		7	4	2						11		9		5		8					1
6	7	NORTHAMPTON T	1-0	Blair	17867		3	10		6		7		2						11		8		5		9		4			1
7	9	EXETER CITY	1-3	Pattison	17187		3	10		6		7	4	2						11		8		5		9					1
8	14	Northampton Town	3-3	Sutherland 2, Pattison	11344		3	10		6				2				7		11				5		8	9	4			1
9	16	Bournemouth	0-5		15775		3	10		6				2				7		11				5		8	9	4			1
10	18	Millwall	1-3	Sutherland	22651	5	3	8		6				2				7		11		10	4				9				1
11	23	GILLINGHAM	4-0	Rees 2, Davies, Blair	16005	5	3	10		6		7		2						11		8	4				9				1
12	30	Bristol City	1-4	Blair	16286		3	10	5	6		7		2						11		8	4				9				1
13	Oct 7	Port Vale	1-3	Rees	12899		3	10	5	6		7		2						11		8				9			4		1
14	14	NOTTM. FOREST	0-4		15348		3	10	5	6				2				7		11		9				8			4		1
15	21	Torquay United	1-2	Sherratt	7055	5	3	8					6	2				7		11	10				9				4		1
16	28	ALDERSHOT	1-0	Blair	10115	5		8		6		7	10	2						11					3		9		4		1
17	Nov 4	Swindon Town	0-2		9277	5		8		6				3				7	10	11					2		9		4		1
18	18	Bristol Rovers	1-2	Blair	14462			10	5	6	8	7	4	3						11					2	9					1
19	Dec 2	Brighton & Hove Albion	0-3		9695			10	5	6		7	4	3						11		8			2	9					1
20	9	COLCHESTER UNITED	1-1	Sutherland	8716			10	5	6	7		4	3					11			8			2		9				1
21	23	Reading	0-4		10882	5		10		6	7		4	3					11			8			2	9					1
22	25	Watford	0-2		7983	5		8			7		4	3					11		10	9			2				6		1
23	26	WATFORD	1-2	Sherratt (p)	9827	5			6				4	3			7	10		11		8			9					2	1
24	30	SOUTHEND UNITED	1-1	McGeachy	7793	5		10	6				4	3		7			11			8			2	9					1
25	Jan 11	NORWICH CITY	3-1	Blair 2, Sutherland	4475	5		10	6				4	3		7			11			8			2		9				1
26	13	Exeter City	0-0		9392	5		10	6				4	3		7			11			8					9			2	1
27	20	BOURNEMOUTH	2-0	Sutherland, Jackson	9813	5		10		6			4	3		7		8	11								9			2	1
28	Feb 1	Norwich City	1-3	Rees	12500	5	2	10		6			4	3		7			11			8								9	1
29	3	Gillingham	0-1		8352	5		8	6	10			4	3		7			11			9								2	1
30	10	CRYSTAL PALACE	2-0	Jackson, Walton	11763	5		10	6				4	3		7			11			8					9			2	1
31	24	PORT VALE	2-3	Sherratt, Blizzard	6861	5		10	6				4	3		7			11			8			9					2	1
32	Mar 3	Nottingham Forest	1-0	Sherratt	22504	5	3	10	6				4			7				11		8			9					2	1
33	10	TORQUAY UNITED	5-1	Blair 3, Rees 2	6558	5	3	10	6				4			7				11		8			9					2	1
34	17	Aldershot	1-3	Rees	7414	5		10	6				4	3		7				11		8			9					2	1
35	23	WALSALL	2-1	Deverall, Blair	13402	5		10	4	6			11	3		7	9					8								2	1
36	24	SWINDON TOWN	2-1	Blair, Pattison	10029	5		10	4	6				3		7				11		8			9					2	1
37	26	Walsall	1-1	Walton	8437	5		10	6			7	4	3					11			8			9					2	1
38	31	Colchester United	0-1		9291	5		10	6				4	3		7				11		8			9					2	1
39	Apr 7	BRISTOL ROVERS	1-0	Walton	6245	5		10	4	6				3		7			11			8			2					9	1
40	12	NEWPORT COUNTY	0-3		8270	5		10	4	6				3		7	9			11		8			2						1
41	14	Crystal Palace	1-1	Rees	10390	5		10	4	6				3		7				11		8			2					9	1
42	19	MILLWALL	0-2		16607	5		10	4	6				3			7			11		8			2					9	1
43	21	BRIGHTON & HOVE ALB	2-1	Rees, Walton	9405	5	3	10	6				11	2	4	7						8								9	1
44	26	PLYMOUTH ARGYLE	1-2	Rees	8002	5	3	10					11	2	4	7						8	6				9				1
45	28	Newport County	0-0		7564		5	10						2	4	7			11			8	6							9	1
46	May 3	BRISTOL CITY	0-2		6479	5	3	10	4	6				2		7			11			8								9	1

Played in game 45 at 3: GS Glidden

	Aldous SER	Banner A	Blair JA	Blizzard LWB	Brown TL	Cairney C	Davies D	Deverall HR	Evans JA	Francis KR	Jackson BH	Lewis JL	McEwan W	McGeachy J	Pattison JM	Pullen WE	Rees W	Robb WL	Rooney R	Sherratt IA	Simmonds CK	Sutherland GB	Taylor A	Trailor CH	Walton R	Welton RP
Apps	30	22	45	26	30	4	14	30	44	3	21	4	8	16	28	2	39	5	9	22	15	13	3	6	20	46
Goals			16	1			1	1			2			1	6		10			4	1	6			4	

F.A. Cup

						Aldous SER	Banner A	Blair JA	Blizzard LWB	Brown TL	Cairney C	Davies D	Deverall HR	Evans JA	Francis KR	Jackson BH	Lewis JL	McEwan W	McGeachy J	Pattison JM	Pullen WE	Rees W	Robb WL	Rooney R	Sherratt IA	Simmonds CK	Sutherland GB	Taylor A	Trailor CH	Walton R	Welton RP
R1	Nov 25	IPSWICH TOWN	1-2	Rees	10560			10	5	6		7	4	3						11		8			2	9					1

Lincoln City

5th in Division Three (North)

						Bell RL	Bickerstaffe J	Boden JG	Dawson CM	Dykes DW	Emery AJ	Finch AR	Garvie J	Graver AM	Green H	Grummett J	McCreadie TS	Owen RG	Parr H	Troops H	White F	Whittle E	Wilkinson H	Wilson A	Windle WH	Wright JD	Young RH
1	Aug 19	CHESTER	2-1	Whittle, Boden	10793			9			5		7		2	4	8				1	10			11	6	3
2	23	SCUNTHORPE UNITED	2-1	Garvie, Owen	16857						5		7		2	4	8	9			1	10			11	6	3
3	26	Shrewsbury Town	2-1	Windle, Finch	11019						5	10	7		2	4	9				1	8			11	6	3
4	30	Scunthorpe United	1-1	Windle	14840			9			5		7		2	4	8				1	10			11	6	3
5	Sep 2	Mansfield Town	1-1	Whittle	13111						5	10			2	4	9			7	1	8			11	6	3
6	6	Bradford City	0-0		9082						5		8		2	4	9			7	1	10			11	6	3
7	9	DARLINGTON	3-0	Garvie, Whittle, McCready	11514						5		8		2	4	9			7	1	10			11	6	3
8	13	BRADFORD CITY	1-4	Green	12313						5		8		2	4	9			7	1	10			11	6	3
9	16	Stockport County	0-2		11582						5	10	8		2	4	9			7	1				11	6	3
10	23	HALIFAX TOWN	3-1	Graver, Wright, Whittle	11358						5			9	2	4			10	7	1	8			11	6	3
11	30	Hartlepools United	2-2	Graver, Green	6729						5			9	2		10	4		7	1	8			11	6	3
12	Oct 7	SOUTHPORT	1-2	Windle	10957						5		8	9	2		10	4		7	1				11	6	3
13	14	Accrington Stanley	1-3	Graver	5785					8	5	11		9	2	4		10		7	1					6	3
14	21	BRADFORD PARK AVE.	1-3	Owen	10929		5					11		9		4		10		7	1	8	2			6	3
15	28	Tranmere Rovers	1-0	Garvie	11220		5					11	8	9	2			6		7	1	10				4	3
16	Nov 4	WREXHAM	2-1	Finch, Garvie	8650		5					11	8	9	2			6		7	1	10				4	3
17	11	Oldham Athletic	0-0		21742		5					11	8	9	2			6		7	1	10				4	3
18	18	CARLISLE UNITED	1-1	Garvie	9480		5					11	8	9	2	6				7	1	10				4	3
19	Dec 2	BARROW	3-0	Finch, Garvie, Green	7852	1					5	10	8	9	2	6				7					11	4	3
20	23	SHREWSBURY TOWN	5-0	Graver 2, Finch, Garvie, Windle	6634						5	10	8	9	2	6				7	1				11	4	3
21	25	ROCHDALE	4-2	Finch 3, Garvie	9873						5	10	8	9	2	6				7	1				11	4	3
22	30	MANSFIELD TOWN	3-0	Garvie 2, Windle	7904						5	10	8	9	2	6				7	1				11	4	3
23	Jan 6	New Brighton	1-0	Graver	2256						5	10	8	9	2	6				7	1				11	4	3
24	13	Darlington	1-1	Finch	6108		5					11	8	9	2	6				7	1	10				4	3
25	20	STOCKPORT COUNTY	6-0	Whittle 4, Graver, Green	10521						5		8	9	2	6				7	1	10			11	4	3
26	27	NEW BRIGHTON	3-0	Garvie 2, Whittle	11332						5		8	9	2	6				7	1	10			11	4	3
27	Feb 3	Halifax Town	1-4	Whittle	8760						5		8	9	2	6				7	1	10			11	4	3
28	10	Crewe Alexandra	4-0	Garvie, Finch, Green, Troops	7467						5	10	8	9	2	6		4		7	1				11		3
29	17	HARTLEPOOLS UNITED	1-0	Graver	10336						5	10	8	9	2	6		4		7	1				11		3
30	24	Southport	2-0	Garvie 2	4710						5	10	8	9	2	6				7	1				11	4	3
31	Mar 3	ACCRINGTON STANLEY	9-1	Garvie 3,Finch 2, Graver 3,Windle	10745						5	10	8	9		6				7	1		2		11	4	3
32	10	Bradford Park Avenue	1-2	Graver	10203						5	10	8	9		6				7	1		2		11	4	3
33	17	TRANMERE ROVERS	2-1	Whittle, Garvie	10596						5	10	8	9	2	6				7	1	11				4	3
34	23	GATESHEAD	2-1	Graver, Troops	11245						5	10	8	9	2	6				7	1	11				4	3
35	24	Wrexham	3-2	Garvie, Whittle, Graver	10705						5	10	8	9	2			6		7	1	11				4	3
36	26	Gateshead	2-1	Troops, Garvie	5672						5	10	8	9	2			6		7	1	11				4	3
37	31	OLDHAM ATHLETIC	2-0	Graver 2	10383						5	10	8	9	2			6		7	1	11				4	3
38	Apr 7	Carlisle United	0-2		8859						5	10	8	9	2			6		7	1	11				4	3
39	11	Chester	1-2	Emery	4730						5	10	8	9	2			6		7	1		3		11	4	
40	14	YORK CITY	2-1	Graver, Green	8363		5					10	8	9	2			6		7	1		3		11	4	
41	16	York City	2-2	Green, Whittle	6623		5						8	9	2			6		7	1	10	3		11	4	
42	17	Rochdale	0-3		3533						5		8	9	2			6		7	1	10	3		11	4	
43	21	Barrow	1-3	Young	6983				1		5	10	8	9	2	4		6		7					11		3
44	28	ROTHERHAM UNITED	0-2		14714						5	10		9	2			6		7	1	8			11	4	3
45	30	Rotherham United	0-3		15396						5	10		9	2	6				7		8		1	11	4	3
46	May 5	CREWE ALEXANDRA	4-1	Whittle, Finch, Graver 2	6781						5	10	8	9	2	6				7		11		1		4	3
					Apps	1	8	2	1	1	38	32	39	37	43	32	11	20	1	42	42	30	7	2	32	43	42
					Goals			1			1	12	21	19	7		1	2		3		14			6	1	1

F.A. Cup

						Bell RL	Bickerstaffe J	Boden JG	Dawson CM	Dykes DW	Emery AJ	Finch AR	Garvie J	Graver AM	Green H	Grummett J	McCreadie TS	Owen RG	Parr H	Troops H	White F	Whittle E	Wilkinson H	Wilson A	Windle WH	Wright JD	Young RH
R1	Nov 25	SOUTHPORT	1-1	Graver	9964						5	11	8	9	2	6				7	1	10				4	3
rep	28	Southport	2-3	Troops, Windle	5798						5	10	8	9	2	6				7	1				11	4	3

Liverpool

9th in Division One

							Ashcroft CT	Balmer J	Baron KMP	Brierley K	Cadden IY	Crossley R	Done CC	Fagan W	Haigh J	Heydon J	Hughes L	Jones WH	Lambert R	Liddell WB	Paisley R	Payne JB	Shepherd JW	Sidlow C	Spicer EW	Stubbins A	Taylor PH	Williams RB	Woan D
1	Aug	19	Wolverhampton Wan.	0-2		50622		10		11				9			5	4	2	7	6			1	3		8		
2		23	MANCHESTER UNITED	2-1	Liddell, Allen (og)	30211		10					9				5	4		11	6	7	2	1	3		8		
3		26	SUNDERLAND	4-0	Liddell 2, Stubbins 2	52080		10									5	4		11	6	7	2	1	3	9	8		
4		30	Manchester United	0-1		36654							9	10			5	4		11	6	7	2	1	3		8		
5	Sep	2	Aston Villa	1-1	Balmer	45127		10									5	4	2	11	6	7		1	3	9	8		
6		6	TOTTENHAM HOTSPUR	2-1	Balmer, Stubbins	39015		11					10				5	4	2		6	7		1	3	9	8		
7		9	DERBY COUNTY	1-0	Done	50079		11					10				5	4	2		6	7		1	3	9	8		
8		16	Everton	3-1	Balmer 2, Stubbins	71150		10									5	4	2	11	6	7		1	3	9	8		
9		23	Fulham	1-2	Liddell	42954		10			5							4	2	11	6	7		1	3	9	8		
10		30	BOLTON WANDERERS	3-3	Balmer 2, Payne	44534		10						5				4	2	11	6	7		1	3	9	8		
11	Oct	7	STOKE CITY	0-0		40239	1	10					9			4		5	2	11	6	7			3		8		
12		14	West Bromwich Albion	1-1	Taylor	35030	1	10								4		5	2	11	6	7			3	9	8		
13		21	MIDDLESBROUGH	0-0		47426		10		11		1	9			4		5	2		6	7			3		8		
14		28	Sheffield Wednesday	1-4	Payne	43711		10				1				4		5	2	11	6	7			3	9	8		
15	Nov	4	NEWCASTLE UNITED	2-4	Liddell (p), Payne	48810		10						6				5	2	11	4	7		1	3	9	8		
16		11	Huddersfield Town	2-2	Liddell, Taylor	25229		10	8			1						5	2	11	6	7			3	9	4		
17		18	ARSENAL	1-3	Compton (og)	44193		10	8			1						5	2	11	6	7			3	9	4		
18		25	Burnley	1-1	Baron	31901		10	8			1						5	2	11	6	7			3	9	4		
19	Dec	2	CHELSEA	1-0	Liddell	28717		10	8		5	1	9			4			2	11	6	7			3				
20		9	Portsmouth	3-1	Payne 2, Balmer	29480		10	8		5	1	9			4			2	11	6	7			3				
21		16	WOLVERHAMPTON W.	1-4	Liddell (p)	30959		10	8		5	1	9			4			2	11	6	7			3				
22		23	Sunderland	1-2	Balmer	30150		10				1	9			4		5	2	11	6	7			3		8		
23		25	Blackpool	0-3		31867		10				1	9			4		5	2	11	6	7			3		8		
24		26	BLACKPOOL	1-0	Balmer	54121		10				1	9		8	4		5	2	11	6	7			3				
25	Jan	13	Derby County	2-1	Haigh, Liddell	21849		10				1			8	4		5		11	6		2		3	9			7
26		20	EVERTON	0-2		48688		10				1			8	4		5		11	6		2		3	9			7
27		27	Charlton Athletic	0-1		25313		11				1	10				5	4	2		6	7			3	9	8		
28	Feb	3	FULHAM	2-0	Jones, Liddell	33330		10				1					5	4	2	11	6	7			3	9	8		
29		10	PORTSMOUTH	2-1	Jones, Balmer	36958		10				1	9			4	5	6	2	11		7			3		8		
30		17	Bolton Wanderers	1-2	Liddell	34807		10				1					5	4	2	11	6	7			3	9	8		
31		24	Stoke City	3-2	Done, Jones, Liddell	22534		10				1	9				5	4	2	11	6	7			3		8		
32	Mar	3	WEST BROMWICH ALB.	1-1	Paisley	36654		10				1	9		8		5		2	11	6	7			3		4		
33		10	Middlesbrough	1-1	Liddell	29247		10				1	9				5	4	2	11	6	7			3		8		
34		17	SHEFFIELD WEDNESDAY	2-1	Liddell 2 (1p)	31413						1	9		10		5	4	2	11	6	7			3		8		
35		23	CHARLTON ATHLETIC	1-0	Haigh	31650						1	9		10		5	4	2	11	6	7			3		8		
36		24	Newcastle United	1-1	Done	45535						1	9		10		5	4	2	11	6	7			3		8		
37		31	HUDDERSFIELD T	1-4	Haigh	27915						1	9		10		5	4	2	11	6	7			3		8		
38	Apr	7	Arsenal	2-1	Stubbins, Payne	34664	1						10				5	4		11	6	7			3	9	8	2	
39		14	BURNLEY	1-0	Jones	24118	1	11					10				5	4			6	7			3	9	8	2	
40		21	Chelsea	0-1		30134	1	10									5	4		11	6	7			3	9	8	2	
41		25	ASTON VILLA	0-0		23061	1	10									5	4	2	11	6	7			3	9	8		
42	May	5	Tottenham Hotspur	1-3	Stubbins	49072	1			11			10				5	4	2		6	7			3	9	8		
						Apps	7	35	6	3	4	24	24	4	8	13	24	38	34	36	41	39	5	11	42	23	36	3	2
						Goals		10	1				3		3			4		15	1	6				6	2		

Two own goals

F.A. Cup

R3	Jan	6	Norwich City	1-3	Balmer	34641		8				1	10			4		5	2	11	6	7			3	9			

Luton Town

19th in Division Two

						Aherne T	Cooke WH	Davie WC	Gardiner D	Glover A	Hall LF	Havenga WS	Hughes I	Jinks JT	Jones LC	Kiernan T	Lake LE	McAuley PJ	Moore BJ	Morton RH	Owen SW	Pemberton JT	Shanks WG	Stobbart GC	Streten BR	Taylor JE	Turner GR	Watkins C	Whent JR	Wilson JA	Wyldes JR
1	Aug 19	BRENTFORD	2-0	Taylor, Whent	17721	3	2			7			1								5		6	9		8		4	10		11
2	24	West Ham United	1-2	Glover	20560	3	2			7			1								5		6	9		8		4	10		11
3	26	Blackburn Rovers	0-1		25114	3	2			7			1							4	5		6	9		8			10		11
4	30	WEST HAM UNITED	1-1	Wyldes	12366	3	2			7			1								5		6	9		8		4	10		11
5	Sep 2	SOUTHAMPTON	0-1		16942	3	2			7			1								5		6	9		8		4	10		11
6	6	HULL CITY	1-2	Jinks	14905		2			7			1	9			3				5		6	8		10		4			11
7	9	Barnsley	1-6	Jinks	22052		2			7			1	9			3				5		6	8		10		4			11
8	16	SHEFFIELD UNITED	0-0		14768	3	2			11			1	9		8					5		6	7		10		4			
9	23	Manchester City	1-1	Taylor	42312	3	2			11	5		1	9		8							6	7		10		4			
10	30	Leeds United	1-2	Kiernan	21209	3	2			11	5		1	9		8							6	7		10		4			
11	Oct 7	PRESTON NORTH END	1-2	Glover	16637	3	2			11			1			8				9	5		6	7		10		4			
12	14	Notts County	2-2	Morton, Stobbart	34054	3	2			7			1			8				9	5		6	10				4			11
13	21	QUEEN'S PARK RANGERS	2-0	Stobbart, Wyldes	15692	3	2			7			1			8				9	5		6	10				4			11
14	28	Bury	1-4	Wyldes	13486	3	2			7			1			8				4	5			9				6			11
15	Nov 4	LEICESTER CITY	0-2		12967	3					5		1			8	2			4	6		7	9				10			11
16	11	Chesterfield	1-1	Wyldes	10996	3	2					7								4	5		8		1	10		6	9		11
17	18	GRIMSBY TOWN	4-0	Whent 2, Shanks, Taylor	12144	3	2					7	1							4	5		8			10		6	9		11
18	25	Birmingham City	0-3		18606		2					7	1				3			4	5		8			10		6	9		11
19	Dec 2	CARDIFF CITY	1-1	Havenga	13062	3	2					11	1							4	5		8	7		10		6	9		
20	9	Coventry City	1-4	Stobbart	22044	3	2					11	1							6	5	10	8	7			4		9		
21	16	Brentford	0-1		9808	3	2	10	6			11								4	5		8	7	1				9		
22	23	BLACKBURN ROVERS	1-1	Davie	11632	3	2	10		7		11						6		4	5		8	9	1						
23	25	Swansea Town	2-0	Shanks, Havenga	16862	3		10		7		11								4	5		8	9	1			6		2	
24	26	SWANSEA TOWN	3-1	Havenga 3 (1p)	17245	3		10		7		11								4	5		8	9	1			6		2	
25	30	Southampton	1-1	Stobbart	21094	3		10		7		11								4	5		8	9	1			6		2	
26	Jan 13	BARNSLEY	1-1	Shanks	15032	3		10		7		11								4	5		8	9	1			6		2	
27	20	Sheffield United	1-2	Glover	26364	3		10		7		11								4	5		8	9	1			6		2	
28	Feb 3	MANCHESTER CITY	2-2	Davie, Moore	12087	3	2	10		7		11							9	4	5			8	1			6			
29	17	LEEDS UNITED	2-3	Stobbart, Glover	13323	3	2	10		7		11						6			5			8	1	9		4			
30	24	Preston North End	0-1		31096	3	2	10		7		11						6		4	5			8	1	9					
31	Mar 3	NOTTS COUNTY	1-1	Moore	17398	3	2	10		7		11						6	9	4	5			8	1						
32	10	Queen's Park Rangers	1-1	Davie	13708	3	2	10										6	9	4	5		11	7	1			8			
33	17	BURY	4-2	Moore 2, Watkins, McAuley	11576	3	2	10	11									6	9	4	5			7	1			8			
34	23	Doncaster Rovers	2-5	Moore, Davie	22613	3	2	10	11									6	9	4	5			7	1			8			
35	24	Leicester City	1-3	Stobbart	23560	3	2	10										6	9		5			7	1	8		4			11
36	26	DONCASTER ROVERS	3-1	Stobbart, Moore, Davie (p)	14486	3	2	10											9		5	11	6	7	1	8		4			
37	31	CHESTERFIELD	3-0	Taylor, Moore, Davie	13055		2	10									3		9		5	11	6	7	1	8		4			
38	Apr 7	Grimsby Town	2-0	Taylor, Pemberton	12435		2	10									3		9		5	11	6	7	1	8		4			
39	14	BIRMINGHAM CITY	1-1	Pemberton	16324		2	10									3		9		5	11	6	7	1	8		4			
40	21	Cardiff City	1-2	Stobbart	28022	3	2	10											9		5	11	6	7	1	8		4			
41	28	COVENTRY CITY	1-1	Davie	11336		3	10							2				9		5	11	6	7	1	8		4			
42	May 5	Hull City	3-5	Stobbart, Davie, Wyldes	17478		3	10			5				2				9				6	7	1	8	4				11
					Apps	34	36	22	3	24	4	16	19	5	2	8	7	8	13	24	39	7	34	39	23	25	2	35	11	5	16
					Goals			8		4		5		2		1		1	7	1		2	3	9		5		1	3		5

Played in game 14 at 10: JW Arnison

F.A. Cup

						Aherne T	Cooke WH	Davie WC	Gardiner D	Glover A	Hall LF	Havenga WS	Hughes I	Jinks JT	Jones LC	Kiernan T	Lake LE	McAuley PJ	Moore BJ	Morton RH	Owen SW	Pemberton JT	Shanks WG	Stobbart GC	Streten BR	Taylor JE	Turner GR	Watkins C	Whent JR	Wilson JA	Wyldes JR
R3	Jan 6	PORTSMOUTH	2-0	Davie, Havenga	21631	3	2	10		7		11								4	5		8	9	1			6			
R4	27	BRISTOL ROVERS	1-2	Watkins	26586	3	2	10		7										4	5		8	9	1			6			11

Manchester City

Second in Division Two: Promoted

							Alison J	Branagan KF	Clarke RJ	Cunliffe RA	Emptage AT	Fagan JF	Gunning JM	Haddington WR	Hart JP	McCourt FJ	Meadows J	Oakes J	Paul R	Phillips E	Rigby J	Smith GB	Spurdle W	Trautmann BC	Turnbull RW	Westcott D	Westwood E	Williamson J
1	Aug	19	Preston North End	4-2	Smith 2, Clarke, Westcott	36294			11						8			7	6	2	5	10	4	1		9	3	
2		23	CARDIFF CITY	2-1	Smith, Westcott	18242			11						8			7	6	2	5	10	4	1		9	3	
3		26	BURY	5-1	Westcott 3, Hart, Oakes	44162			11						8			7	6	2	5	10	4	1		9	3	
4		28	Cardiff City	1-1	Oakes	32817			11						8			7	6	2	5	10	4	1		9	3	
5	Sep	2	Queen's Park Rangers	2-1	Clarke, Smith	21696			11						8			7	6	2	5	10	4	1		9	3	
6		6	Grimsby Town	4-4	Westcott 2, Clarke, Spurdle	18529			11						8			7	6	2	5	10	4	1		9	3	
7		9	CHESTERFIELD	5-1	Hart 2, Smith 2, Westcott	43631			11						8			7	6	2	5	10	4	1		9	3	
8		16	Leicester City	2-1	Smith, Turnbull	32856			11						8				6	2	5	10	4	1	7	9	3	
9		23	LUTON TOWN	1-1	Paul	42312			11									7	6	2	5	10	4	1		9	3	8
10		30	COVENTRY CITY	1-0	Spurdle	40868	8		11									7	6	2	5	10	4	1		9	3	
11	Oct	7	Doncaster Rovers	3-4	Smith 3	32937	8		11									7	6	2	5	10	4	1		9	3	
12		14	BRENTFORD	4-0	Westcott 2, Clarke, Hart	39646	7		11						8				6	2	5	10	4	1		9	3	
13		21	Swansea Town	3-2	Cunliffe, Westcott, Westwood	22762	7			11	6				8					2	5	10	4	1		9	3	
14		28	HULL CITY	0-0		45842	7		11						8				6	2	5	10	4	1		9	3	
15	Nov	4	Leeds United	1-1	Haddington	30764	7		11					8					6	2	5	10	4	1		9	3	
16		11	WEST HAM UNITED	2-0	Haddington, Westcott	41473			11					8	7				6	2	5	10	4	1		9	3	
17		18	Blackburn Rovers	1-4	Haddington	37594			11					8	7				6	2	5	10	4	1		9	3	
18		25	SOUTHAMPTON	2-3	Haddington, Westcott	39091			11					8				7	6	2	5	10	4	1		9	3	
19	Dec	2	Barnsley	1-1	Westcott	29681			11					8				7	4	2	5	10	6	1		9	3	
20		9	SHEFFIELD UNITED	5-3	Smith 2, Hart, Spurdle, Westcott	33291		2					7		8			11	4	3	5	10	6	1		9		
21		16	PRESTON NORTH END	0-3		30512		2				5	7		8			11	4	3		10	6	1		9		
22		25	BIRMINGHAM CITY	3-1	Paul 2, Westcott	40173	10	2	11			5	7						4	3			6	1		9		8
23		26	Birmingham City	0-1		32092	10	2	11			5	7						4	3			6	1		9		8
24	Jan	13	Chesterfield	2-1	Clarke, Smith	12384		2	11			5			8			7	4	3		10	6	1		9		
25		20	LEICESTER CITY	1-1	Hart	30297		2	11			5			8			7	4			10	6	1		9	3	
26		27	Bury	0-2		25439		2	11						8			7	4		5	10	6	1		9	3	
27	Feb	3	Luton Town	2-2	Smith 2	12087	7	2	11							6			8		5	10	4	1		9	3	
28		17	Coventry City	2-0	Clarke, Spurdle	29205		2	11							6		7	4		5	10	8	1		9	3	
29		24	DONCASTER ROVERS	3-3	Westcott 2, Oakes	38691		2	11							6		7	4		5	10	8	1		9	3	
30	Mar	3	Brentford	0-2		24288			11							6		7	4	2	5	10	8	1		9	3	
31		14	SWANSEA TOWN	1-2	Cunliffe	10361			10	11						6		7	4	2	5	8		1		9	3	
32		17	Hull City	3-3	Westcott 2, Hart	26840			11						8	6	7		4	2	5	10		1		9	3	
33		24	LEEDS UNITED	4-1	Hart, Meadows, Smith, Westcott	35149			11						8	6	7		4	2	5	10		1		9	3	
34		26	NOTTS COUNTY	0-0		32047			11						8	6	7		4	2	5	10		1		9	3	
35		31	West Ham United	4-2	Smith 2, Hart, Westcott	21533			11						8	6	7		4	2	5	10		1		9	3	
36	Apr	4	QUEEN'S PARK RANGERS	5-2	Hart 2, Westcott 2, Clarke	21573			11						8	6	7		4	2	5	10		1		9	3	
37		7	BLACKBURN ROVERS	1-0	Hart	37853			11						8	6	7		4	2	5	10		1			3	9
38		14	Southampton	1-2	Hart	24579			11						8	6	7		4	2	5	10		1		9	3	
39		21	BARNSLEY	6-0	Clarke 2, Smith 2, Hart, Meadows	39838			11						8	6	7		4	2	5	10		1		9	3	
40		28	Sheffield United	0-0		21695			11						8	6	7		4	2	5	10		1		9	3	
41		30	Notts County	0-0		13873			11					8		6	7		4	2	5		10	1			3	9
42	May	5	GRIMSBY TOWN	2-2	Smith, Westcott	30293			11							6	7		4	2	5	10		1		9	3	8
						Apps	9	10	39	2	1	5	4	6	27	16	11	21	41	37	37	39	31	42	1	40	37	6
						Goals			9	2				4	14		2	3	3			21	4		1	25	1	

F.A. Cup

							Alison J	Branagan KF	Clarke RJ	Cunliffe RA	Emptage AT	Fagan JF	Gunning JM	Haddington WR	Hart JP	McCourt FJ	Meadows J	Oakes J	Paul R	Phillips E	Rigby J	Smith GB	Spurdle W	Trautmann BC	Turnbull RW	Westcott D	Westwood E	Williamson J
R3	Jan	6	Birmingham City	0-2		30057		2				5	7	8					4	3		10	6	1		9	11	

Manchester United

Second in Division One

							Allen AR	Aston J	Birch B	Birkett C	Bogan T	Carey JJ	Cassidy L	Chilton AC	Clempson F	Cockburn H	Crompton J	Delaney J	Downie JD	Gibson TRD	Jones M	McGlen W	McIlvenny EJ	McNulty T	McShane H	Pearson SC	Redman W	Rowley JF	Whitefoot J
1	Aug	19	FULHAM	1-0	Pearson	45857	1	3				2		5		6		7	8			11	4			10		9	
2		23	Liverpool	1-2	Rowley	30211	1	3				2		5		6		7	8			11	4			10		9	
3		26	Bolton Wanderers	0-1		40759	1	3				2		5		6		7	8	4		11				10		9	
4		30	LIVERPOOL	1-0	Downie	36654	1	3			7	2		5		6			8	4		11				10		9	
5	Sep	2	BLACKPOOL	1-0	Bogan	55090	1	3			7	2		5		6			8	4		11				10		9	
6		4	Aston Villa	3-1	Rowley 2, Pearson	42724	1	3			7	2		5		6			8	4		11				10		9	
7		9	Tottenham Hotspur	0-1		60621	1	3			7	2		5		6			8	4		11				10		9	
8		13	ASTON VILLA	0-0		34824	1	3			8	2	10	5		6		7		4					11			9	
9		16	CHARLTON ATHLETIC	3-0	Delaney, Pearson, Rowley	37976	1	3				2		5		6		7	8	4					11	10		9	
10		23	Middlesbrough	2-1	Pearson 2	48051	1	3				2		5		6		7	8	4					11	10		9	
11		30	Wolverhampton Wan.	0-0		45898	1	3				2		5		6		7	8	4					11	10		9	
12	Oct	7	SHEFFIELD WEDNESDAY	3-1	Downie, McShane, Rowley	42444	1					2						7	8	4	5	6			11	10	3	9	
13		14	Arsenal	0-3		66157	1	3				2		5		6		7	8	4					11	10		9	
14		21	PORTSMOUTH	0-0		43595	1	3				2		5				7	8	4		6			11	10		9	
15		28	Everton	4-1	Rowley 2, Aston, Pearson	51142		3			8	2				6	1	7		4	5				11	10		9	
16	Nov	4	BURNLEY	1-1	McShane	41244	1	3			8	2		5		6		7		4					11	10		9	
17		11	Chelsea	0-1		51882	1	3				2		5		6		7	10	4					11	8		9	
18		18	STOKE CITY	0-0		31880	1	3	10		7	2		5		6				4					11	8		9	
19		25	West Bromwich Albion	1-0	Birch	28146	1	3	10		7			5		6				4				2	11	8		9	
20	Dec	2	NEWCASTLE UNITED	1-2	Birch	36300	1	3	10	7		2		5		6				4					11	8		9	
21		9	Huddersfield Town	3-2	Aston 2, Birkett	26845	1	9	10	7				5		6				4		3		2	11	8			
22		16	Fulham	2-2	Pearson 2	19649	1	9		7				5		6			10	4		3		2	11	8			
23		23	BOLTON WANDERERS	2-3	Aston, Pearson	37235	1	9		7		2		5		6			10	4		3			11	8			
24		25	Sunderland	1-2	Aston	41215	1	9	10	7		2		5		6				4		3				8		11	
25		26	SUNDERLAND	3-5	Bogan 2, Aston	37024	1	9			10	2		5		6				4		3			7	8		11	
26	Jan	13	TOTTENHAM HOTSPUR	2-1	Birch, Rowley	45104	1	9	8	7		2		5		6				4						10	3	11	
27		20	Charlton Athletic	2-1	Aston, Birkett	31978		9	8	7		2		5		6	1			4						10	3	11	
28	Feb	3	MIDDLESBROUGH	1-0	Pearson	46454	1	9		7	8	2		5		6				4						10	3	11	
29		17	WOLVERHAMPTON W.	2-1	Birch, Rowley	43941	1	9	10	7		3		5		6				4				2		8		11	
30		26	Sheffield Wednesday	4-0	McShane, Downie, Pearson, Rowley	25767	1	9				2				6			10	4	5	3			7	8		11	
31	Mar	3	ARSENAL	3-1	Aston 2, Downie	48025	1	9				2				6			10		5				7	8	3	11	4
32		10	Portsmouth	0-0		33148	1	9				2		5					10			6			7	8	3	11	4
33		17	EVERTON	3-0	Aston, Downie, Pearson	31108	1	9				2		5					10	4		6			7	8	3	11	
34		23	DERBY COUNTY	2-0	Aston, Downie	43802	1	9				2		5	8				10	4		6			7		3	11	
35		24	Burnley	2-1	Aston, McShane	36656	1	9				2		5	8				10	4		6			7		3	11	
36		26	Derby County	4-2	Aston, Downie, Pearson, Rowley	25861	1	9				2		5		4			10			6			7	8	3	11	
37		31	CHELSEA	4-1	Pearson 3, McShane	25779	1	9				2		5		4			10			6			7	8	3	11	
38	Apr	7	Stoke City	0-2		25700	1	9				2		5		4			10			6			7	8	3	11	
39		14	WEST BROMWICH ALB.	3-0	Downie, Pearson, Rowley	26523	1	9				2		5					10	4		6			7	8	3	11	
40		21	Newcastle United	2-0	Rowley, Pearson	45209	1	9				2		5		4			10			6			7	8	3	11	
41		28	HUDDERSFIELD T	6-0	Aston 2, McShane 2, Downie, Rowley	28310	1	9				2		5		4			10			6			7	8	3	11	
42	May	5	Blackpool	1-1	Downie	22864	1	9				2		5		4			10			6			7	8	3	11	

	Allen AR	Aston J	Birch B	Birkett C	Bogan T	Carey JJ	Cassidy L	Chilton AC	Clempson F	Cockburn H	Crompton J	Delaney J	Downie JD	Gibson TRD	Jones M	McGlen W	McIlvenny EJ	McNulty T	McShane H	Pearson SC	Redman W	Rowley JF	Whitefoot J
Apps	40	41	8	9	11	39	1	38	2	35	2	13	29	32	4	26	2	4	30	39	16	39	2
Goals		15	4	2	3							1	10						7	18		14	

F.A. Cup

							Allen AR	Aston J	Birch B	Birkett C	Bogan T	Carey JJ	Cassidy L	Chilton AC	Clempson F	Cockburn H	Crompton J	Delaney J	Downie JD	Gibson TRD	Jones M	McGlen W	McIlvenny EJ	McNulty T	McShane H	Pearson SC	Redman W	Rowley JF	Whitefoot J
R3	Jan	6	OLDHAM ATHLETIC	4-1	Pearson, Aston, Birch, Whyte (og)	37161	1	9	10	7		2		5		6						3			11	8			
R4		27	LEEDS UNITED	4-0	Pearson 3, Rowley	55434	1	9	10	7		2		5		6				4						8	3	11	
R5	Feb	10	ARSENAL	1-0	Pearson	55058	1	9	10	7		2		5		6				4						8	3	11	
R6		24	Birmingham City	0-1		50000	1	9	10	7		3		5		6				4				2		8		11	

Played at 4 in R3: Lowrie

Mansfield Town

2nd in Division Three (North)

No	Date	Opponent	Score	Scorers	Att	Antonio GR	Barks E	Bradley DJ	Bramley A	Chessell S	Coole W	Donaldson W	Fox O	Godwin V	Grogan J	Lewis J	Mayfield L	Ottewell S	Poole CJ	Reeve KE	Steele FC	Wright D
1	Aug 19	Wrexham	2-2	Godwin, Ottewell	13015	4	8	3		2	7		10	9	5	6		11				1
2	21	DARLINGTON	2-1	Barks, Godwin	14307	4	8	3		2	7		10	9	5	6		11				1
3	26	SCUNTHORPE UNITED	1-1	Coole	11513	4		3		2	7		10	8	5	6		11			9	1
4	30	Darlington	2-1	Steele, Ottewell	7334	4		3		2	11		7	8	5	6		10			9	1
5	Sep 2	LINCOLN CITY	1-1	Lewis (p)	13111	4	8	3		2	7		10	9	5	6		11				1
6	4	BRADFORD PARK AVE.	3-2	Lewis, Steele, Ottewell	13447	4	8	3		2	7				5	6		10	11		9	1
7	9	Rotherham United	0-3		13133	4	8	3		2	7				5	6		10	11		9	1
8	13	Bradford Park Avenue	0-1		11174		4	3		2	7				5	6		10	11	8	9	1
9	16	BARROW	4-0	Coole, Steele 2, Bradley	8929		4	3		2	7		8		5	6		10	11		9	1
10	23	York City	1-1	Coole	9273		4	3		2	7		8	9	5	6		10	11			1
11	30	CARLISLE UNITED	2-1	Steele 2	6686		4	3		2	7		8		5	6		10	11		9	1
12	Oct 7	Crewe Alexandra	0-2		8743	10	4	3		2	7		8		5	6			11	9		1
13	14	NEW BRIGHTON	4-0	Coole, Steele, Ottewell, Galbraith (og)	10464		4	3		2	7	11	8		5	6		10			9	1
14	21	Hartlepools United	1-1	Ottewell	8524		4	3		2	7	11	8	9	5	6		10				1
15	28	GATESHEAD	2-1	Coole, Ottewell	13349		4	3		2	7	11	8		5	6		10			9	1
16	Nov 4	Stockport County	1-3	Ottewell	12297		4	3		2	7	11	8		5	6		10			9	1
17	11	HALIFAX TOWN	3-1	Coole, Steele 2	9744	4	8	3		2	7	11			5	6		10			9	1
18	18	Bradford City	3-2	Coole, Steele, Donaldson	13999	4	8	3		2	7	11			5	6		10			9	1
19	Dec 2	Chester	1-0	Coole	3963	4	8	3		2	7	11			5	6		10			9	1
20	23	Scunthorpe United	0-0		7459	4		3		2	7	11	8	9	5	6		10				1
21	25	Oldham Athletic	0-2		12227	4		3		2	7	11	8	9	5	6		10				1
22	26	OLDHAM ATHLETIC	3-1	Reeve, Lewis (p), Whyte (og)	10254	4		3		2	7	11			5	6		10		8	9	1
23	30	Lincoln City	0-3		7904	4		3		2	7	11		9	5	6		10		8		1
24	Jan 10	TRANMERE ROVERS	2-1	Reeve, Steele	5414	4		3	1	2	7	11			5	6		10		8	9	
25	13	ROTHERHAM UNITED	1-1	Reeve	18241	4		3		2	7	11			5	6		10		8	9	1
26	20	Barrow	3-2	Coole, Reeve 2	4861	4	8	3		2	7	11			5	6		10		9		1
27	Feb 3	YORK CITY	3-1	Coole, Steele, Ottewell	10347	4	8	3		2	7		10		5	6		11			9	1
28	17	Carlisle United	0-2		10734	4	8	3		2		11	7	9	5	6		10				1
29	24	CREWE ALEXANDRA	4-1	Reeve, Steele, Ottewell 2 (1p)	9227	4	10	3		2			7		5	6		11		8	9	1
30	Mar 3	New Brighton	1-0	Fox	3347	4	10	3		2	7		8		5	6		11		9		1
31	7	Tranmere Rovers	1-2	Antonio	4246	4	10	3		2	7		8		5	6		11		9		1
32	10	HARTLEPOOLS UNITED	1-0	Steele	7282	4	10	3		2	7				5	6		11		8	9	1
33	17	Gateshead	3-1	Reeve, Ottewell 2	4342	4	10	3		2	7		8		5	6		11		9		1
34	23	ACCRINGTON STANLEY	5-0	Coole 2, Fox, Reeve, Barks	4504	4	10	3		2	7		8		5	6		11		9		1
35	24	STOCKPORT COUNTY	2-1	Reeve, Ottewell	10219	4	10	3		2	7		8		5	6		11		9		1
36	26	Accrington Stanley	2-0	Barks, Ottewell	3602	4	10	3		2	7		8		5	6		11		9		1
37	31	Halifax Town	1-0	Coole	5537	4	10	3		2	7		8		5	6		11		9		1
38	Apr 7	BRADFORD CITY	1-1	Ottewell	9387	4	10	3		2	7		8		5	6		11		9		1
39	10	Southport	1-0	Coole	3712	4	10	3		2	7		8		5	6		11		9		1
40	14	Rochdale	0-0		4000	4	10	3		2	7	11	8		5	6				9		1
41	16	ROCHDALE	1-0	Reeve	11384	4	10	3		2	7	11	8		5	6				9		1
42	21	CHESTER	2-1	Coole, Fox	10239	4	10	3		2	7	11	8		5	6				9		1
43	23	WREXHAM	1-1	Tunney (og)	12018	4	10			2	7	11	8		5	6	3			9		1
44	28	Shrewsbury Town	1-1	Lewis (p)	10132	4	10			2	7	11	8	9	5	6	3					1
45	30	SHREWSBURY TOWN	4-0	Coole, Fox 2, Reeve	7590	4				2	7	11	8	9	5	6	3			10		1
46	May 5	SOUTHPORT	2-2	Lewis (p), Reeve	8360	4				2	7	11	8	9	5	6	3			10		1

	Antonio GR	Barks E	Bradley DJ	Bramley A	Chessell S	Coole W	Donaldson W	Fox O	Godwin V	Grogan J	Lewis J	Mayfield L	Ottewell S	Poole CJ	Reeve KE	Steele FC	Wright D
Apps	38	36	42	1	46	44	22	34	14	46	46	4	38	7	24	19	45
Goals	1	3	1			16	1	5	2		5		15		12	14	

Three own goals

F.A. Cup

Rd	Date	Opponent	Score	Scorers	Att	Antonio GR	Barks E	Bradley DJ	Bramley A	Chessell S	Coole W	Donaldson W	Fox O	Godwin V	Grogan J	Lewis J	Mayfield L	Ottewell S	Poole CJ	Reeve KE	Steele FC	Wright D
R1	Nov 25	WALTHAMSTOW AVE.	1-0	Steele	11784	4	8	3		2	7	11			5	6		10			9	1
R2	Dec 9	Chelmsford City	4-1	Donaldson 2, Coole, Barks	11500	4	8	3		2	7	11			5	6		10			9	1
R3	Jan 6	SWANSEA TOWN	2-0	Steele 2	18000	4		3		2	7	11			5	6		10		8	9	1
R4	27	Sheffield United	0-0		48696	4	10	3		2	7				5	6		11		8	9	1
rep	31	SHEFFIELD UNITED	2-1	(aet) Steele, Ottewell	20314	4	8	3		2	7				5	6		11		10	9	1
R5	Feb 10	Blackpool	0-2		33108	4	11	3		2	7				5	6		10		8	9	1

Middlesbrough

6th in Division One

	Date		Opponent	Score	Scorers	Att	Auld WB	Bell HD	Blenkinsopp TW	Brown J	Delapenha LL	Dicks RW	Donaldson A	Fitzsimons AG	Gordon J	Hardwick GFM	Hartnett JB	Hepple G	Linacre W	Mannion WJ	McCrae A	McKennan PS	Reagan CM	Robinson R	Spuhler JO	Ugolini R	Walker RG	Whitaker W	Woodward T
1	Aug	19	Portsmouth	1-1	Mannion	43773		4			7				6	3				8	10			2	9	1	11	5	
2		23	EVERTON	4-0	McCrae 3, Spuhler	41478		4			7				6	3				8	10			2	9	1	11	5	
3		26	CHELSEA	3-0	Mannion, McCrae, Walker	41573		4			7				6	3				8	10			2	9	1	11	5	
4		30	Everton	2-3	Spuhler 2	43459		4			7	2			6	3				8	10				9	1	11	5	
5	Sep	2	Burnley	1-3	Hardwick	29779		4				2			6	3				8	10				9	1	11	5	7
6		6	WEST BROMWICH ALB.	2-1	McCrae, Spuhler	28829		4			7	2			6			3		8	10				9	1		5	11
7		9	ARSENAL	2-1	Delapenha, Spuhler	46119		4			7	3			6					8	10			2	9	1		5	11
8		13	West Bromwich Albion	3-2	McCrae, Spuhler, Walker	31530		4			7	3			6					8	10			2	9	1	11	5	
9		16	Sheffield Wednesday	1-0	Walker	46958		4			7	3			6					8	10			2	9	1	11	5	
10		23	MANCHESTER UNITED	1-2	Delapenha	48051		4			7	3			6					8	10			2	9	1	11	5	
11		30	HUDDERSFIELD T	8-0	* see below	32401		4			7				6	3				8	10			2	9	1	11	5	
12	Oct	7	Wolverhampton Wan.	4-3	McCrae 2, Spuhler, Walker (p)	39477		4			8				6	3					10		7	2	9	1	11	5	
13		14	SUNDERLAND	1-1	McCrae	52764		4			7	6				3				8	10			2	9	1	11	5	
14		21	Liverpool	0-0		47426		4			7	6				3				8	10			2	9	1	11	5	
15		28	FULHAM	1-1	Mannion	34117		4							6	3				8	10			2	9	1	11	5	7
16	Nov	4	Aston Villa	1-0	Bell	36542		4			7		9		6	3				8	10			2		1		5	11
17		11	DERBY COUNTY	1-1	McCrae	36943		4			8	2	9		6			3		10	11				7	1		5	
18		18	Bolton Wanderers	2-0	McCrae, Spuhler	37296		4			7	3			6					8	10			2	9	1	11	5	
19		25	BLACKPOOL	4-3	McCrae 3, Spuhler	40487		4			7	3			6					8	10			2	9	1		5	11
20	Dec	2	Tottenham Hotspur	3-3	Delapenha, Hartnett, Mannion	61148		4			7	3			6		11			8	10			2	9	1		5	
21		9	CHARLTON ATHLETIC	7-3	* see below	34050		4			7	3	9		6					8	10			2		1	11	5	
22		16	PORTSMOUTH	3-1	Mannion 2 (2p), Delapenha	27163		4			7	3	9		6					8	10			2		1	11	5	
23		23	Chelsea	1-1	Delapenha	35323		4			7	3			6					8	10			2	9	1	11	5	
24		25	NEWCASTLE UNITED	2-1	Spuhler, Walker	41318		4			8	3	9		6					10				2	7	1	11	5	
25		30	BURNLEY	3-3	Delapenha, Mannion, McCrae	34349		4			7	3			6					8	10			2	9	1	11	5	
26	Jan	13	Arsenal	1-3	Compton (og)	63038		4			7	3			6		11			8	10			2	9	1		5	
27		20	SHEFFIELD WEDNESDAY	2-1	Auld, Dicks	34031	11	4	5		8	3			6			10						2	9	1	7		
28	Feb	3	Manchester United	0-1		46454		4			8	2			6			3		10				9		1	11	5	7
29		17	Huddersfield Town	3-2	Mannion 2 (1p), Delapenha	23533		4			7	3	9		6					8	10			2		1	11	5	
30	Mar	3	Sunderland	1-2	Spuhler	57958		4			7	3			6					10		8		2	9	1	11	5	
31		10	LIVERPOOL	1-1	McKennan	29247	11	4	5		7	2			6			3		10		8			9	1			
32		17	Fulham	0-2		29446		4	5		7	2	9		6			3	11	10					8	1			
33		23	STOKE CITY	1-0	McKennan	36200		4	5		7	2			6			3	11	8	10	9				1			
34		24	ASTON VILLA	2-1	Delapenha, Linacre	28580		4	2		7	3			6				11	10		9			8	1		5	
35		26	Stoke City	0-2		19000		4	2		7	3			6				11	10		8			9	1		5	
36		31	Derby County	0-6		16788		4	5		7	3			6				11	10		8		2	9	1			
37	Apr	7	BOLTON WANDERERS	1-1	Bell	24423		4	5	6	7	3		10						8				2	9	1	11		
38		11	WOLVERHAMPTON W.	1-2	McCrae	29767		4	5	6	7	3		8							10			2	9	1	11		
39		14	Blackpool	1-2	McKennan	16300		4	5	6	7	3		8							10	9		2		1	11		
40		21	TOTTENHAM HOTSPUR	1-1	Spuhler	36689		4	5	6	7	3		8							10			2	9	1	11		
41		28	Charlton Athletic	0-3		11329		4	5	6	7	3		8							10			2	9	1	11		
42	May	5	Newcastle United	0-1		35935		4		6	7	3		8							10			2	9	1	11	5	

Scorers in game 11: McCrae 3, Mannion 3 (1p), Spuhler, Walker

Scorers in game 21: Mannion 2, McCrae 2, Donaldson, Walker, E Crocker (og)

	Auld WB	Bell HD	Blenkinsopp TW	Brown J	Delapenha LL	Dicks RW	Donaldson A	Fitzsimons AG	Gordon J	Hardwick GFM	Hartnett JB	Hepple G	Linacre W	Mannion WJ	McCrae A	McKennan PS	Reagan CM	Robinson R	Spuhler JO	Ugolini R	Walker RG	Whitaker W	Woodward T
Apps	2	42	12	6	40	35	7	6	34	11	2	7	5	35	32	7	1	33	35	42	29	32	7
Goals	1	2			8	1	1			1	1		1	14	21	3			13		7		

Two own goals

F.A. Cup

	Date		Opponent	Score	Att	Auld WB	Bell HD	Blenkinsopp TW	Brown J	Delapenha LL	Dicks RW	Donaldson A	Fitzsimons AG	Gordon J	Hardwick GFM	Hartnett JB	Hepple G	Linacre W	Mannion WJ	McCrae A	McKennan PS	Reagan CM	Robinson R	Spuhler JO	Ugolini R	Walker RG	Whitaker W	Woodward T
R3	Jan	6	Leeds United	0-1	45483		4			7	3			6					8	10			2	9	1	11	5	

Millwall

5th in Division Three (South)

							Bowler GC	Brewer AP	Constantine J	Finlayson MJ	Fisher GS	Hartburn J	Hencher KEE	Hinton E	Hodgetts F	Hurrell WP	Jardine A	Johnson J	Jones JM	Jones L	Lyons AE	Mansfield RW	Monkhouse ATW	Morgan AS	Morton W	Neary HF	Quinn D	Reeves F	Short JD	Thrippleton A
1	Aug	19	Exeter City	1-0	Neary	12922	5		8	1	3				7								11	10		9	2	6	4	
2		21	SOUTHEND UNITED	1-1	Neary	28029	5		8	1	3				7				11					10		9	2	6	4	
3		26	BOURNEMOUTH	3-0	Neary 2 (1p), Johnson	26095	5		8	1	3							7	11					10		9	2	6	4	
4		29	Southend United	3-0	Johnson 2, Neary	15984	5		8	1	3		6					7	11					10		9	2		4	
5	Sep	2	Gillingham	3-4	Constantine, Fisher, Neary	20126	5		8	1	3		6					7	11					10		9	2		4	
6		4	BRIGHTON & HOVE ALB	1-1	Constantine	21207			8	1	3		6		11		2	7						10		9		5	4	
7		9	BRISTOL CITY	5-3	Constantine 3, Neary, Short (p)	22761	5		9	1	3						2	7	11					10		8		6	4	
8		13	Brighton & Hove Albion	3-2	Neary, Constantine, JM Jones	11837	5		9	1	3		6					7	11					10		8	2		4	
9		16	CRYSTAL PALACE	1-0	Morgan	29874			9	1	3		6					7	11					10		8	2	5	4	
10		18	LEYTON ORIENT	3-1	Neary, Constantine 2	22651			9	1	3		6					7	11					10		8	2	5	4	
11		23	Watford	0-0		18074	5		9	1	3							7	11					10		8	2	6	4	
12		30	WALSALL	2-0	Johnson, Constantine	24112	5		9	1	3							7	11					10		8	2	6	4	
13	Oct	7	Newport County	3-2	Constantine 3	13129	5		9	1	3							7	11					10		8	2	6	4	
14		14	NORWICH CITY	1-1	JM Jones	34780	5		9	1	3							7	11					10		8	2	6	4	
15		21	Northampton Town	2-1	Constantine 2	16346	5		9	1	3		4			10		7						11			2	6	8	
16		28	PORT VALE	2-2	Hodgetts, Constantine	25799	5	1	9		3				11	8		7						10			2	6	4	
17	Nov	4	Nottingham Forest	0-2		33472	5		9		3		6	1	11			7						10		8	2		4	
18		11	TORQUAY UNITED	4-1	JM Jones, Neary 2, Morgan	24220	5		9		3			1				7	11					10		8	2	6	4	
19		18	Aldershot	1-2	Constantine	9734	5		9		3			1				7	11					10		8	2	6	4	
20	Dec	2	Colchester United	0-3		9695	5		8		3			1			2	7					11	10		9		6	4	
21		23	Bournemouth	0-1		9502	5		8		3			1	11		2	7						10		9		6	4	
22		25	Ipswich Town	1-2	Constantine	12891	5		8		3			1		10	2	7						11		9		6	4	
23		26	IPSWICH TOWN	4-0	Neary 2, Morgan, Constantine	18028	5		8	1	3						2	7	11					10		9		6	4	
24		30	GILLINGHAM	4-3	Johnson,Constantine,Morgan,JM Jones	20630	5		8	1	3						2	7	11					10		9		6	4	
25	Jan	10	READING	1-3	L Jones	8434	5		8	1	3						2	7		11				10		9		6	4	
26		13	Bristol City	1-2	Roberts (og)	21723	5		8	1			4				2	7	11		3			10		9		6		
27		20	Crystal Palace	1-1	Hodgetts	22392			8	1	3				11		2	7						10	5	9		6	4	
28	Feb	3	WATFORD	4-0	JM Jones 2, Neary, Constantine	11423	5		8	1	3						2	7	11					10		9		6	4	
29		10	SWINDON TOWN	1-0	Johnson	20988	5		8	1	3						2	7	11					10		9		6	4	
30		17	Walsall	0-4		8781	5		8	1	3							7	11					10		9	2	6	4	
31		24	NEWPORT COUNTY	2-4	Short, Neary	15788	5		8		3			1			2	7		6		11		10		9			4	
32	Mar	3	Norwich City	1-2	Morgan	26959	5		8		3		4	1			2	7				11		10		9		6		
33		10	NORTHAMPTON T	2-1	Hartburn, Constantine	13187	5		8		3	11		1			2	7						10		9		6	4	
34		23	PLYMOUTH ARGYLE	1-1	Morgan	23283	5		8		3	11		1	7		2							10		9		6	4	
35		24	NOTTM. FOREST	1-1	Constantine	21981	5		8		3	11		1			2	7						10		9		6	4	
36		26	Plymouth Argyle	2-2	Constantine 2	16423	5		8		3	11		1			2	7						10		9		6	4	
37		31	Torquay United	1-2	Constantine	7014	5		8		3	11		1			2	7						10		9		6	4	
38	Apr	7	ALDERSHOT	1-0	Johnson	8721	5		8		3	11	6	1			2	7						10		9			4	
39		11	BRISTOL ROVERS	1-0	Morgan	10531	5		8		3	11	6	1				7						10		9	2		4	
40		14	Swindon Town	1-0	Morgan	8819	5				3	11		1		8		7					9	10			2	6	4	
41		19	Leyton Orient	2-0	Morgan, Monkhouse	16607	5				3	11		1		8		7					9	10			2	6	4	
42		21	COLCHESTER UNITED	2-0	Hurrell, Morgan	17776	5				3	11		1		8		7					9	10			2	6	4	
43		25	EXETER CITY	5-0	Neary 3, Morgan, Constantine	13408	5		8		3	11		1				7						10		9	2	6	4	
44		28	Bristol Rovers	0-1		11534	5				3	11		1		8		7						10		9	2	6	4	
45	May	2	Reading	1-1	Neary	9378	5		8		3	11		1				7						10		9	2	6	4	
46		3	Port Vale	1-0	Hartburn	5459	5		8		3	11		1				7					10				2	6	4	9
						Apps	42	1	42	23	45	14	12	22	8	7	20	43	20	2	1	2	6	45	1	40	26	39	44	1
						Goals			26		1	2			2	1		7	6	1			1	11		19			2	

One own goal

F.A. Cup

							Bowler GC	Brewer AP	Constantine J	Finlayson MJ	Fisher GS	Hartburn J	Hencher KEE	Hinton E	Hodgetts F	Hurrell WP	Jardine A	Johnson J	Jones JM	Jones L	Lyons AE	Mansfield RW	Monkhouse ATW	Morgan AS	Morton W	Neary HF	Quinn D	Reeves F	Short JD	Thrippleton A
R1	Nov	29	Crystal Palace	4-1	Johnson, Morgan, Neary, Constantine	14817	5		8		3			1			2	7	11					10		9		6	4	
R2	Dec	9	BRADFORD PARK AVE.	1-1	Neary	22844	5		8		3			1			2	7	11					10		9		6	4	
rep		13	Bradford Park Avenue	1-0	Morgan	11507	5		8		3			1	11		2	7						10		9		6	4	
R3	Jan	6	Queen's Park Rangers	4-3	Neary 2, Johnson, Constantine	25777	5		8	1	3						2	7		11				10		9		6	4	
R4		27	FULHAM	0-1		42170	5		8	1	3				11		2	7						10		9		6	4	

New Brighton

Bottom of Division Three (North): Not re-elected

No	Date	Opponent	Score	Scorers	Att	Alldis GJ	Bannerman TG	Barton L	Carter DF	Cochrane GN	Eaves E	Finlay J	Friel JP	Galbraith WMcM	Grimley TW	Guild J	Heggie WC	Jones J	Jones JA	Lamont WT	Lees A	McTaff S	Mortimer JMcC	Musgrave D	Richardson N	Roberts S	Saunders LJ	Shepherd AL	Stirland CJ	Turner AS	Yates R
1	Aug 19	Halifax Town	2-0	Carter, Roberts	7680	11	7	6	10					3	1			8		2	5					9			4		
2	22	SOUTHPORT	1-0	J Jones	8114	11	7	6	10					3	1			8		2	5					9			4		
3	26	HARTLEPOOLS UNITED	1-0	J Jones	6079	11	7	6	10					3	1			8		2	5					9			4		
4	29	Southport	1-0	Bannerman	8938	11	7	6	10					3	1			8		2	5					9			4		
5	Sep 2	Gateshead	0-4		14037	6	7		10					3	1			8		2	5			11		9			4		
6	5	DARLINGTON	2-2	Musgrave, Carter	6536			6	10					3	1			8		2	5			11		9		7	4		
7	9	CREWE ALEXANDRA	0-2		6582			6	10					3	1			8		2	5			11		7			4		9
8	13	Darlington	3-5	Roberts 2 (1p), Musgrave	6278		7	3					10		1			6		2	5	4		11		8					9
9	16	TRANMERE ROVERS	1-1	Yates	8847	6	7						10	3					1	2	5	4		11		8					9
10	23	Bradford City	0-3		14395	6	7						10	3					1	2	5	4		11		8					9
11	30	ROCHDALE	1-5	Carter	4852		7		10					3				8	1	2	5	4		11		9			6		
12	Oct 7	ROTHERHAM UNITED	2-4	Bannerman, Carter	4419		7		10					3				8	1	2	5	4		11		9			6		
13	14	Mansfield Town	0-4		10464		7	6	10					3	1			8				4	2	11					5		9
14	21	YORK CITY	0-0		3839		9		10					3	1			8			5	4		11	2	7			6		
15	28	Barrow	1-1	Forbes (og)	5683		9		10					3	1			8			5	4		11	2	7			6		
16	Nov 4	ACCRINGTON STANLEY	1-1	Bannerman	3455		9	6	10					3	1			8			5	4		11	2	7					
17	11	Carlisle United	0-1		12629		9	6	10					3	1			8			5	4		11	2	7					
18	18	SCUNTHORPE UNITED	1-2	Roberts	3060		9	6	10					3	1			8			5			11	2	7			4		
19	Dec 2	OLDHAM ATHLETIC	2-0	Shepherd 2	3280				10					3				8	1		5	4		11	2	9		7	6		
20	16	HALIFAX TOWN	1-0	Carter	2124				10					3				8	1		5	4		11	2	9		7	6		
21	23	Hartlepools United	1-0	Roberts	4520				10					3				8	1		5	4		11	2	9		7	6		
22	25	STOCKPORT COUNTY	1-0	Carter	4153				10					3				8	1		5	4		11	2	9		7	6		
23	26	Stockport County	0-4		12588		7			10				3				8	1		5	4		11	2	9			6		
24	Jan 6	LINCOLN CITY	0-1		2256			2	10									8	1		5	4		11	3	9		7	6		
25	13	Crewe Alexandra	0-2		4629		7		10					3				8	1		5	4		11	2	9			6		
26	20	Tranmere Rovers	3-4	McDonald (og), Saunders 2	12253		7		10					3				8	1		5	4		11	2		9		6		
27	27	Lincoln City	0-3		11332		7		10									8	1	3	5	4		11	2		9		6		
28	Feb 3	BRADFORD CITY	0-6		3590	4			10									8	1	3	5			11	2	7	9		6		
29	10	SHREWSBURY TOWN	0-0		3827		7	2	10										1		5	4		11	3	8	9		6		
30	17	Rochdale	0-1		3689		7	2	10					3				8	1		5	4		11					6	9	
31	24	Rotherham United	0-5		13386	11	9	6	10									8	1	3	5				2			7	4		
32	Mar 3	MANSFIELD TOWN	0-1		3347		9	6	10			7		3					1	2	5			11		8			4		
33	10	York City	0-2		6386			4				7		10		6	2	8	1	3	5			11		9					
34	17	BARROW	1-2	Galbraith	1922		9		10			7		6		4	2		1	3	5			11		8					
35	24	Accrington Stanley	1-1	J Jones	3495			2	10			7		3				8	1	5		4		11					6	9	
36	31	CARLISLE UNITED	0-1		2668			2	10			7		3				8	1		5	4		11					6	9	
37	Apr 4	GATESHEAD	0-1		2668	6		2	10			7		3				8	1		5	4		11						9	
38	7	Scunthorpe United	0-6		8588	11	7	2		10		8		3					1		5	4						9	6		
39	11	Bradford Park Avenue	1-2	Finlay	5227			4	11			7		3			9	8	1	2	5					10			6		
40	14	WREXHAM	3-0	J Jones 3	2563			4	11			7		3			9	8	1	2	5					10			6		
41	18	Wrexham	1-0	Finlay	4924			4	11			7		3			9	8	1	2	5					10			6		
42	21	Oldham Athletic	1-3	Ball (og)	9827			4	11			7		3			9	8	1	2	5					10			6		
43	25	Chester	1-3	J Jones	3535			4	11			7		3			9	8	1	2	5					10			6		
44	28	BRADFORD PARK AVE.	3-3	Barton, Heggie 2	2450			4			10	7		3			9	8	1	2	5			11					6		
45	May 2	CHESTER	1-0	Heggie	2421			4	10			7		3			9	8	1	2	5			11					6		
46	5	Shrewsbury Town	2-4	Heggie 2	7320	4		6	10			7		3			9	8	1	2	5			11							

	Alldis GJ	Bannerman TG	Barton L	Carter DF	Cochrane GN	Eaves E	Finlay J	Friel JP	Galbraith WMcM	Grimley TW	Guild J	Heggie WC	Jones J	Jones JA	Lamont WT	Lees A	McTaff S	Mortimer JMcC	Musgrave D	Richardson N	Roberts S	Saunders LJ	Shepherd AL	Stirland CJ	Turner AS	Yates R
Apps	12	26	29	39	2	1	15	3	40	14	2	10	40	32	27	44	25	1	35	17	34	4	8	37	4	5
Goals		3	1	6			2		1			5	7						2		5	2	2			1

Three own goals

F.A. Cup

Rd	Date	Opponent	Score	Scorers	Att	Alldis GJ	Bannerman TG	Barton L	Carter DF	Cochrane GN	Eaves E	Finlay J	Friel JP	Galbraith WMcM	Grimley TW	Guild J	Heggie WC	Jones J	Jones JA	Lamont WT	Lees A	McTaff S	Mortimer JMcC	Musgrave D	Richardson N	Roberts S	Saunders LJ	Shepherd AL	Stirland CJ	Turner AS	Yates R
R1	Nov 25	Port Vale	2-3	Carter 2	9100	11			10					3	1			8			5	4			2	9		7	6		

Newcastle United

4th in Division One

	Date	Opponent	Score	Scorers	Att	Batty RR	Brennan F	Corbett R	Cowell GR	Crowe CA	Fairbrother J	Graham D	Hannah G	Harvey J	Houghton FC	McMichael A	McNeil MA	Milburn JET	Mitchell RC	Paterson TA	Robledo EO	Robledo GO	Stokoe R	Taylor E	Walker TJ
1	Aug 19	Stoke City	2-1	Milburn 2 (1p)	28547		5		2		1		10	4	6	3		9	11					8	7
2	23	WEST BROMWICH ALB.	1-1	Brennan	48720		5		2		1			4	6	3		9	11			10		8	7
3	26	EVERTON	1-1	Taylor	49096		5		2		1			4	6	3		9	11			10		8	7
4	30	West Bromwich Albion	2-1	Milburn, Mitchell	29377		5		2	6	1			4		3		9	11			10		8	7
5	Sep 2	Portsmouth	0-0		43243		5		2	6	1			4		3		9	11			10		8	7
6	6	HUDDERSFIELD T	6-0	Milburn 3, Mitchell, Robledo, Taylor	34031		5		2	6	1			4		3		9	11			10		8	7
7	9	CHELSEA	3-1	Walker 2, Milburn	56903		5		2	6	1			4		3		9	11			10		8	7
8	13	Huddersfield Town	0-0		30343		5		2	6	1			4		3		9	11			10		8	7
9	16	Burnley	1-1	Milburn	33283		5		2	6	1			4		3		9	11			10		8	7
10	23	ARSENAL	2-1	Milburn, Taylor	66926		5		2	6	1			4		3		9	11			10		8	7
11	30	Sheffield Wednesday	0-0		40293		5		2	6	1			4		3		9	11			10		8	7
12	Oct 7	Aston Villa	0-3		41989		5		2	6	1	3		4	9				11			10		8	7
13	14	DERBY COUNTY	3-1	Milburn, Mitchell, Walker	54793		5		2	6	1			4		3		9	11			10		8	7
14	21	Bolton Wanderers	2-0	Robledo, Taylor	49213		5		2	6	1			4		3		9	11			10		8	7
15	28	BLACKPOOL	4-2	Robledo 3, Milburn	61008		5		2	6	1			4		3		9	11			10		8	7
16	Nov 4	Liverpool	4-2	Robledo 3, Taylor	48810		5		2	6	1			4		3		9	11			10		8	7
17	11	FULHAM	1-2	Quested (og)	54234		5		2	6	1			4		3		9	11			10		8	7
18	18	Tottenham Hotspur	0-7		70336		5		2	6	1			4		3		9	11			10		8	7
19	25	CHARLTON ATHLETIC	3-2	Milburn 2, Walker	48267		5		2	6	1		10	4		3		8	11			9			7
20	Dec 2	Manchester United	2-1	Hannah, Walker	36300		5	11	2	6	1		10	4		3						9		8	7
21	9	WOLVERHAMPTON W.	1-1	Walker	48492		5	11	2	6	1		10	4		3						9		8	7
22	16	STOKE CITY	3-1	Hannah, Mitchell, Robledo	29505	3	5		2	6	1		10	4					11			9		8	7
23	23	Everton	1-3	Taylor	35870	3	5		2	6	1		10	4					11			9		8	7
24	25	Middlesbrough	1-2	Stokoe	41318	3			2	6	1			4			5		11	10			9	8	7
25	Jan 13	Chelsea	1-3	Mitchell	43840				2	6	1			4		3	5	9	11			10		8	7
26	20	BURNLEY	2-1	Milburn 2	40658			3	2	6	1			4			5	9	11			10		8	7
27	Feb 3	Arsenal	0-0		52074		5	3	2	6	1			4				9	11			10		8	7
28	17	SHEFFIELD WEDNESDAY	2-0	Robledo, Taylor	47075		5	3	2		1			4				9	11		6	10		8	7
29	Mar 3	Derby County	2-1	Robledo, Walker	25599			3	2	6	1			4				9	11			10	5	8	7
30	17	Blackpool	2-2	Milburn, Robledo	24825		5	3	2	6	1		8					9	11			10	4		7
31	23	SUNDERLAND	2-2	Harvey, Milburn	62173		5	3	2	6	1			4				9	11			10		8	7
32	24	LIVERPOOL	1-1	Mitchell	45535		5	3	2	6	1							9	11			10	4	8	7
33	26	Sunderland	1-2	Mitchell	55159		5	3	2	6	1		10					9	11				4	8	7
34	31	Fulham	1-1	Walker	28107			3	2	6	1			4			5		11			10	9	8	7
35	Apr 4	ASTON VILLA	0-1		38543		5	3	2	6	1							9	11			10	4	8	7
36	7	TOTTENHAM HOTSPUR	0-1		41241			3	2	6	1						5	9	11			10	4	8	7
37	11	PORTSMOUTH	0-0		32222			3	2		1		10				5		11		6	9	4	8	7
38	14	Charlton Athletic	3-1	Robledo, Taylor, Phipps (og)	25798			3	2		1		10	4			5		11		6	9		8	7
39	18	BOLTON WANDERERS	0-1		39099			3	2	6	1		10	4			5	9	11					8	7
40	21	MANCHESTER UNITED	0-2		45209		5	3	2	6	1			4				9	11			10		8	7
41	May 2	Wolverhampton Wan.	1-0	Robledo	27015		5	3	2	6	1		10	4					11			9		8	7
42	5	MIDDLESBROUGH	1-0	Walker	35935				2	6	1		10	4		3	5		11			9		8	7
					Apps	3	32	18	42	36	42	1	13	36	4	22	9	31	40	1	3	38	9	40	42
					Goals		1						2	1				17	7			14	1	8	9

Two own goals

F.A. Cup

	Date	Opponent	Score	Scorers	Att	Batty RR	Brennan F	Corbett R	Cowell GR	Crowe CA	Fairbrother J	Graham D	Hannah G	Harvey J	Houghton FC	McMichael A	McNeil MA	Milburn JET	Mitchell RC	Paterson TA	Robledo EO	Robledo GO	Stokoe R	Taylor E	Walker TJ
R3	Jan 6	BURY	4-1	Milburn, Robledo, Taylor, Walker	33944				2		1			4		3	5	9	11		6	10		8	7
R4	27	BOLTON WANDERERS	3-2	Milburn 2, Mitchell	67596			3	2	6	1			4			5	9	11			10		8	7
R5	Feb 10	Stoke City	4-2	Robledo 2, Milburn, Mitchell	48500		5	3	2	6	1			4				9	11			10		8	7
R6	24	BRISTOL ROVERS	0-0		63000		5	3	2	6	1			4				9	11			10		8	7
R6	28	Bristol Rovers	3-1	Crowe, Milburn, Taylor	30724		5	3	2	6	1			4				9	11			10		8	7
SF	Mar 10	Wolverhampton Wan.	0-0		62250		5	3	2	6	1			4				9	11			10		8	7
rep	14	Wolverhampton Wan.	2-1	Milburn, Mitchell	47349		5	3	2	6	1			4				9	11			10		8	7
F	Apr 28	Blackpool	2-0	Milburn 2	100000		5	3	2	6	1			4				9	11			10		8	7

SF at Hillsborough. Replay at Leeds Road, Huddersfield. Final at Wembley Stadium.

Newport County

11th in Division Three (South)

						Ashton RW	Aston AJ	Bartholomew H	Beattie G	Birch C	Comley LG	Evans HWR	Fearnley HL	Haines DN	Haines MJ	Hayward DS	James WG	Lester LJ	Lunn WJ	Molloy GW	Moore JFB	Newall DJ	Parker REA	Pope TJ	Poyner RC	Roffi GTA	Shergold WR	Staples LE	Stroud WJA	Wilcox R	Williams M
1	Aug 19	NOTTM. FOREST	0-2		16595						8		1		7	3	2				11	6	9			10			4	5	
2	24	Port Vale	0-1		30196						8		1		7	3	2		10		11	6	9			4				5	
3	26	Torquay United	4-3	Comley, Parker, Roffi, Shergold	10276						8		1		7	3					11	6	9			4	10			5	2
4	31	PORT VALE	2-1	Parker (p), Moore	13537						8		1		7	3					11	6	9				10	4		5	2
5	Sep 2	ALDERSHOT	7-0	Roffi 4, Parker 2, M Haines	13696								1		7	3					11	6	9			8	10	4		5	2
6	7	Watford	2-0	Parker, Moore	9451								1		7	3					11	6	9			8	10	4		5	2
7	9	Swindon Town	0-2		14021								1		7	3					11	6	9			8	10	4		5	2
8	14	WATFORD	2-2	Newall, Moore	12116			2			8		1		7	3					11	6	9				10	4		5	
9	16	COLCHESTER UNITED	2-0	Parker 2	16021			2					1		7	3					11	6	9			8	10	4		5	
10	21	NORTHAMPTON T	2-2	Parker, Moore	13845		11	2					1		7	3					10	6	9			8		4		5	
11	23	Bristol Rovers	0-1		19816								1		7	3	2		11		10	6	9			8		4		5	
12	30	CRYSTAL PALACE	2-4	Comley, Moore	10114	1			8		10				7	3					11	6	9					4		5	2
13	Oct 7	MILLWALL	2-3	Moore, Beattie	13129				8		10		1		7	3					11	6	9					2	4	5	
14	14	Bristol City	1-2	Parker	22930		11		8	7			1			3		6			10		9					2	4	5	
15	21	GILLINGHAM	1-0	Shergold	9828				8		7		1			3					11	6	9				10	2	4	5	
16	28	Bournemouth	0-2		13466				8				1		7	3					11	6	9				10	2	4	5	
17	Nov 4	EXETER CITY	0-3		10653				8	7			1			3					11	6	9				10	2	4	5	
18	11	Southend United	0-3		9882		11		8	7			1			3						6	9				10	2	4	5	
19	18	READING	5-0	Birch 2, Parker, Shergold, Aston	8529		11		8	7			1			3						6	9				10	2	4	5	
20	Dec 2	IPSWICH TOWN	1-2	Hayward (p)	11496		11		8	7			1			3						6	9				10	2	4	5	
21	23	TORQUAY UNITED	2-1	Parker, Shergold	8369				8	7			1	3							11	6	9				10	2	4	5	
22	25	Walsall	0-0		7832				8	7			1			3	10				11	6	9					2	4	5	
23	26	WALSALL	3-0	Parker, Moore, Birch	13160				8	7			1			3	10				11	6	9					2	4	5	
24	30	Aldershot	1-3	Moore	6291				8	7			1			3					11	6	9				10	2	4	5	
25	Jan 13	SWINDON TOWN	2-1	Shergold, Birch	12485				8	7			1			3					11	6	9				10	2	4		5
26	20	Colchester United	1-1	Birch	8230				8	7						3					11	6	9	1			10	2	4	5	
27	Feb 3	BRISTOL ROVERS	2-1	Birch 2	11802				8	7						3	10	6		4	11		9	1				2		5	
28	10	Plymouth Argyle	1-1	Parker	13408				8	7						3					11	6	9	1			10	2	4	5	
29	17	Crystal Palace	1-1	Shergold	9990				8	7						3					11	6	9	1			10	2	4	5	
30	24	Millwall	4-2	Parker, Moore, Shergold, Beattie	15788				8	7						3					11	6	9	1			10	2	4	5	
31	Mar 3	BRISTOL CITY	0-1		11494				8	7						3					11	6	9	1			10	2	4	5	
32	10	Gillingham	1-0	Birch	9040				8	7						3					11	6	9	1			10	2	4	5	
33	24	Exeter City	2-2	Parker, Beattie	7565				8	7						3					11	6	9	1			10	2	4	5	
34	26	Norwich City	1-2	Birch	35267				8	7						3					11	6	9	1			10	2	4	5	
35	31	SOUTHEND UNITED	6-1	Moore 2, Shergold 2, Parker, Birch	9544				8	7						3					11	6	9	1			10	2	4	5	
36	Apr 5	Northampton Town	4-1	Moore 2, Hayward (p), Parker	6425				8	7						3					11	6	9	1			10	2	4	5	
37	7	Reading	0-5		12939				8	7						3					11	6	9	1	4		10	2		5	
38	12	Leyton Orient	3-0	Parker, Moore, Shergold	8270				8	7						3					11	6	9	1			10	2	4	5	
39	14	PLYMOUTH ARGYLE	2-0	Parker, Moore	11962				8	7						3					11	6	9	1			10	2	4	5	
40	18	Brighton & Hove Albion	1-9	Parker (p)	12114				8	7		4				3					11	6	9	1			10	2		5	
41	21	Ipswich Town	1-2	Moore	10294				8	7		4				3					11	6	9	1			10	2		5	
42	25	NORWICH CITY	1-1	Moore	13862				8	7						3					11	6	9	1			10	2	4	5	
43	28	LEYTON ORIENT	0-0		7564				8							3					11	6	9	1			10	2	4	5	
44	30	BOURNEMOUTH	1-0	Shergold	5563				8							3				7	11	6	9	1			10		4	5	2
45	May 2	Nottingham Forest	1-2	Parker	21468				8							3				7	11	6	9	1			10	2	4	5	
46	5	BRIGHTON & HOVE ALB	3-0	Parker, Moore, Birch	9274				8	7						3					11	6	9	1			10	2	4	5	

Played in game 43 at 7: AL Davies

	Ashton RW	Aston AJ	Bartholomew H	Beattie G	Birch C	Comley LG	Evans HWR	Fearnley HL	Haines DN	Haines MJ	Hayward DS	James WG	Lester LJ	Lunn WJ	Molloy GW	Moore JFB	Newall DJ	Parker REA	Pope TJ	Poyner RC	Roffi GTA	Shergold WR	Staples LE	Stroud WJA	Wilcox R	Williams M
Apps	1	5	3	35	28	8	2	24	1	14	45	6	2	2	3	43	44	46	21	1	9	36	42	31	45	8
Goals		1		3	11	2				1	2					18	1	22			5	11				

F.A. Cup

						Ashton RW	Aston AJ	Bartholomew H	Beattie G	Birch C	Comley LG	Evans HWR	Fearnley HL	Haines DN	Haines MJ	Hayward DS	James WG	Lester LJ	Lunn WJ	Molloy GW	Moore JFB	Newall DJ	Parker REA	Pope TJ	Poyner RC	Roffi GTA	Shergold WR	Staples LE	Stroud WJA	Wilcox R	Williams M
R1	Nov 25	WALSALL	4-2	Parker 2, Hayward (p), Shergold	13891		11		8	7			1			3						6	9				10	2	4	5	
R2	Dec 9	Hereford United	3-0	Parker, Moore, Shergold	15526				8	7			1			3					11	6	9				10	2	4	5	
R3	Jan 6	READING	3-2	Parker, Birch, Shergold	12086				8	7			1			3					11	6	9				10	2	4	5	
R4	27	NORWICH CITY	0-2		20293				8	7						3					11	6	9	1			10	2	4	5	

Northampton Town

21st in Division Three (South)

	Date	Opponent	Score	Scorers	Att	Ansell W	Barron W	Candlin MH	Coley WE	Collins BV	Davie JG	Dixon A	Docherty J	Duckhouse E	English J	Feehan I	Fowler T	Freeman NF	Garrett ACE	Hughes TG	Maxwell K	McCulloch ABR	Mitchell AJ	Mulgrew T	Murphy E	Potts HJ	Smalley T	Smith D	Smith JO	Southam JH	Woollard AJ
1	Aug 19	Ipswich Town	1-1	Smalley	15325	1	3	4			6	8		5								9	11		10		2		7		
2	23	Norwich City	0-0		27300	1	3	4			6	8		5								9	11		10		2		7		
3	26	Port Vale	3-0	Barron, McCulloch, J Smith	21424	1	3	4			6	8		5								9	11		10		2		7		
4	31	NORWICH CITY	1-2	McCulloch	17696	1	3	4			6	8		5								9	11		10		2		7		
5	Sep 2	NOTTM. FOREST	2-2	McCulloch, Mitchell	17887	1	3	4			6	8		5								9	11		10	7	2				
6	7	Leyton Orient	0-1		17867	1	3	4			6	8		5								9	11		10	7	2				
7	9	Torquay United	1-1	Mitchell	9219	1	3	4			6	8		5								9	11		10		2		7		
8	14	LEYTON ORIENT	3-3	Dixon, McCulloch, Murphy	11344	1	3	4			6	8		5								9	11		10	7	2				
9	16	ALDERSHOT	1-0	Dixon	12072	1	3	4			6	8		5								9	11		10	7	2				
10	21	Newport County	2-2	McCulloch 2	13845	1	3	4			6	8		5								9	11		10	7	2				
11	23	Swindon Town	0-1		13708	1	3	4			6	8		5								9	11		10	7	2				
12	30	COLCHESTER UNITED	2-1	Candlin, Dixon	10160	1	3	4			6	8		5								9	11		10	7	2				
13	Oct 7	WALSALL	1-1	Dixon	12190	1	3	4			6	8		5								9	11		10	7	2				
14	14	Watford	1-0	Dixon	14409	1	3	4			6	8		5								9	11		10	7	2				
15	21	MILLWALL	1-2	Dixon	16346	1	3	4		5	6	8										9	11		10	7	2				
16	28	Bristol City	0-1		20798		3	4		5	6	8			7	1						9	11		10		2				
17	Nov 4	GILLINGHAM	4-1	Dixon, English 2, Mitchell	10785		3	4			6	8		5	7	1						9	11		10		2				
18	11	Bournemouth	0-1		13004	1	3	4			6	8		5	7							9	11		10		2				
19	18	EXETER CITY	4-1	Dixon, English 2, McCulloch	11503	1	3	4	6			8		5	7					10		9	11				2				
20	Dec 2	READING	1-1	Mitchell	11106	1	3	4	6			8		5	7					10		9	11				2				
21	16	IPSWICH TOWN	2-1	Dixon 2	7123	1	3	4	6			8		5	7							9	11		10		2				
22	23	PORT VALE	1-1	Mitchell	8785	1	3	4	6			8		5	7							9	11		10		2				
23	25	Crystal Palace	0-0		11001	1	3	4	6			8		5	7							9	11		10		2				
24	26	CRYSTAL PALACE	2-0	McCulloch 2	12607	1	3	4	6			8		5	7							9	11		10		2				
25	Jan 13	TORQUAY UNITED	1-0	Dixon	10976	1		4	6			8		5	7							9	11		10		2			3	
26	20	Aldershot	0-3		7875	1	3	4			6		8	5	7							9	11		10		2				
27	Feb 3	SWINDON TOWN	1-2	English	7195	1		4			6	8			7					5		9	11		10		2			3	
28	10	Southend United	0-3		9185	1		4			6	8			7				9	5			11		10		2			3	
29	17	Colchester United	1-2	Mitchell	7048			4			6	8			7	1			9	5			11		10					2	3
30	24	Walsall	0-1		11941		3				6	8		5	7	1			9	4			11		10					2	
31	Mar 3	WATFORD	6-0	*See below	9136		3				4	8		5	7	1			9	6			11		10					2	
32	10	Millwall	1-2	English	13187		3				4	8		5	7	1			9	6			11		10					2	
33	17	BRISTOL CITY	2-2	English 2	8042						4	8		5	7	1			10	6		9	11							2	3
34	23	Brighton & Hove Albion	1-5	McCulloch	15511						4	8		5		1	11		10	6		9						7		2	3
35	24	Gillingham	1-3	Fowler	10657						4	8		5		1	11		10	6		9					2	7		3	
36	27	BRIGHTON & HOVE ALB	0-0		8966		3				4	8		5			11	1	10	6		9	7							2	
37	31	BOURNEMOUTH	0-1		6260		3		6		10	8		5		1	11			4		9	7							2	
38	Apr 5	NEWPORT COUNTY	1-4	Fowler	6425		3		6		10	8		5		1	11			4		9	7							2	
39	7	Exeter City	0-1		6141		3				4	8		5		1	11			10	6	9	7				2				
40	9	Plymouth Argyle	1-4	McCulloch	7846		3				4	8		5		1	11			10	6	9	7				2				
41	14	SOUTHEND UNITED	1-1	McCulloch	7342		3				6	10		5		1	11			4		9	7	8			2				
42	19	BRISTOL ROVERS	1-1	Hughes	6796		3				6	10		5		1	11			4		9	7	8			2				
43	21	Reading	0-2		13401		3				4	10		5		1	11			6		9	7	8			2				
44	25	Nottingham Forest	2-2	Fowler, Mulgrew	27244						6			5		1	11		10	4		9	7	8			2			3	
45	28	PLYMOUTH ARGYLE	1-3	McCulloch	6342		3				6	10		5		1	11			4		9	7	8			2				
46	May 5	Bristol Rovers	1-1	McCulloch	10739			4		2	6			5		1	11		10	3		9	7								

Scorers in game 31: Davie, Dixon, English, Garrett, Mitchell, Murphy

Played at 8 in game 46: RG Burn

	Ansell W	Barron W	Candlin MH	Coley WE	Collins BV	Davie JG	Dixon A	Docherty J	Duckhouse E	English J	Feehan I	Fowler T	Freeman NF	Garrett ACE	Hughes TG	Maxwell K	McCulloch ABR	Mitchell AJ	Mulgrew T	Murphy E	Potts HJ	Smalley T	Smith D	Smith JO	Southam JH	Woollard AJ
Apps	26	37	30	9	3	39	43	1	41	18	19	13	1	11	22	2	41	44	5	30	10	36	2	5	14	3
Goals		1	1			1	12			9		3		1	1		14	7	1	2		1		1		

F.A. Cup

	Date	Opponent	Score	Scorers	Att	Ansell W	Barron W	Candlin MH	Coley WE	Collins BV	Davie JG	Dixon A	Docherty J	Duckhouse E	English J	Feehan I	Fowler T	Freeman NF	Garrett ACE	Hughes TG	Maxwell K	McCulloch ABR	Mitchell AJ	Mulgrew T	Murphy E	Potts HJ	Smalley T	Smith D	Smith JO	Southam JH	Woollard AJ
R3	Jan 6	BARNSLEY	3-1	Mitchell 2(1p), Murphy	16818	1	3	4	6			8		5	7							9	11		10		2				
R4	27	Arsenal	2-3	English 2	72408	1		4			6	8		5	7							9	11		10		2			3	

Norwich City

2nd in Division Three (South)

	Date		Opponent	Score	Scorers	Att	Arnold EA	Ashman RG	Bradley J	Docherty T	Duffy J	Dutton LL	Ephgrave GA	Eyre EL	Foulkes RE	Gavin JT	Hollis RW	Holmes BHF	Kinsey N	Lewis WA	Morgan RD	Nethercott KWS	Owens TL	Pickwick DHJ	Summers JH	Tobin M
1	Aug	19	PORT VALE	2-0	Gavin, Owens	27288		6		11				10	5	7			8	3	2	1	9	4		
2		23	NORTHAMPTON T	0-0		27300		6		11				10	5	7			8	3	2	1	9	4		
3		26	Nottingham Forest	2-4	Kinsey, Eyre	28250		6		11				10	5	7			8	3	2	1	9	4		
4		31	Northampton Town	2-1	Owens, Eyre	17696		6		11				10	5	7			8	3	2	1	9	4		
5	Sep	2	TORQUAY UNITED	1-1	Owens	25447		6		11				10	5	7			8	3	2	1	9	4		
6		7	Walsall	1-0	Eyre	10831		6		11				10	5	7			8	3		1	9	4		2
7		9	Aldershot	1-1	Eyre	8238		6		11				10	5	7			8	3		1	9	4		2
8		13	WALSALL	1-0	Eyre	22090		6		11				10	5	7			8	3		1	9	4		2
9		16	SWINDON TOWN	2-0	Gavin, Kinsey	23289		6		11	2			10	5	7	9		8	3		1		4		
10		23	Colchester United	3-2	Gavin 2, Hollis	13843		6		11	2			10	5	7	9		8	3		1		4		
11		30	BRISTOL ROVERS	2-0	Eyre, Docherty	23965		6		11	2			10	5	7	9		8	3		1		4		
12	Oct	7	WATFORD	3-1	Gavin, Kinsey, Eyre	24507		6		11	2			10	5	7	9		8	3		1		4		
13		14	Millwall	1-1	Hollis	34780		6		11	2			10	5	7	9		8	3		1		4		
14		21	BRISTOL CITY	0-0		27130		6		11	2			10	5	7	9		8	3		1		4		
15		28	Gillingham	2-2	Hollis 2	14348		6		11	2			10	5	7	9		8	3		1		4		
16	Nov	4	BOURNEMOUTH	3-0	Gavin, Kinsey, Hollis	23160		6		11	2			10	5	7	9		8	3		1		4		
17		11	Exeter City	2-1	Eyre, Hollis	12595		6		11	2			10	5	7	9		8	3		1		4		
18		18	SOUTHEND UNITED	3-0	Hollis 3	24783		6		11	2			10	5	7	9		8	3		1		4		
19	Dec	2	PLYMOUTH ARGYLE	1-0	Gavin	26891		6		11	2			10	5	7	9		8	3		1		4		
20		23	NOTTM. FOREST	2-0	Gavin, Kinsey	29818		6		11	2			10	5	7	9		8	3		1		4		
21		26	Brighton & Hove Albion	1-1	Hollis	14134		6		11	2			10	5	7	9		8	3		1		4		
22		27	BRIGHTON & HOVE ALB	1-1	Gavin	22893		6		11	2			10	5	7	9		8	3		1		4		
23		30	Torquay United	5-1	Gavin 2, Kinsey 2 (1p), Eyre	5948		6		11	2			10	5	7	9		8	3		1		4		
24	Jan	11	Leyton Orient	1-3	Foulkes (p)	4475		6		11	2			10	5	7	9		8	3		1		4		
25		13	ALDERSHOT	2-2	Ashman, Hollis	18552		6		11	2			10	5	7	9		8	3		1		4		
26		20	Swindon Town	0-1		13140		6		11	2			10	5	7	9		8	3		1		4		
27	Feb	1	LEYTON ORIENT	3-1	Pickwick, Gavin, Kinsey	12500		6		11	2	10			5	7	9		8	3		1		4		
28		3	COLCHESTER UNITED	1-1	Hollis	25110		6		11	2	10			5	7	9		8	3		1		4		
29		14	Reading	1-3	Foulkes (p)	11426		6		11	2			10	5	7	9		8	3		1		4		
30		24	Watford	2-0	Pickwick, Dutton	13293	3	6		11	2	10			5	7	9		8			1		4		
31	Mar	3	MILLWALL	2-1	Kinsey 2	26959	3	6	10	11	2				5	7	9		8			1		4		
32		10	Bristol City	2-2	Gavin, Kinsey	22079	3	6	10	11	2				5	7	9		8			1		4		
33		17	GILLINGHAM	2-0	Gavin, Summers	19010	3	6		11	2		1	10	5	7			8					4	9	
34		24	Bournemouth	0-0		14165		6		11	2	10			5	7	9		8	3		1		4		
35		26	NEWPORT COUNTY	2-1	Foulkes, Kinsey	35267		6		11	2	10			5	7	9		8	3		1		4		
36		31	EXETER CITY	3-0	Gavin 2, Kinsey	21705		6		11	2	10			5	7	9		8	3		1		4		
37	Apr	2	Port Vale	1-2	Foulkes (p)	10247		6		11	2				5	7	9		8	3		1		4	10	
38		7	Southend United	2-0	Summers 2	12836		6		11	2	10			5	7			8	3		1		4	9	
39		11	Ipswich Town	1-0	Foulkes	24289		6		11	2	10			5	7			8	3		1		4	9	
40		14	READING	2-1	Pickwick, Summers	30003		6			2	10			5	7	9		8	3		1		4	11	
41		18	Crystal Palace	5-0	Eyre 2, Hollis 3	14782		6		11	2	4		10	5	7	9		8	3		1				
42		21	Plymouth Argyle	1-2	Foulkes (p)	20451		6		11	2	4		10	5	7	9		8	3		1				
43		25	Newport County	1-1	Eyre	13862		6		11	2			10	5	7	9		8	3		1		4		
44		28	IPSWICH TOWN	1-3	Hollis	30210		6		11	2	4		10	5	7	9		8	3		1				
45		30	Bristol Rovers	3-3	Gavin, Owens, Eyre	12957		6		11	2	4		10		7		5	8	3		1	9			
46	May	5	CRYSTAL PALACE	3-1	Ashman 2 (1p), Eyre	15693		6		11	2	4		10		7		5	8	3		1	9			
						Apps	4	46	2	45	38	14	1	34	44	46	33	2	46	42	5	45	10	41	5	3
						Goals		3		1		1		14	6	17	16		13				4	3	4	

F.A. Cup

	Date		Opponent	Score	Scorers	Att	Arnold EA	Ashman RG	Bradley J	Docherty T	Duffy J	Dutton LL	Ephgrave GA	Eyre EL	Foulkes RE	Gavin JT	Hollis RW	Holmes BHF	Kinsey N	Lewis WA	Morgan RD	Nethercott KWS	Owens TL	Pickwick DHJ	Summers JH	Tobin M
R1	Nov	25	WATFORD	2-0	Eyre, Hollis	22045		6		11	2			10	5	7	9		8	3		1		4		
R2	Dec	9	Rhyl	1-0	Kinsey	7448		6		11	2			10	5	7	9		8	3		1		4		
R3	Jan	6	LIVERPOOL	3-1	Eyre, Docherty 2	34693		6		11	2			10	5	7	9		8	3		1		4		
R4		27	Newport County	2-0	Docherty, Dutton	20293		6		11	2	10			5	7	9		8	3		1		4		
R5	Feb	10	Sunderland	1-3	Gavin	65125		6		11	2			10	5	7	9		8	3		1		4		

Nottingham Forest

Champions of Division Three (South): Promoted

No	Date	Opponent	Score	Scorers	Att	Anderson I	Ardron W	Burkitt JO	Capel TA	Clarke J	Collindridge C	Gager HE	Hutchinson JA	Johnson T	Leverton R	Love JT	Morley W	Scott FH	Thomas GS	Walker GH	Whare W
1	Aug 19	Newport County	2-0	Collindridge, Johnson	16595		9	6			11	5		10	8		4	7	3	1	2
2	23	BRIGHTON & HOVE ALB	4-0	Capel 2, Ardron, Collindridge	22312		9	6	10		11	5			8		4	7	3	1	2
3	26	NORWICH CITY	4-2	Ardron 2, Capel 2	28250		9	6	10	3	11	5			8		4	7		1	2
4	30	Brighton & Hove Albion	2-1	Ardron, Collindridge	13665		9	6	10		11	5			8		4	7	3	1	2
5	Sep 2	Northampton Town	2-2	Capel, Leverton	17887		9	6	10		11	5			8		4	7	3	1	2
6	6	PLYMOUTH ARGYLE	4-1	* see below	17694		9	6	10		11	5			8		4	7	3	1	2
7	9	PORT VALE	2-1	Ardron, Capel	29295	4	9	6	10		11	5			8			7	3	1	2
8	13	Plymouth Argyle	2-0	Ardron 2	20146	4	9	6	10		11	5			8			7	3	1	2
9	16	Reading	2-0	Ardron 2	19341	4	9	6	10		11	5		8				7	3	1	2
10	23	Torquay United	2-3	Capel 2	10909	4	9	6	10		11	5		8				7	3	1	2
11	30	ALDERSHOT	7-0	Ardron 3, Scott 2, Capel, Collindridge	15841		9	6	10		11	5		8			4	7	3	1	2
12	Oct 7	IPSWICH TOWN	0-0		26668		9	6	10		11	5		8			4	7	3	1	2
13	14	Leyton Orient	4-0	Ardron 2, Capel 2	15348		9	6	10		11	5		8			4	7	3	1	2
14	21	WALSALL	4-0	Capel 2, Ardron, Johnson	26454		9	6	10		11	5		8			4	7	3	1	2
15	28	Watford	1-1	Collindridge	14699		9	6	10		11	5		8			4	7	3	1	2
16	Nov 4	MILLWALL	2-0	Ardron, Scott	33472		9	6	10		11	5		8			4	7	3	1	2
17	11	Bristol City	3-0	Collindridge 2, Scott	32878		9	6	10		11	5		8			4	7	3	1	2
18	18	GILLINGHAM	9-2	Capel 4, Ardron 3, Johnson 2	20639		9	6	10		11	5		8			4	7	3	1	2
19	Dec 2	EXETER CITY	2-2	Collindridge, Johnson	24128		9	6	10		11	5		8			4	7	3	1	2
20	23	Norwich City	0-2		29818		9	6	10		11	5				8	4	7	3	1	2
21	25	COLCHESTER UNITED	0-0		20111		9	6	10		11	5		8			4	7	3	1	2
22	26	Colchester United	2-0	Ardron 2	12874	6	9				11	5	2	10	8		4	7	3	1	
23	Jan 6	CRYSTAL PALACE	1-0	Capel	12923		9	6	10		11	5		8			4	7	3	1	2
24	13	Port Vale	1-1	Capel	13148		9	6	10		11	5			8		4	7	3	1	2
25	20	READING	1-1	Leverton	24206		9	4	10		11	5	2		8		6	7	3	1	
26	27	Crystal Palace	6-1	* see below	17179	4	9				11	5	2	10	8		6	7	3	1	
27	Feb 3	TORQUAY UNITED	3-1	Ardron, Johnson, Leverton	20965	4	9				11	5		10	8		6	7	3	1	2
28	10	Bournemouth	2-3	Ardron, Burkitt	15882		9	6			11	5		10	8		4	7	3	1	2
29	17	Aldershot	0-1		8543		9	6			11	5		10	8		4	7	3	1	2
30	24	Ipswich Town	3-1	Ardron 2, Capel	17620		9	6	10		11	5		8			4	7	3	1	2
31	Mar 3	LEYTON ORIENT	0-1		22504		9	6	10		11	5		8			4	7	3	1	2
32	10	Walsall	2-0	Collindridge, Leverton	14247			6	10		11	5	2	8	9		4	7	3	1	
33	17	WATFORD	2-1	Collindridge, Scott	14944		9	6			11	5	2	10	8		4	7	3	1	
34	24	Millwall	1-1	Scott	21981		9	6			11	5		10	8		4	7	3	1	2
35	26	BRISTOL ROVERS	2-1	Ardron, Capel	27245		9	4	10		11	5			8		6	7	3	1	2
36	31	BRISTOL CITY	0-0		16811		9	4	10		11	5			8		6	7	3	1	2
37	Apr 7	Gillingham	4-1	Ardron 3, Collindridge	13845		9	4	10		11	5		8			6	7	3	1	2
38	10	Southend United	2-3	Scott, Gager (p)	9513		9	4	10		11	5		8			6	7	3	1	2
39	14	BOURNEMOUTH	1-0	Scott	22428		9	4	10		11	5			8		6	7	3	1	2
40	18	SWINDON TOWN	2-1	Ardron, Capel	27644		9	4	10		11	5	2		8		6	7	3	1	
41	21	Exeter City	5-0	Johnson 3, Ardron 2	11003		9	6	10		11	5		8			4	7	3	1	2
42	25	NORTHAMPTON T	2-2	Johnson 2	27244		9	6	10		11	5		8			4	7	3	1	2
43	28	SOUTHEND UNITED	3-0	Ardron, Johnson, Collindridge (p)	17384		9	4			11	5		8		10	6	7	3	1	2
44	May 2	NEWPORT COUNTY	2-1	Capel, Collindridge (p)	21468		9	4	10		11	5		8			6	7	3	1	2
45	3	Bristol Rovers	2-0	Johnson, Love	27676		9	4			11	5		10		8	6	7	3	1	2
46	5	Swindon Town	3-2	Ardron, Collindridge, Johnson	10707	4	9				11	5		10		8	6	7	3	1	2
					Apps	8	45	42	35	1	46	46	6	32	22	4	42	46	45	46	40
					Goals		36	1	23		16	2		15	6	1		9			

Scorers in game 6: Collindridge, Leverton, Gager (p), Dougal (og)

Scorers in game 26: Ardron 2, Collindridge, Johnson, Leverton, Scott

One own goal

F.A. Cup

Rd	Date	Opponent	Score	Scorers	Att	Anderson I	Ardron W	Burkitt JO	Capel TA	Clarke J	Collindridge C	Gager HE	Hutchinson JA	Johnson T	Leverton R	Love JT	Morley W	Scott FH	Thomas GS	Walker GH	Whare W
R1	Nov 25	TORQUAY UNITED	6-1	Johnson 3, Collindridge 2, Scott	18459		9	6	10		11	5		8			4	7	3	1	2
R2	Dec 9	Rotherham United	1-3	Capel	22000		9	6	10		11	5		8			4	7	3	1	2

Notts County

17th in Division Two

No	Month	Day	Opponent	Score	Scorers	Att	Adamson H	Baxter WE	Bradley G	Broome FH	Brunt GR	Chapman H	Corkhill WG	Crookes RE	Deans T	Evans FJ	Evans W	Johnston TD	Lawton T	Leuty LH	Mann R	McPherson K	Paxton JW	Purvis B	Rigby NE	Robinson P	Roby D	Sewell J	Simpson A	Smith RL	Southwell AA
1	Aug	19	COVENTRY CITY	0-2		41088	6	5		7		4			2		10	11							3			8	9	1	
2		24	Queens Park Rangers	0-1		15962	6			7		4			2	9	10	11					3					8	5	1	
3		26	Cardiff City	0-2		36646	6			9		4		8	2	7	10	11					3						5	1	
4		31	QUEENS PARK RANGERS	3-3	W Evans, Crookes, Broome	33631	6			7		4		8	2		10	11	9						3				5	1	
5	Sep	2	BIRMINGHAM CITY	0-1		34648	6			7				8	3		10	11	9							4			5	1	2
6		4	Leicester City	1-1	Johnston	37169	6			7					3		10	11	9							4		8	5	1	2
7		9	Grimsby Town	4-1	Broome, Johnston, Sewell 2	21432	6		1	7			5	10	2			11	9							4		8			3
8		16	DONCASTER ROVERS	1-2	Broome	39719	6		1	7					2		10	11	9							4		8	5		3
9		23	PRESTON NORTH END	1-3	Simpson	44277	6		1	7				11	2				9	5						4		8	10		3
10		30	Bury	0-0		21328			1	7				10	2			11	9	5		8			3	4			6		
11	Oct	7	Sheffield United	2-1	Sewell 2	37569			1	7			2	10				11	9	5				3		4		8	6		
12		14	LUTON TOWN	2-2	Johnston, Sewell	34054			1	7			2	10				11	9	5						4		8	6		3
13		21	Southampton	0-1		26105			1					11	2		7	10	9	5						4		8	6		3
14		28	BARNSLEY	2-1	Johnston, Lawton	39435			1	8			3	11	2		7	10	9	5						4			6		
15	Nov	4	Brentford	3-1	Johnston, Broome 2	26393			1	8			3	11	2		7	10	9	5						4			6		
16		11	BLACKBURN ROVERS	1-1	Broome (p)	35487			1	8			3		2		7	11	9	5						4		10	6		
17		18	Leeds United	1-0	Sewell	29728			1	9			3	11	2		7	10		5						4		8	6		
18		25	WEST HAM UNITED	4-1	Lawton 2, Sewell, W Evans	27073			1	10			3		2		7	11	9	5						4		8	6		
19	Dec	2	Swansea Town	1-2	Broome	22457			1	10			3		2		7	11	9	5						4		8	6		
20		9	HULL CITY	2-2	Leuty, Lawton	32708	6		1	10			3	11	2		7		9	5						4		8			
21		16	Coventry City	2-1	Lawton 2	25102			1				3	11	2		7	10	9	5						4		8	6		
22		23	CARDIFF CITY	1-2	Johnston	27634			1				3	11	2		7	10	9	5						4		8	6		
23		25	Chesterfield	0-0		20848			1				3	11	2		7	10	9	5						4		8	6		
24		26	CHESTERFIELD	1-0	Leuty (p)	35649			1				3	11	2		7	10	9	5						4		8	6		
25		30	Birmingham City	4-1	Sewell 2, Crookes 2	33770			1	7			3	11	2			10	9	5						4		8	6		
26	Jan	13	GRIMSBY TOWN	3-2	Johnston, Broome, Sewell	24849			1	9			3	11	2		7	10		5						4		8	6		
27		20	Doncaster Rovers	2-3	Sewell, Johnston	26045		5		9			3	11	2		7	10								4		8	6	1	
28	Feb	3	Preston North End	1-3	Johnston	35597				7			3	11	2			10	9	5						4		8	6	1	
29		17	BURY	4-2	Lawton 2, W Evans, Johnston	21008				7			3				10	11	9	5						4		8	6	1	2
30		24	SHEFFIELD UNITED	3-0	Sewell 2, Johnston	31290							3				10	11	9	5						4	7	8	6	1	2
31	Mar	3	Luton Town	1-1	Crookes	17398							3	7			10	11		5		9				4		8	6	1	2
32		10	SOUTHAMPTON	2-2	Sewell, Leuty	25712				7					3		10	11		5		9				4		8	6	1	2
33		17	Barnsley	0-2		12932	6			8				7	3		10	11		5		9				4				1	2
34		24	BRENTFORD	2-3	Broome, Johnston	24936				8				7	3		10	11	9	5						4			6	1	2
35		26	Manchester City	0-0		32047				7				11	3		8	10	9	5						4			6	1	2
36		31	Blackburn Rovers	0-0		17626				7				11	3		10	8	9	5						4			6	1	2
37	Apr	7	LEEDS UNITED	0-0		23466				7				11	3		10	8	9	5						4			6	1	2
38		14	West Ham United	2-4	Johnston 2	23226				7					3		10	11	9	5	6					4			8	1	2
39		21	SWANSEA TOWN	3-2	Broome, Crookes, Adamson	17787	8			9	7			11	3		10			5						4			6	1	2
40		28	Hull City	0-1		24190	8			9	7			11	2		10			5					3	4			6	1	
41		30	MANCHESTER CITY	0-0		13873	8		1		7			11	3		10			5		9				4			6		2
42	May	5	LEICESTER CITY	2-3	Crookes, Lawton	24092			1		7			10	3		8	11	9	5						4			6		2
						Apps	14	2	22	33	4	4	21	31	37	2	35	37	30	33	1	5	2	1	4	38	1	26	39	20	20
						Goals	1			10				6			3	14	9	3								14	1		

F.A. Cup

Round	Month	Day	Opponent	Score	Scorers	Att	Adamson H	Baxter WE	Bradley G	Broome FH	Brunt GR	Chapman H	Corkhill WG	Crookes RE	Deans T	Evans FJ	Evans W	Johnston TD	Lawton T	Leuty LH	Mann R	McPherson K	Paxton JW	Purvis B	Rigby NE	Robinson P	Roby D	Sewell J	Simpson A	Smith RL	Southwell AA
R3	Jan	6	SOUTHAMPTON	3-4	Broome, Leuty (p), Simpson	29260			1	7			3	11	2			10	9	5						4		8	6		

Oldham Athletic

15th in Division Three (North)

							Aston WV	Ball IA	Bell TA	Bradshaw GF	Brook L	Fawley R	Gemmell E	Goodfellow S	Haddington WR	Hardwick GFM	Hayes W	Hurst GJ	Jessop W	Lee A	McIlvenny R	Munro JF	Naylor TW	Ogden F	Ormond W	Smith L	Stock H	Swallow E	Tomlinson F	Wadsworth AW	Walsh KW	Whyte IA
1	Aug	19	ROTHERHAM UNITED	4-5	Haddington 2 (1p), Munro, Ormond	19182			3	1	4				10		6		11		7	8			9			2				5
2		23	Chester	1-3	McIlvenny	6720			3		4				10		6		11		7	8		1	9			2				5
3		26	Barrow	1-2	Gemmell	7418			3				9		10				11	4	7	8	2	1		6						5
4		29	CHESTER	1-0	Lee	11694			3				9		10				11	4		8	2	1					7		6	5
5	Sep	2	YORK CITY	2-2	Haddington 2	12393			3		4		9		10				11			8	2	1					7		6	5
6		6	Scunthorpe United	0-1		7994			3		4		9		10		6		11			7	2	1			8					5
7		9	Carlisle United	0-1		13838		10	3		4				8		6		11			7	2	1	9							5
8		12	SCUNTHORPE UNITED	3-4	Brook, Haddington, Jessop	12239		8	3		4				9		6		10			7	2	1	11							5
9		16	ACCRINGTON STANLEY	2-1	Munro, Haddington	11645			3		6		9	4	10			5	11		7	8	2	1								
10		23	Southport	4-1	Haddington 2 (1p), Munro, Gemmell	7077			3		6		9	4	10				11		7	8	2	1								5
11		30	TRANMERE ROVERS	3-4	Haddington 2, Munro	13294			3		6	11	9	4	10						7	8	2	1								5
12	Oct	7	Halifax Town	0-3		7929			3		6	11	9	4	10						7	8		1				2				5
13		14	HARTLEPOOLS UNITED	5-1	* see below	11831	6		3				9	4	10			5			7	8		1	11			2				
14		21	Darlington	0-0		8018	6		3				9	4	10						7	8		1	11			2				5
15		28	STOCKPORT COUNTY	1-3	Ormond	18646	6		3				9	4	10			5			7	8		1	11			2				
16	Nov	4	Shrewsbury Town	2-2	McIlvenny, Wadsworth	9191			3				9	4			10				7		2	1	11	6				8		5
17		11	LINCOLN CITY	0-0		21742			3			11	9	4		2					7			1	10	6				8		5
18		18	Gateshead	2-3	McIlvenny 2	8570			3				9	4		2			10		7			1	11	6				8		5
19	Dec	2	New Brighton	0-2		3280			3				9	4		2			11		7	10		1		6				8		5
20		23	BARROW	0-1		8945			3				9	6					11		7	8	2	1		4				10		5
21		25	MANSFIELD TOWN	2-0	Gemmell 2	12227			3			10	9	6					11		7	8	2	1		4						5
22		26	Mansfield Town	1-3	Gemmell	10254			3			11	9	6					10		7	8	2	1		4						5
23		30	York City	2-2	Wadsworth, Gemmell	5283			3				9	6					11		7	10	2	1		4				8		5
24	Jan	13	CARLISLE UNITED	1-1	Wadsworth	14397			3				9	6		10			11		7		2	1		4				8		5
25		20	Accrington Stanley	2-1	McIlvenny, Ball	5192		10	3				9	6					11		7		2	1		4				8		5
26		27	WREXHAM	2-2	Gemmell 2	13491		10	3				9	6					11			7	2	1		4				8		5
27	Feb	3	SOUTHPORT	4-0	Hardwick 2, McIlvenny, Gemmell	12857			3				9	6		10			11		7		2	1		4				8		5
28		10	Rochdale	1-0	McIlvenny	14238			3				9	6		10			11		7		2	1		4				8		5
29		17	Tranmere Rovers	0-1		10917			3				9	6		10			11			7	2	1		4				8		5
30		24	HALIFAX TOWN	2-0	Wadsworth, Gemmell	15500			3				9	6		10			11			7	2	1		4				8		5
31	Mar	3	Hartlepools United	1-0	Hardwick	8075			3				9	6		10			11			7	2	1		4				8		5
32		10	DARLINGTON	2-0	Fawley, Gemmell (p)	12659			3			11	9	6		10						7	2	1		4				8		5
33		17	Stockport County	4-1	Gemmell 3, Hardwick	13769			3			11	9	6		10						7	2	1		4				8		5
34		23	BRADFORD PARK AVE.	2-3	Gemmell, Hardwick	21112			3			11	9	6		10						7	2	1		4				8		5
35		24	SHREWSBURY TOWN	2-1	Munro, Gemmell (p)	13339			3		11		9	6		10						7	2	1		4				8		5
36		26	Bradford Park Avenue	1-3	Wadsworth	9728			3		11		9	6		10						7	2	1		4				8		5
37		31	Lincoln City	0-2		10383			3				9	6		10			11	8			2	1		4				7		5
38	Apr	4	Wrexham	2-0	Munro, Tapscott (og)	7073			3			11	9	6		10						7	2	1		4				8		5
39		7	GATESHEAD	2-3	Fawley, J Callender (og)	11707			3			11	9	6		10						7	2	1		4				8		5
40		14	Crewe Alexandra	1-2	Ormond	4466	6		3			11	9									7	2	1	10	4				8		5
41		17	CREWE ALEXANDRA	0-2		10404	2		3				9	6		10						7		1	11	4				8		5
42		21	NEW BRIGHTON	3-1	Gemmell, Ormond, Hardwick (p)	9827		8	2			11	9	6		3						7		1	10	4						5
43		24	ROCHDALE	2-0	Gemmell, Hardwick (p)	13503		8	2			11	9	6		3								1	10	4				7		5
44		28	Bradford City	0-1		9200		8	2			11		6		3								1	10	4				7		5
45	May	1	BRADFORD CITY	2-2	Jessop, Gemmell	9677			2			11	9	6		3			8			7		1	10	4						5
46		5	Rotherham United	1-3	Fawley	12868			2			11	9	6		3			8			7		1	10	4						5

Scorers in game 13: McIlvenny, Munro, Gemmell, Ormond, Thompson (og)

Played in game 44 at 9: HF Naylor

	Aston WV	Ball IA	Bell TA	Bradshaw GF	Brook L	Fawley R	Gemmell E	Goodfellow S	Haddington WR	Hardwick GFM	Hayes W	Hurst GJ	Jessop W	Lee A	McIlvenny R	Munro JF	Naylor TW	Ogden F	Ormond W	Smith L	Stock H	Swallow E	Tomlinson F	Wadsworth AW	Walsh KW	Whyte IA
Apps	5	7	46	1	12	16	41	37	15	23	6	3	27	3	22	36	31	45	17	32	1	6	2	26	2	43
Goals		1			1	3	20		10	7			2	1	8	7			5					5		

Three own goals

F.A. Cup

							Aston WV	Ball IA	Bell TA	Bradshaw GF	Brook L	Fawley R	Gemmell E	Goodfellow S	Haddington WR	Hardwick GFM	Hayes W	Hurst GJ	Jessop W	Lee A	McIlvenny R	Munro JF	Naylor TW	Ogden F	Ormond W	Smith L	Stock H	Swallow E	Tomlinson F	Wadsworth AW	Walsh KW	Whyte IA
R1	Nov	25	Bradford City	2-2	Gemmell 2 (1p)	22248			3				9	4					11		7	10	2	1		6				8		5
rep		28	BRADFORD CITY	2-1	Goodfellow, Munro	9459			3				9	4		2			11		7	8		1		6				10		5
R2	Dec	9	Hartlepools United	2-1	Ormond, Newton (og)	15360			6				9	8		3					7	10	2	1	11	4						5
R3	Jan	6	Manchester United	1-4	Smith	37161			3				9	6		10			11		7	8	2	1		4						5

Plymouth Argyle

4th in Division Three (South)

						Astall G	Blatchford PJ	Bryant E	Chisholm JR	Dews G	Dixon S	Dobbie H	Dougal C	Govan A	Jones PJ	Machin AH	Major LD	McShane A	Porteous JR	Ratcliffe PC	Rattray PK	Robertson GJ	Rundle SSK	Shortt WW	Silk GH	Smith JV	Strauss WH	Tadman MR	Willis G
1	Aug 19	LEYTON ORIENT	2-1	Bryant 2	21633	7	11	9	5	8			4		3	10	1		6	2									
2	24	Walsall	1-1	Machin	14292	7	11	9	5	8			4		3	10	1		6	2									
3	26	Ipswich Town	0-2		15552	7	11	9	5	10			8		3		1		6	2			4						
4	30	WALSALL	1-1	Porteous	12166	7	11	9		8	5		4		3	10	1		6	2									
5	Sep 2	PORT VALE	1-0	Blatchford	19288	7	11	9			5		4		3		1	6	10	2	8								
6	6	Nottingham Forest	1-4	Dews	17694	7	11			10	5		4		3			6		2	8			1				9	
7	9	READING	2-0	Dews, Rattray	15681	7	11			10	5		4		3				6	2	8			1				9	
8	13	NOTTM. FOREST	0-2		20146	7	11			10	5		4		3				6	2	8			1				9	
9	16	Southend United	0-1		12717	7			5	10			4	11	3				6	2	8			1				9	
10	23	EXETER CITY	0-1		24727			9	5	10		8	4	11	3				6	2				1				7	
11	30	Bournemouth	2-0	Dougal, Govan	14742				5	10			8	11	3				6	2			4	1			7	9	
12	Oct 7	Torquay United	3-1	Tadman 2, Dews	16454				5	10			8	11	3				6	2			4	1			7	9	
13	14	ALDERSHOT	5-1	Tadman 4, Dougal	19262				5	10			8	11	3				6	2			4	1			7	9	
14	21	Swindon Town	2-1	Tadman, Dews	16765				5	10			8	11	3				6	2			4	1			7	9	
15	28	COLCHESTER UNITED	7-1	* see below	20845				5	10			8	11	3	4			6	2				1			7	9	
16	Nov 4	Bristol Rovers	1-3	Tadman	29561				5	10			8	11	3				6	2			4	1			7	9	
17	11	CRYSTAL PALACE	4-0	Dews 2, Govan, Harding (og)	18414				5	10			8	11	3				6	2			4	1			7	9	
18	18	Brighton & Hove Albion	6-0	Tadman 4, Strauss, Rundle	9768				5	10			8	11	3				6	2			4	1			7	9	
19	Dec 2	Norwich City	0-1		26891		11		5	8					3				6	2			4	1			7	9	10
20	23	IPSWICH TOWN	2-1	Ratcliffe (p), Feeney (og)	14346				5	8				11	3				6	2	10		4	1			7	9	
21	25	Bristol City	0-1		21158				5	10			8	11	3				6	2			4	1			7	9	
22	26	BRISTOL CITY	2-0	Astall, Dews	26230	7			5	10			8	11	3				6				4	1	2			9	
23	Jan 10	WATFORD	3-1	Astall, Dougal, Tadman	7647	7			5	10			8	11	3			4	6					1	2			9	
24	13	Reading	0-4		17351	7			5	10			8	11	3		1	4	6	2								9	
25	20	SOUTHEND UNITED	2-0	Tadman, Astall	14366	7			5	10			8	11	3		1	4	6	2								9	
26	27	Watford	1-1	Dougal	9631	7			5	10			8	11	3		1	4	6	2								9	
27	Feb 3	Exeter City	2-3	Dews 2	19941	7			5	10			8	11	3		1	4	6	2								9	
28	10	NEWPORT COUNTY	1-1	Dougal	13408	7			5	10			8	11	3			4	6	2				1				9	
29	17	BOURNEMOUTH	3-1	Tadman, Dews, Govan	13324				5	10			4	11	3				6	2				1			7	9	8
30	24	TORQUAY UNITED	1-0	Tadman	19038				5	10			4	11	3			6		2				1			7	9	8
31	Mar 3	Aldershot	2-2	Tadman, Dews	8398		11		5	10			4		3			6		2				1			7	9	8
32	5	Port Vale	1-2	Willis	4894				5	10			4	11	3			6		2				1			7	9	8
33	10	SWINDON TOWN	5-1	Tadman, Dews, Govan, Willis, Ratcliffe	12019	7			5	10			4	11	3				6	2				1				9	8
34	17	Colchester United	0-3		8746	7				10		9	4	11	3				6	2		5		1					8
35	23	Millwall	1-1	Astall	23283	7			5	10		8	4	11	3				6	2				1				9	
36	24	BRISTOL ROVERS	0-0		21503	7			5	10		8	4	11	3			6		2				1				9	
37	26	MILLWALL	2-2	Dews, Govan	16423	7			5	10		8	4	11	3				6	2				1				9	
38	31	Crystal Palace	1-0	Astall	10411	7			5	10		8	4	11	3				6	2				1				9	
39	Apr 7	BRIGHTON & HOVE ALB	3-3	Dobbie 2, Govan	10369	7			5	10		8	4	11	3				6	2				1				9	
40	9	NORTHAMPTON T	4-1	Govan, Tadman, Astall, Dobbie	7846	7						8		11	3		1	4	6	2	10	5						9	
41	14	Newport County	0-2		11962	7			5			8		11	3			4	6	2	10			1				9	
42	18	GILLINGHAM	2-0	Dobbie, Tadman	11340	7			5			8	4	11	3		1		6		10					2		9	
43	21	NORWICH CITY	2-1	Dews 2	20451	7			5	8			4	11	3				6	2	10			1				9	
44	26	Leyton Orient	2-1	Dobbie, Tadman	8002	7			5			8	4	11	3		1		6	2	10							9	
45	28	Northampton Town	3-1	Astall, Govan, Dews	6342	7			5	8			4	11	3		1		6	2	10							9	
46	May 5	Gillingham	2-1	Rattray 2	12096	7	11		5				4		3		1		6	2	10							9	8

Scorers in game 15: Tadman 2, Strauss 2, Govan, Dews, Dougal

	Astall G	Blatchford PJ	Bryant E	Chisholm JR	Dews G	Dixon S	Dobbie H	Dougal C	Govan A	Jones PJ	Machin AH	Major LD	McShane A	Porteous JR	Ratcliffe PC	Rattray PK	Robertson GJ	Rundle SSK	Shortt WW	Silk GH	Smith JV	Strauss WH	Tadman MR	Willis G
Apps	30	11	6	39	40	5	11	42	35	46	4	14	14	41	43	13	2	12	32	2	1	15	40	8
Goals	7	1	2		17		5	6	9		1			1	2	3		1				3	23	2

Two own goals

F.A. Cup

						Astall G	Blatchford PJ	Bryant E	Chisholm JR	Dews G	Dixon S	Dobbie H	Dougal C	Govan A	Jones PJ	Machin AH	Major LD	McShane A	Porteous JR	Ratcliffe PC	Rattray PK	Robertson GJ	Rundle SSK	Shortt WW	Silk GH	Smith JV	Strauss WH	Tadman MR	Willis G
R1	Nov 25	Gainsborough Trinity	3-0	Tadman 3	7000				5	8		11			3				6	2			4	1			7	9	10
R2	Dec 9	Crewe Alexandra	2-2	Govan, Strauss	11366				5	10			8	11	3				6	2			4	1			7	9	
rep	Dec 13	CREWE ALEXANDRA	3-0	Dews 2, Strauss	17500				5	10			8	11	3				6	2			4	1			7	9	
R3	Jan 6	WOLVERHAMPTON WAN.	1-2	Dews	40000	7			5	10			8	11	3			4	6					1	2			9	

Port Vale

12th in Division Three (South)

							Abbotts J	Aveyard W	Barber L	Bennett A	Butler WG	Cheadle T	Cunliffe J	Griffiths KJ	Hamlett TL	Hayward CB	Heppell GB	Hulligan MJ	King R	Leake AG	Lewis R	Martin JA	McGarry WH	Peppitt S	Pinchbeck CB	Polk S	Potts R	Sproson R	Todd J	Turner SJ
1	Aug	19	Norwich City	0-2		27288			7		3	5			2			11	1		9	4	6	8		10				
2		24	NEWPORT COUNTY	1-0	Aveyard	30196		8				5			2			11	1		9	4	6	7		10	3			
3		26	NORTHAMPTON T	0-3		21424		8				5			2			11	1		9	4	6	7		10	3			
4		31	Newport County	1-2	Polk (p)	13537	2					5					1	11				8	4	7	9	10	3		6	
5	Sep	2	Plymouth Argyle	0-1		19288			7			5			2		1	11				8	4		9	10	3		6	
6		4	IPSWICH TOWN	1-0	Pinchbeck	15884				11		5			2		1	7				8	4		9	10	3		6	
7		9	Nottingham Forest	1-2	Hulligan	29295				11		5			2		1	7				8	4		9	10	3		6	
8		13	Ipswich Town	2-2	Pinchbeck, Hulligan	10724		8				5			2		1	7			11		4		9	10	3		6	
9		16	TORQUAY UNITED	1-0	Pinchbeck	12424		8		11		5			2		1	7					4		9	10	3		6	
10		23	Aldershot	0-2		7358		8		11		5			2		1	7					4		9	10	3		6	
11		30	SWINDON TOWN	2-1	Peppitt, Bennett	9517				11		5			2	3	1	7				10	4	8	9				6	
12	Oct	7	LEYTON ORIENT	3-1	Hulligan, Peppitt, Pinchbeck	12899				11		5			2	3	1	7				10	6	8	9	4				
13		14	Walsall	0-2		9686				11		5			2	3	1	7			8	10	6		9	4				
14		21	WATFORD	2-1	Pinchbeck 2	12112				11		5			2	3	1	7				10	6	8	9	4				
15		28	Millwall	2-2	Martin, McGarry	25799				11	3	5			2		1	7				10	6	8	9	4				
16	Nov	4	BRISTOL CITY	1-3	Hulligan	11603				11	3	5			2		1	7				10	6	8	9	4				
17		11	Gillingham	1-1	Peppitt	12103				11	3	5			2			7	1			10		8	9	4		6		
18		18	BOURNEMOUTH	3-1	Pinchbeck, Polk (p), Aveyard	8153		8		11		5			2			7	1			10			9	4	3	6		
19	Dec	2	SOUTHEND UNITED	3-1	Pinchbeck 2, Polk	8339		8		11		5			2			7	1			10	6		9	4	3			
20		23	Northampton Town	1-1	Martin	8785		8		11		5			2			7	1			10	6		9	4				3
21		25	BRISTOL ROVERS	0-0		13250		8		11		5			2			7	1			10	6		9	4				3
22		26	Bristol Rovers	0-2		22279		8				5			2			11	1			10	6	7	9	4				3
23	Jan	13	NOTTM. FOREST	1-1	Pinchbeck	13148		8		11		5			2	3		7	1			10	4		9	6				
24		17	Brighton & Hove Albion	2-2	Pinchbeck 2	5754		8				5			2	3		7	1			11	4		9	10		6		
25		20	Torquay United	2-3	Aveyard, McGarry	6280		8				5			2	3		7	1			11	4		9	10		6		
26		27	Reading	0-3		15409		8			3	5		10	2	9		7	1		11		4			6				
27	Feb	3	ALDERSHOT	3-1	Aveyard, Pinchbeck, Martin	8606		8		11		5			2			7	1			10	4		9	6				3
28		10	Exeter City	3-0	Polk, Hulligan, Martin	7893		8		11		5			2			7	1			10	4		9	6				3
29		17	Swindon Town	1-2	Pinchbeck	7889		8		11		5			2			7	1			10	4		9	6				3
30		24	Leyton Orient	3-2	Hulligan, Pinchbeck, Evans (og)	6861		8		11		5			2	3		7	1			10	4		9	6				
31	Mar	3	WALSALL	1-1	Pinchbeck	13071		8		11		5			2	3		7	1			10	4		9	6				
32		5	PLYMOUTH ARGYLE	2-1	Aveyard, Martin	4894	5	8		11					2	3		7	1			10	4		9	6				
33		10	Watford	0-2		6610	5	8		11					2	3		7	1			10	4		9	6				
34		24	Bristol City	1-3	Hulligan	17301		8		11		5			2	3		7	1	4		10			9	6				
35		26	Crystal Palace	2-0	Barber, Cushlow (og)	11320		8	9	11				10	2	5		7	1			6				4	3			
36		31	GILLINGHAM	4-3	Aveyard 2, Griffiths, Barber	5947		8	9	11				10	2	5		7	1			6				4	3			
37	Apr	2	NORWICH CITY	2-1	Barber 2	10247			9				11	10	2	5		7	1			4				8	3	6		
38		7	Bournemouth	1-3	Barber	8742		8	9				11	10	2	5		7	1			6				4	3			
39		16	COLCHESTER UNITED	1-1	Polk	8520		8	9				11	10	2	5		7	1			6				4	3			
40		21	Southend United	1-1	Griffiths	8554		8	9				11	10	2	5		7	1			6				4	3			
41		23	BRIGHTON & HOVE ALB	0-1		10340		8	9				11	10	2	5		7	1			6				4	3			
42		26	CRYSTAL PALACE	2-2	Polk, Bennett	7069		8	9	11					2	5		7	1			4				10	3	6		
43		28	READING	0-0		3402		8	9	11					2	5	1	7				4				10	3	6		
44		30	EXETER CITY	2-0	Cunliffe, Barber	2630		8	9				11		2	5	1	7				4				10	3	6		
45	May	3	MILLWALL	0-1		5459		8	9				11		2	5	1	7				4				10	3	6		
46		5	Colchester United	1-1	Barber	8414		8	9				11		2	5	1	7				4				10	3	6		

	Abbotts J	Aveyard W	Barber L	Bennett A	Butler WG	Cheadle T	Cunliffe J	Griffiths KJ	Hamlett TL	Hayward CB	Heppell GB	Hulligan MJ	King R	Leake AG	Lewis R	Martin JA	McGarry WH	Peppitt S	Pinchbeck CB	Polk S	Potts R	Sproson R	Todd J	Turner SJ
Apps	3	33	14	28	5	32	8	8	45	25	17	46	29	1	6	42	31	11	30	45	23	10	8	6
Goals		7	7	2			1	2				7				5	2	3	16	6				

Two own goals

F.A. Cup

							Abbotts J	Aveyard W	Barber L	Bennett A	Butler WG	Cheadle T	Cunliffe J	Griffiths KJ	Hamlett TL	Hayward CB	Heppell GB	Hulligan MJ	King R	Leake AG	Lewis R	Martin JA	McGarry WH	Peppitt S	Pinchbeck CB	Polk S	Potts R	Sproson R	Todd J	Turner SJ
R1	Nov	25	NEW BRIGHTON	3-2	Aveyard 2, Pinchbeck	8997		8		11		5			2			7	1			10	6		9	4	3			
R2	Dec	9	NELSON	3-2	Pinchbeck, Hulligan, Aveyard	11088		8		11		5			2			7	1			10	6		9	4	3			
R3	Jan	6	Stoke City	2-2	Bennett, Pinchbeck	49500		8		11		5			2			7	1			10	4		9	6				3
rep		8	STOKE CITY	0-1		40977		8				5		11	2	3		7	1			10	4		9	6				

Portsmouth

7th in Division One

	Date	Opponent	Score	Scorers	Att	Atyeo PJW	Bennett R	Butler EA	Clarke I	Dickinson JW	Earl SWJ	Ferrier HR	Flewin R	Froggatt J	Gaillard MJ	Harris PP	Hindmarsh JW	Humpston R	Leather MP	Mundy AE	Parker CH	Phillips, Len	Pickett RA	Reid JD	Reid MJ	Rookes PW	Ryder TR	Scoular J	Spence WJ	Stephen JF	Thompson WG	Yeuell JH
1	Aug 19	MIDDLESBROUGH	1-1	D Reid	43773				9	6		3	5	11		7		1					10	8				4		2		
2	21	Sheffield Wednesday	1-2	D Reid	47264				9	6		3	5	11		7		1					10	8				4		2		
3	26	Huddersfield Town	1-2	D Reid	28087				9	6		3	5	11		7		1				10		8				4		2		
4	30	SHEFFIELD WEDNESDAY	4-1	Phillips 2, Froggatt 2	27657					6		3	5	11				1			7	10		8	9			4		2		
5	Sep 2	NEWCASTLE UNITED	0-0		43243					6		3	5	11		7		1				10		8	9			4		2		
6	4	Burnley	1-1	M Reid	30670					6		3	5	11		7		1				10		8	9			4		2		
7	9	West Bromwich Albion	0-5		34460					6		3	5	11		7		1				10		8	9					2	4	
8	16	STOKE CITY	5-1	Ferrier, D Reid 3, Clarke	33957			1	9	6		3	5	11		7						10		8				4		2		
9	23	Everton	5-1	Harris, Clarke 2, Phillips 2	40281				9	6		3	5	11		7	2		1			10		8				4				
10	30	FULHAM	1-0	D Reid	32187			1	9	6		3	5	11		7	2					10		8				4				
11	Oct 7	Bolton Wanderers	0-4		36995			1	9			3		11		7	2					10		8				4	5		6	
12	14	BLACKPOOL	2-0	Clarke, Phillips	47829			1	9	6		3	5	11		7	2					10		8				4				
13	21	Manchester United	0-0		43595			1	9	6	2	3	5	11		7						10		8				4				
14	28	WOLVERHAMPTON W.	1-4	Clarke	40884			1	9	6	2	3		11		7						10		8				4	5			
15	Nov 4	Tottenham Hotspur	1-5	Willis (og)	66402			1	9	6	2	3		11		7								8			10	4	5			
16	11	CHARLTON ATHLETIC	3-3	Scoular, Dickinson, D Reid	32698	9		1		6		3		11		7								8			10	4		2	5	
17	18	Sunderland	0-0		46111		11		9	6		3							1		7		4	8			10			2	5	
18	25	ASTON VILLA	3-3	D Reid, Ryder 2	30399		11		9	6									1		7		4	8		3	10			2	5	
19	Dec 2	Derby County	3-2	D Reid, Clarke, Ryder	23872				9	6		3		11		7			1					8			10	4		2	5	
20	9	LIVERPOOL	1-3	Clarke	29480		11		9	6		3				7			1					8			10	4		2	5	
21	16	Middlesbrough	1-3	Scoular	27163				9	6		3				7			1			10		8			11	4		2	5	
22	23	HUDDERSFIELD T	1-0	Phillips	22011				9	6		3	5	11		7			1			10		8				4		2		
23	25	CHELSEA	1-3	Phillips	23645				9	6		3	5	11		7			1			10		8				4		2		
24	26	Chelsea	4-1	Harris, D Reid 3	41909					6		2	5	11		7			1			10		9			8	4		3		
25	Jan 13	WEST BROMWICH ALB.	2-2	Phillips, Sanders (og)	23559					6			5			7	2		1		11	10	8	9		3		4				
26	20	Stoke City	2-1	Clarke 2	23455				9	6		3		5		7			1		11	10	4	8						2		
27	Feb 3	EVERTON	6-3	Ferrier, Harris, D Reid 2, Phillips 2	26277				9	6		3		5	11	7			1			10		8				4		2		
28	10	Liverpool	1-2	Harris	36958				9	6		3		5	11	7			1			10		8				4		2		
29	24	BOLTON WANDERERS	2-1	Dickinson, D Reid	27222			1		6		3		5	11	7						10		8				4		2	9	
30	Mar 3	Blackpool	0-3		23521			1		6		3		5	11	7						10		8				4		2	9	
31	10	MANCHESTER UNITED	0-0		33148			1		6		3		5	11	7				9		10		8				4		2		
32	17	Wolverhampton Wan.	3-2	D Reid, Mundy 2	32124			1		6		3		5	11	7				9		10		8				4		2		
33	23	Arsenal	1-0	D Reid	49051			1		6		3		5	11	7				9		10		8				4		2		
34	24	TOTTENHAM HOTSPUR	1-1	D Reid	49716			1		6		3		5	11	7				9		10		8				4		2		
35	26	ARSENAL	1-1	Mundy	39189	9		1		6		3	5		11	7				8							10	4				2
36	31	Charlton Athletic	1-0	Harris	34341			1	10	6		3		5	11	7				8					9			4		2		
37	Apr 7	SUNDERLAND	0-0		30264			1	10	6		3		5	11					9	7			8				4		2		
38	11	Newcastle United	0-0		32222			1	10	6		3	5		11					9	7			8				4		2		
39	14	Aston Villa	3-3	D Reid, Phillips, Parker	33560			1		6		3	5							9	11	10		8			7	4		2		
40	21	DERBY COUNTY	2-2	D Reid, Mundy	29016			1		6		3		5		7				9	11	10		8				4		2		
41	May 2	Fulham	4-1	Clarke 2, Gaillard 2	21279			1	9	6		3		5	11	7				10		8						4		2		
42	5	BURNLEY	2-1	Mundy, Mather (og)	22510			1	9	6		3	5		11	7				10		8						4		2		
					Apps	2	3	22	26	41	3	40	20	33	14	36	5	7	13	12	9	30	6	38	5	2	10	38	3	33	10	1
					Goals				11	2		2		2	2	5				5	1	11		21	1		3	2				

Three own goals

F.A. Cup

	Date	Opponent	Score	Scorers	Att	Atyeo PJW	Bennett R	Butler EA	Clarke I	Dickinson JW	Earl SWJ	Ferrier HR	Flewin R	Froggatt J	Gaillard MJ	Harris PP	Hindmarsh JW	Humpston R	Leather MP	Mundy AE	Parker CH	Phillips, Len	Pickett RA	Reid JD	Reid MJ	Rookes PW	Ryder TR	Scoular J	Spence WJ	Stephen JF	Thompson WG	Yeuell JH
R3	Jan 6	Luton Town	0-2		21631					6			5	11		7			1			10		9		3	8	4		2		

Preston North End

Champions of Division Two

						Anders H	Beattie R	Brown E	Cunningham WC	Docherty TH	Finney T	Forbes W	Gooch JAG	Horton JK	Marston JE	Mattinson H	Morrison AC	Newlands M	Quigley E	Ramscar FT	Scott WI	Walton JW	Wayman C
1	Aug 19	MANCHESTER CITY	2-4	Quigley 2	36294	7	8	9		4		6	1			5	11		10		3	2	
2	23	BURY	2-0	Brown, Morrison	20793		8	9		4		6		7		5	11	1	10		3	2	
3	26	Coventry City	0-1		24676		8	9		4		6		7		5	11	1	10		3	2	
4	30	Bury	1-3	Brown	16558			9	3	4		6		7		5	11	1	10	8		2	
5	Sep 2	CARDIFF CITY	1-1	Quigley	25900			9	2	4		6		7		5	11	1	10	8		3	
6	6	CHESTERFIELD	4-1	Horton, Quigley, Ramscar, Morrison	20896				2	4	7	6		8		5	11	1	9	10		3	
7	9	Birmingham City	0-1		32633				2	4	7	6		8		5	11	1	10			3	9
8	11	Chesterfield	0-2		15568				2	4	7	6		8		5	11	1	9	10		3	
9	16	GRIMSBY TOWN	2-0	Finney (p), Quigley	26461					4	7	6		8		5	11	1	10		3	2	9
10	23	Notts County	3-1	Wayman, Quigley, Morrison	44277					4	7	6		8		5	11	1	10		3	2	9
11	30	BRENTFORD	4-2	Wayman 2, Horton, Finney (p)	29881					4	7	6		8		5	11	1	10		3	2	9
12	Oct 7	Luton Town	2-1	Horton, Wayman	16637	7				4		6		8		5	11	1	10		3	2	9
13	14	LEEDS UNITED	2-0	Quigley, Kerfoot (og)	35578					4	7	6		8		5	11	1	10		3	2	9
14	21	Barnsley	1-4	Horton	30081					4	7	6		8	2	5	11	1	10			3	9
15	28	SHEFFIELD UNITED	1-1	Finney (p)	32628					4	7	6		10	2	5	11	1	8			3	9
16	Nov 4	Blackburn Rovers	1-2	Quigley	44612	11				4	7	6			2	5	10	1	8			3	9
17	11	SOUTHAMPTON	3-2	Quigley, Wayman 2	30939	11			3	4	7	6	1		2	5	10		8				9
18	18	West Ham United	0-2		26360				3	4	7	6	1		2	5	11		8	10			9
19	25	SWANSEA TOWN	5-1	* see below	25898		10		2	4	7	6	1	8		5	11				3		9
20	Dec 2	Hull City	0-0		37269		10		2	4	7	6	1	8		5	11				3		9
21	9	DONCASTER ROVERS	6-1	* see below	27024		10		2	4	7	6	1	8		5	11				3		9
22	16	Manchester City	3-0	Finney, Horton, Morrison	30512		10		2	4	7	6	1	8		5	11				3		9
23	23	COVENTRY CITY	1-1	Horton	30031		10		2	4	7	6	1	8		5	11				3		9
24	25	Queen's Park Rangers	4-1	Wayman 4	16881		10		2	4	7	6	1	8		5	11				3		9
25	26	QUEEN'S PARK RANGERS	1-0	Morrison	38993		10		2	4	7	6	1	8		5	11				3		9
26	30	Cardiff City	2-0	Morrison, Wayman	26717		10		2	4	7	6	1	8		5	11				3		9
27	Jan 13	BIRMINGHAM CITY	1-0	Beattie	30662		10		2	4	7	6	1	8		5	11				3		9
28	20	Grimsby Town	4-0	Horton, Wayman 3	16836		10		2	4	7	6	1	8		5	11				3		9
29	Feb 3	NOTTS COUNTY	3-1	Finney, Wayman, Morrison	35597		10		2	4	7	6	1	8	5		11				3		9
30	17	Brentford	4-2	Finney 2, Horton 2	23434		10		2	4	7	6	1	8	5		11				3		9
31	24	LUTON TOWN	1-0	Horton	31096		10		2	4	7	6	1	8	5		11				3		9
32	Mar 3	Leeds United	3-0	Finney, Horton, Wayman	42114		10		2	4	7	6	1	8	5		11				3		9
33	10	BARNSLEY	7-0	Horton 3, Wayman 2, Finney 2	31187		10		2	4	7	6	1	8	5		11				3		9
34	17	Sheffield United	3-2	Wayman, Horton, Forbes	31127		10		2	4	7	6	1	8	5		11				3		9
35	24	BLACKBURN ROVERS	3-0	Beattie, Horton, Forbes	39122		10		2	4	7	6	1	8	5		11				3		9
36	26	LEICESTER CITY	3-2	Wayman 2, Finney	37581		10		2	4	7	6	1	8	5		11				3		9
37	27	Leicester City	3-2	Horton, Beattie, Morrison	37252		10		2	4	7	6	1	8	5		11				3		9
38	31	Southampton	3-3	Horton 2, Wayman	27306		10		2	4	7	6	1	8	5		11				3		9
39	Apr 7	WEST HAM UNITED	0-1		32043		10		2	4	7	6	1	8	5		11				3		9
40	14	Swansea Town	1-2	Wayman	23878	7	10		2	4		6	1	8	5		11				3		9
41	21	HULL CITY	1-0	Finney	37827		10		2	4	7	6	1	8	5		11		9		3		
42	26	Doncaster Rovers	0-2		29327	7	10		2	4		6	1		5		11		8		3		9

Scorers in game 19: Wayman 2, Horton, Finney(p), Lucas(og)

Scorers in game 21: Horton 2, Wayman 2, Beattie, Bycroft (og)

	Anders H	Beattie R	Brown E	Cunningham WC	Docherty TH	Finney T	Forbes W	Gooch JAG	Horton JK	Marston JE	Mattinson H	Morrison AC	Newlands M	Quigley E	Ramscar FT	Scott WI	Walton JW	Wayman C
Apps	6	27	5	31	42	34	42	27	37	19	28	42	15	20	5	32	16	34
Goals		4	2			13	2		22			8		9	1			27

Three own goals

F.A. Cup

						Anders H	Beattie R	Brown E	Cunningham WC	Docherty TH	Finney T	Forbes W	Gooch JAG	Horton JK	Marston JE	Mattinson H	Morrison AC	Newlands M	Quigley E	Ramscar FT	Scott WI	Walton JW	Wayman C
R3	Jan 6	Leicester City	3-0	Wayman 2, Horton	31078		10		2	4	7	6	1	8		5	11				3		9
R4	27	HUDDERSFIELD TOWN	0-2		39552		10		2	4	7	6	1	8		5	11				3		9

Queen's Park Rangers

16th in Division Two

						Addinall AW	Cameron R	Chapman RFJ	Clayton L	Davies E	Duggan EJ	Farrow DA	Gullan SK	Hatton C	Heath WJ	Ingham A	McKay J	Mills DG	Muir WM	Nelson D	Nicholas CB	Parkinson AA	Poppitt J	Powell GR	Saphin RFE	Shepherd E	Smith WC	Stewart G	Wardle G	Waugh WL	Woodward HJ
1	Aug	19 CHESTERFIELD	1-1	Hatton	18381	9								8	3			10		4		6		2	1	11				7	5
2		24 NOTTS COUNTY	1-0	Hatton	15962	9								10	3			8		4		6		2	1	11				7	5
3		26 Leicester City	2-6	Addinall, Shepherd	28911	9						6		10	3			8		4		5		2	1	11			7		
4		31 Notts County	3-3	Addinall 2, Wardle	33631	9		5				6		10	3			8			4			2	1	11			7		
5	Sep	2 MANCHESTER CITY	1-2	Hatton	21696	9		5				6		10	3			8			4			2	1	11			7		
6		6 Bury	1-0	Addinall	8888	9		5				6	1	10	3			8			4			2				11	7		
7		9 Coventry City	0-3		22298	9		5	4		10	6	1		3			8						2		11			7		
8		16 CARDIFF CITY	3-2	Hatton (p), Heath, Wardle	19236	9		5				6	1	10	3			8		4				2		11			7		
9		23 Birmingham City	1-1	Addinall	26583	9		5				6	1	10	3			8		4			2			11			7		
10		30 GRIMSBY TOWN	7-1	Shepherd 3, Addinall 2, Hatton 2	16331	9		5				6	1	10	3			8		4			2			11			7		
11	Oct	7 West Ham United	1-4	Addinall	26375	9		5				6	1	10	3			8		4			2			11			7		
12		14 SWANSEA TOWN	1-1	Addinall	19256	9		5			7	6	1	10	3			8		4			2			11					
13		21 Luton Town	0-2		15692	9		5			7	6	1		3		8	10		4			2			11					
14		28 LEEDS UNITED	3-0	Shepherd, Hatton (p), Mills	15935	9		5				6	1	10	3			8		4			2			11			7		
15	Nov	4 Barnsley	0-7		17927	9		5				6	1	10	3			8		4			2			11			7		
16		11 SHEFFIELD UNITED	2-1	Hatton, Addinall	16299	9		5				6	1	10	3			8		4			2			11			7		
17		18 Hull City	1-5	Hatton	33866	9		5				6	1	10	3			8		4			2			11			7		
18		25 DONCASTER ROVERS	1-2	Hatton	16861	9		5				6	1	10	3	2		8		4			7			11					
19	Dec	2 Brentford	1-2	Addinall	23121	9		5				6	1	10	3	2				4		8				11			7		
20		9 BLACKBURN ROVERS	3-1	Addinall 2, Hatton (p)	13585	9						6	1	10		3				4		8	2			11				7	5
21		16 Chesterfield	1-3	Addinall	7421	9						6	1	10		3				4		8	2			11				7	5
22		23 LEICESTER CITY	3-0	Addinall, Hatton, Shepherd	11095	9						6	1	10		3				4		8	2			11				7	5
23		25 PRESTON NORTH END	1-4	Waugh	16881	9						6	1	10		3					4	8	2			11				7	5
24		26 Preston North End	0-1		38993	9					10	6			3						4	8	2		1	11				7	5
25	Jan	13 COVENTRY CITY	3-1	Addinall, Hatton (p), Shepherd	17380	9					8	6		10		3						4	2		1	11				7	5
26		20 Cardiff City	2-4	Shepherd 2	21017	9	8				10	6				3						4	2		1	11				7	5
27		27 BRENTFORD	1-1	Davies	26290	10			6	9	8					3						4	2		1	11				7	5
28	Feb	3 BIRMINGHAM CITY	2-0	Farrow (p), Shepherd	12295	9			6			10				3			8			4	2		1	11				7	5
29		17 Grimsby Town	2-2	Farrow, Shepherd	14005	9			6		8	10				3						4	2		1	11				7	5
30		24 WEST HAM UNITED	3-3	Clayton, Farrow, Duggan	21444	9			6		8	10				3						4	2		1	11				7	5
31	Mar	3 Swansea Town	0-1		18611	9			6		8	10				3						4	2		1	11				7	5
32		10 LUTON TOWN	1-1	Shepherd	13708	9			6		8	10				3						4	2		1	11				7	5
33		17 Leeds United	2-2	Shepherd, Smith	18094	9			6			10				3						4	2		1	11	8			7	5
34		23 SOUTHAMPTON	2-0	Farrow, Smith	19814	9			6			10				3						4	2		1	11	8			7	5
35		24 BARNSLEY	2-1	Waugh, Smith	15868	9			6			10				3						4	2		1	11	8			7	5
36		26 Southampton	2-2	Addinall 2	20875	9			6		8	10				3						4	2		1	11				7	5
37		31 Sheffield United	0-2		16035	9			6			10				3						4	2		1	11	8			7	5
38	Apr	4 Manchester City	2-5	Hatton, Smith	21573	9						6		10	3							4	2		1	11	8			7	5
39		7 HULL CITY	3-1	Farrow 2, Smith	14628				6			10	1	9		3						4	2			11	8			7	5
40		14 Doncaster Rovers	2-0	Clayton, Smith	16344				6			10	1	9		3						4	2			11	8			7	5
41		25 Blackburn Rovers	1-2	Hatton	9770				6			10	1	9		3						4	2			11	8			7	5
42	May	5 BURY	3-2	Hatton, Shepherd, Smith	11244				6			10	1	9		3						4	2			11	8			7	5

	Addinall AW	Cameron R	Chapman RFJ	Clayton L	Davies E	Duggan EJ	Farrow DA	Gullan SK	Hatton C	Heath WJ	Ingham A	McKay J	Mills DG	Muir WM	Nelson D	Nicholas CB	Parkinson AA	Poppitt J	Powell GR	Saphin RFE	Shepherd E	Smith WC	Stewart G	Wardle G	Waugh WL	Woodward HJ
Apps	38	1	16	16	1	12	39	22	27	21	23	1	18	1	18	5	27	33	8	20	41	9	1	14	25	25
Goals	18			2	1	1	6		16	1			1								14	7		2	2	

F.A. Cup

						Addinall AW	Cameron R	Chapman RFJ	Clayton L	Davies E	Duggan EJ	Farrow DA	Gullan SK	Hatton C	Heath WJ	Ingham A	McKay J	Mills DG	Muir WM	Nelson D	Nicholas CB	Parkinson AA	Poppitt J	Powell GR	Saphin RFE	Shepherd E	Smith WC	Stewart G	Wardle G	Waugh WL	Woodward HJ
R3	Jan	6 MILLWALL	3-4	Parkinson 2, Addinall	25777	9					10			4	3					6		8	2		1	11				7	5

Reading

3rd in Division Three (South)

No	Date	Opponent	Score	Scorers	Att	Amor WG	Bainbridge KV	Barton DJ	Bewley DG	Blackman RH	Brice GHJ	Brooks J	Cryle G	Davidson DB	Dodgin N	Edelston M	Farquhar D	Gulliver J	Henley L	Hutton J	Johnston JC	Kinsell TH	Marks WG	McBride J	McCrohan R	McLean PY	Moyse R	Parker W	Simpson DE	Wicks SM
1	Aug 19	WALSALL	2-1	Brice 2	21923		11				9			8	4						6	3	1		10		2		7	5
2	24	Watford	1-3	McCrohan	13174		11				9			8	4						6	3	1		10		2		7	5
3	26	Leyton Orient	0-2		21298		11				9			10	4				8		6	3	1				2		7	5
4	30	WATFORD	1-0	Dodgin	13236						9			10	4			3	8		6		1				2	11	7	5
5	Sep 2	IPSWICH TOWN	2-0	Brice, Simpson	17378	11					9			10	4			2	8		6	3	1						7	5
6	6	Torquay United	1-2	Davidson	6993	11		2			9	8		10	4			3			6		1						7	5
7	9	Plymouth Argyle	0-2		15681			2			9	8		10	4			3			6		1					11	7	5
8	13	TORQUAY UNITED	0-0		13258			2			9			10	4			3			6		1		8			11	7	5
9	16	NOTTM. FOREST	0-2		19341	11		2			9		6		4			3		8	10		1						7	5
10	23	SOUTHEND UNITED	0-2		14811				6		9	8			4						10	3	1				2	11	7	5
11	30	Exeter City	3-1	Blackman 2, Simpson	11203					9	5			10						8	6	3		1		4	2	11	7	
12	Oct 7	Aldershot	1-1	Blackman	12793					9	5					8		3		10	6			1		4	2	11	7	
13	14	SWINDON TOWN	3-1	Edelston, Simpson 2 (2p)	24256					9	5					8		3		10	6			1		4	2	11	7	
14	21	Colchester United	1-1	Blackman	11469					9	5					8		3		10	6			1		4	2	11	7	
15	28	BRISTOL ROVERS	0-0		15428					9	5			10						8	6	3		1		4	2	11	7	
16	Nov 4	Crystal Palace	3-0	Blackman 3	12479		11			9	5	10				8					6	3		1		4	2		7	
17	11	BRIGHTON & HOVE ALB	7-0	Blackman 5, Bainbridge, Simpson	14867		11			9	5	10							8		6	3		1		4	2		7	
18	18	Newport County	0-5		8529		11			9	5	10						3	8		6			1		4	2		7	
19	Dec 2	Northampton Town	1-1	Bainbridge	11106		11			9	5	10							8		6			1		4	2		7	3
20	16	Walsall	2-1	Blackman, Bainbridge	3677		11			9	5					8			10		6			1		4	2		7	3
21	23	LEYTON ORIENT	4-0	Blackman, Bainbridge, Henley 2	10882		11			9	5					8			10		6	3		1		4	2		7	
22	25	Gillingham	3-0	Blackman 2, Henley	9539					9	5					8			10		6			1		4	2	11	7	3
23	26	GILLINGHAM	1-1	Edelston	17464	11				9	5					8			10		6	3		1		4	2		7	
24	30	Ipswich Town	2-0	Blackman, Simpson	10295	11				9	5					8			10		6	3		1		4			7	2
25	Jan 10	Millwall	3-1	Blackman 2, Henley	8434		11			9	5					8			10		6			1		4	2		7	3
26	13	PLYMOUTH ARGYLE	4-0	Blackman, Bainbridge 2, Edelston	17351		11			9	5					8			10		6			1		4	2		7	3
27	20	Nottingham Forest	1-1	Simpson (p)	24206		11			9	5					8			10		6			1		4	2		7	3
28	27	PORT VALE	3-0	Henley, Brice, Blackman	15409		11			9	5					8			10		6			1		4	2		7	3
29	Feb 3	Southend United	3-3	Henley 2, Wicks	6896		11			9	5					8			10		6			1		4	2		7	3
30	14	NORWICH CITY	3-1	Edelston, Blackman 2	11426		11			9	5					8			10		6			1		4	2		7	3
31	17	EXETER CITY	4-2	Bainbridge, Blackman 2, Henley	15775		11			9	5					8			10		6			1		4	2		7	3
32	24	ALDERSHOT	7-1	* see below	23043		11			9	5					8			10		6			1		4	2		7	3
33	Mar 3	Swindon Town	1-1	Henley	21485		11			9	5					8			10		6			1		4	2		7	3
34	10	COLCHESTER UNITED	3-2	Amor, Blackman 2	16010	11				9	5					8			10		6			1		4	2		7	3
35	17	Bristol Rovers	0-4		20882	11				9	5					8			10		6			1		4	2		7	3
36	23	BRISTOL CITY	4-2	Blackman 3, Simpson	20065		11			9	5					8			10		6			1		4	2		7	3
37	24	CRYSTAL PALACE	1-1	Edelston	16720	11				9	5	10			4	8					6			1			2		7	3
38	26	Bristol City	3-3	Edelston 2, Simpson (p)	23778					9	5					8	11		10		6			1		4	2		7	3
39	31	Brighton & Hove Albion	1-1	Faquhar	10469					9	5					8	11		10		6		1			4	2		7	3
40	Apr 7	NEWPORT COUNTY	5-0	McLean,Blackman 2,Henley,Edelston	12939	11				9	5					8	7		10		6		1			4	2			3
41	14	Norwich City	1-2	Blackman	30003					9	5					8	11		10		6		1			4	2		7	3
42	18	BOURNEMOUTH	0-0		13025	11				9	5					8			10		6		1			4	2		7	3
43	21	NORTHAMPTON T	2-0	Henley, Amor	13401	11				9	5					8			10		6		1			4	2		7	3
44	28	Port Vale	0-0		3402					9	5				4	8	11		10		6		1				2		7	3
45	May 2	MILLWALL	1-1	Amor	9378	11				9	5				4	8			10		6		1				2		7	3
46	5	Bournemouth	0-1		10424		11			9	5	10				8			4		6		1				2		7	3

Scorers in game 32: Blackman 2, Henley 2, Edelston, Bainbridge, Simpson

	Amor WG	Bainbridge KV	Barton DJ	Bewley DG	Blackman RH	Brice GHJ	Brooks J	Cryle G	Davidson DB	Dodgin N	Edelston M	Farquhar D	Gulliver J	Henley L	Hutton J	Johnston JC	Kinsell TH	Marks WG	McBride J	McCrohan R	McLean PY	Moyse R	Parker W	Simpson DE	Wicks SM
Apps	12	20	4	1	36	46	9	1	10	13	31	5	10	32	6	46	12	18	28	3	32	40	10	45	36
Goals	3	8			35	4			1	1	9	1		13						1	1			10	1

F.A. Cup

Rd	Date	Opponent	Score	Scorers	Att	Amor WG	Bainbridge KV	Barton DJ	Bewley DG	Blackman RH	Brice GHJ	Brooks J	Cryle G	Davidson DB	Dodgin N	Edelston M	Farquhar D	Gulliver J	Henley L	Hutton J	Johnston JC	Kinsell TH	Marks WG	McBride J	McCrohan R	McLean PY	Moyse R	Parker W	Simpson DE	Wicks SM
R1	Nov 25	CHELTENHAM TOWN	3-1	Bainbridge, Blackman 2	16500		11			9	5	10							8		6			1		4	2		7	3
R2	Dec 9	DARTFORD	4-0	Henley,Edelston,Blackman,Bainbridge	17185		11			9	5					8			10		6			1		4	2		7	3
R3	Jan 6	Newport County	2-3	Blackman 2	12086		11			9	5					8			10		6			1		4	2		7	3

Rochdale

11th in Division Three (North)

	Date	Opponent	Score	Scorers	Att.	Arthur J	Barber E	Birch JW	Boyle H	Brown C	Buchan AR	Churchill T	Connor JT	Foulds A	Heaton WH	Hubbick H	Hughes WA	Livesey J	Lomas A	McGeachie G	McNichol A	Medd GE	Middlebrough A	Partridge D	Reid DA	Smyth HR	Steen AW	Watson W	Whitehouse JE	Wood E
1	Aug 19	Darlington	2-0	Arthur, Connor	10530	7		5		10		1	9			3		8		4					6		11	2		
2	21	Bradford Park Avenue	1-0	Arthur	19058	7		5		10		1	9			3		8		4					6		11	2		
3	26	STOCKPORT COUNTY	1-1	Livesey	13075	7		5		10		1	9			3		8		4					6		11	2		
4	29	BRADFORD PARK AVE.	1-2	Livesey	10743	7		5		10			9			3		8	1	4					6		11	2		
5	Sep 2	Halifax Town	1-1	Connor	10219	7		5					9			3		10	1	4		11			6			2	8	
6	5	SHREWSBURY TOWN	5-0	Medd, Connor 3, Livesey	8863	7		5					9			3		10	1	4		11			6			2	8	
7	9	HARTLEPOOLS UNITED	3-1	Connor 2, Whitehouse	9146	7		5					9			3		10	1	4		11			6			2	8	
8	11	Shrewsbury Town	2-0	Connor 2	8017	7		5		11			9			3	1	10		4					6			2	8	
9	16	Gateshead	1-4	Whitehouse	13607	7		5					9			3	1	10		4					6		11	2	8	
10	23	CREWE ALEXANDRA	1-1	McGeachie	8576	7		5					9			3	1	10		6							11	2	8	4
11	30	New Brighton	5-1	*See below	4852	7		5		10			9			3	1	8		6							11	2		4
12	Oct 7	YORK CITY	0-1		8123	7							9	10		3	1	8		6		11		5				2		4
13	14	Barrow	3-4	Whitehouse, Middlebrough, Brown	5645	7				10						3	1	11		5			9			6		2	8	4
14	21	ACCRINGTON STANLEY	3-1	Connor, Birch (p), Smyth	8027	7		5		10			9			3	1	11		4						6		2	8	
15	28	Carlisle United	0-4		13295	7		5	3	10			9				1	11		4						6		2	8	
16	Nov 4	TRANMERE ROVERS	2-3	Arthur, Livesey	7886	7		5		10			9			3	1	11		6								2	8	4
17	11	Southport	1-1	Brown	6374	7		5		10					11	3			1	6			9						8	4
18	18	ROTHERHAM UNITED	0-2		7986	7		5		10					11	3		8	1	6									9	4
19	Dec 2	SCUNTHORPE UNITED	2-0	Middlebrough 2	5213	7		5	3	6								8	1	4			9	2			11		10	
20	23	Stockport County	2-2	Whitehouse, Middlebrough	10152	7		5	3	6					10				1	4			9				11	2	8	
21	25	Lincoln City	2-4	Arthur, Middlebrough	9873	7		5	3	6									1	4		10	9	2			11		8	
22	Jan 13	Hartlepools United	0-0		7585	7		5	3	6		1	9		10			8									11	2		4
23	16	CHESTER	2-3	Steen, Whitehouse	1435	7		5	3	6		1	9					10									11	2	8	
24	20	GATESHEAD	2-0	Livesey (p), Middlebrough	5612			5	3	6		1						8			10		9	4			11	2	7	
25	27	Chester	3-1	Livesey 2, Whitehouse	4534			5	3	6		1	9					8		4	10						11	2	7	
26	Feb 3	Crewe Alexandra	1-3	Livesey (p)	6941			5	3	6		1	9					8		4	10						11	2	7	
27	10	OLDHAM ATHLETIC	0-1		14238			5	3	6		1						8			10		9				11	2	7	
28	17	NEW BRIGHTON	1-0	Middlebrough	3689	7		5			6	1				3		8		4	10		9				11	2		
29	24	York City	2-2	Livesey (p), Steen	7664	7		5			6	1				3		8		4	10		9				11	2		
30	Mar 3	BARROW	1-0	Middlebrough	5509	7		5			6	1				3		8		4	10		9				11	2		
31	10	Accrington Stanley	2-1	Whitehouse, Connor	4281	7		5	3		6	1	9							4	10						11	2	8	
32	17	CARLISLE UNITED	4-1	Steen, Connor 2, McNichol	6190	7		5	3		6	1	9							4	10						11	2	8	
33	24	Tranmere Rovers	1-2	McNichol	8328	7		5	3		6	1	9							4	10						11	2	8	
34	26	BRADFORD CITY	4-0	Connor 2, McNichol, Steen	4233	7		5	3		6	1	9							4	10						11	2	8	
35	27	Bradford City	1-2	Connor	16164				3		6	1	9	7				8		4	10						11	2		
36	31	SOUTHPORT	1-1	Whitehouse	3781	7		5	3		6	1	9							4	10						11	2	8	
37	Apr 7	Rotherham United	0-3		14202			5	3		6	1	9					11		4	10						7	2	8	
38	10	HALIFAX TOWN	0-0		3342			5			6	1				3		11		4	10		9				7	2	8	
39	14	MANSFIELD TOWN	0-0		4000	7		5			6	1				3		8		4			9				11	2	10	
40	16	Mansfield Town	0-1		11384	7		5		10	6	1		9		3		8		4							11	2		
41	17	LINCOLN CITY	3-0	Foulds, McGeachie, Livesey	3533	7		5			6	1		9		3		10		4							11	2	8	
42	21	Scunthorpe United	0-3		9229	7	9	5			6	1		8		3		10									11	2		
43	24	Oldham Athletic	0-2		13503		7	5			6	1				3		8			10		9	4			11	2		
44	28	WREXHAM	2-0	Barber, Middlebrough	3288		7	5			6	1				3		11			10		9					2	8	
45	May 2	Wrexham	1-3	Whitehouse	3633		7	5			6	1		10		3		11					9					2	8	
46	5	DARLINGTON	0-0		3448		7	5			6	1			11	3		10		4								2	8	
					Apps	35	5	43	17	22	19	28	26	6	5	29	9	38	9	38	17	5	15	5	9	3	32	42	32	8
					Goals	4	1	1		3			16	1				11		4	3	1	9			1	5		9	

Scorers in game 11: Steen, Livesey, McGeachie 2(2p), Brown

Played in games 17 and 18: R Rothwell (at 2).

Played in games 23 and 27: K Crowther (at 4).

Played in game 35 (at 5), 42, 44 and 45 (at 4): ER Downes. In game 46: H Mills (at 9).

F.A. Cup

	Date	Opponent	Score	Scorers	Att.	Arthur J	Barber E	Birch JW	Boyle H	Brown C	Buchan AR	Churchill T	Connor JT	Foulds A	Heaton WH	Hubbick H	Hughes WA	Livesey J	Lomas A	McGeachie G	McNichol A	Medd GE	Middlebrough A	Partridge D	Reid DA	Smyth HR	Steen AW	Watson W	Whitehouse JE	Wood E
R1	Nov 25	WILLINGTON	3-1	Whitehouse 2 (1p), Middlebrough	7657	7		5	3	6								8	1	4			9	2			11		10	
R2	Dec 9	Ashington	2-1	Livesey, Steen	13191	7		5	3	6					10			8	1	4			9				11	2		
R3	Jan 9	CHELSEA	2-3	Connor, Arthur	17817	7		5	3				9					10	1	6							11	2	8	4

Rotherham United

Champions of Division Three (North)

							Badger CA	Bolton R	Edwards JF	Gibson A	Grainger J	Guest G	Noble N	Quairney J	Rawson C	Rudd JJ	Selkirk J	Shaw JS	Tomlinson CC	White LR	Williams DT	Williams HO
1	Aug	19	Oldham Athletic	5-4	Guest 2,Grainger,Shaw,H Williams	19182		1	4	5	7	10	3		6	11	2	8				9
2		21	STOCKPORT COUNTY	0-0		12235		1	4	5	7	10	3		6	11	2	8				9
3		26	WREXHAM	5-0	Rudd 2, Guest, White, H Williams	9565		1	4	5		10	3		6	11	2	8		7		9
4		28	Stockport County	3-1	Guest 2, Shaw	14937		1	4	5		10	3		6	11	2	8		7		9
5	Sep	2	Scunthorpe United	0-0		14656		1	4	5	7	10	3		6	11	2	8				9
6		4	TRANMERE ROVERS	1-2	Guest	13308		1	4	5	7	10	3		6	11	2	8				9
7		9	MANSFIELD TOWN	3-0	Guest, Shaw, D Williams	13133		1	4	5	7	10	3		6	11	2	9			8	
8		12	Tranmere Rovers	1-2	Shaw	10910		1	4	5	7	10	3		6	11	2	9			8	
9		16	DARLINGTON	0-1		10851		1	4	5	7	10	3		6	11	2	9			8	
10		23	Barrow	2-0	Rudd, Shaw	7174		1	4	5	7	10	3		6	11	2	9			8	
11		30	YORK CITY	3-1	Guest 2, Noble	6807		1	4	5	7	10	3		6	11	2	9			8	
12	Oct	7	New Brighton	4-2	Shaw 3, Guest	4419		1	4	5	7	10	3		6	11	2	9			8	
13		14	BRADFORD CITY	1-0	Shaw	11745		1	4	5	7	10	3		6	11	2	9			8	
14		21	Gateshead	3-0	Shaw 2, Rudd	14039		1	4	5	7	10	3		6	11	2	9			8	
15		28	CREWE ALEXANDRA	2-3	Guest, Shaw	11179		1	4	5	7	10	3		6	11	2	9			8	
16	Nov	4	Halifax Town	2-1	Shaw 2	9175		1	4	5	7	10	3		6	11	2	9			8	
17		11	HARTLEPOOLS UNITED	2-1	Shaw, D Williams	10440		1	4	5	7	10	3		6	11	2	9			8	
18		18	Rochdale	2-0	Grainger, Guest	7986		1	4	5	7	10	3		6	11	2	9			8	
19	Dec	2	Shrewsbury Town	2-1	Shaw, D Williams	10317		1	4	5	7	10	3		6	11	2	9			8	
20		23	Wrexham	0-0		8323		1	4	5	7	10	3		6	11	2	9			8	
21		25	Bradford Park Avenue	4-0	Guest, Shaw, White, D Williams	23195		1	4	5		10	3		6	11	2	9		7	8	
22		26	BRADFORD PARK AVE.	2-1	Shaw, Hodgson (og)	17888			4	5		10	3	1	6	11	2	9		7	8	
23		30	SCUNTHORPE UNITED	4-1	Shaw 2, Grainger, Guest	10169		1	4	5	7	10	3		6	11	2	9			8	
24	Jan	1	Accrington Stanley	2-0	Grainger, Shaw	5004		1	4	5	7	10	3		6	11	2	9			8	
25		9	Southport	1-0	Grainger	2892		1	4	5	7	10	3		6	11	2	9			8	
26		13	Mansfield Town	1-1	Grainger	18241		1	4	5	7	10	3		6	11	2	9			8	
27		20	Darlington	2-2	Noble, Shaw	8421		1	4	5	7	10	3		6	11	2	9			8	
28		30	SOUTHPORT	1-1	White	7359	11	1	4	5		10	3		6		2	9		7	8	
29	Feb	3	BARROW	3-0	Grainger, Guest, Noble	12420	11	1	4	5	7	10	3		6		2	9			8	
30		10	ACCRINGTON STANLEY	6-2	Shaw 3, Grainger 2, Noble	14504		1	4		7		3		6	11	2	9		8	10	5
31		17	York City	3-3	Grainger, Guest, Shaw	9184		1	4	5	7	10	3		6	11	2	9			8	
32		24	NEW BRIGHTON	5-0	Shaw 3, Noble, D Williams	13386		1	4	5	7	10	3		6	11	2	9			8	
33	Mar	3	Bradford City	4-3	Guest, Shaw, White, D Williams	19229		1	4	5		10	3		6	11	2	9		7	8	
34		10	GATESHEAD	1-2	Shaw	14655		1	4	5	7	10	3		6	11	2	9			8	
35		17	Crewe Alexandra	2-1	Shaw, D Williams	7322		1	4	5	7	10	3		6	11	2	9			8	
36		23	Carlisle United	0-0		20454		1	4	5	7	10	3		6	11	2	9			8	
37		24	HALIFAX TOWN	2-0	Noble, Shaw	14195		1	4	5		10	3		6	11	2	9		7	8	
38		26	CARLISLE UNITED	3-0	Shaw 2, Grainger	17309		1	4	5	7	10	3		6	11	2	9			8	
39		31	Hartlepools United	1-3	Shaw	8706		1	4	5	7	10	3		6	11	2	9			8	
40	Apr	7	ROCHDALE	3-0	Grainger, Guest, D Williams	14202		1	4	5	7	10	3		6	11	2	9			8	
41		14	Chester	2-1	Guest, D Williams	7760		1	4	5	7	10	3		6	11	2	9			8	
42		16	CHESTER	0-0		18481		1	4	5	7	10	3		6	11	2	9			8	
43		21	SHREWSBURY TOWN	2-0	Guest, Tomlinson	15906		1	4	5	7	10	3		6		2	9	11		8	
44		28	Lincoln City	2-0	Guest 2	14714		1	4	5		10	3		6		2	9	11	7	8	
45		30	LINCOLN CITY	3-0	Edwards, Guest, White	15396		1	4	5		10	3		6		2	9	11	7	8	
46	May	5	OLDHAM ATHLETIC	3-1	Grainger, Selkirk, Shaw	12868		1	4	5	7	10	3		6	11	2	9			8	
						Apps	2	45	46	45	37	45	46	1	46	41	46	46	3	10	40	7
						Goals			1		13	23	6			4	1	37	1	5	9	2

One own goal

F.A. Cup

							Badger CA	Bolton R	Edwards JF	Gibson A	Grainger J	Guest G	Noble N	Quairney J	Rawson C	Rudd JJ	Selkirk J	Shaw JS	Tomlinson CC	White LR	Williams DT	Williams HO
R1	Nov	25	Darlington	7-2	Shaw 5, Guest, D Williams	10616		1	4	5	7	10	3		6	11	2	9			8	
R2	Dec	9	NOTTM. FOREST	3-1	Shaw 3	22000		1	4	5	7	10	3		6	11	2	9			8	
R3	Jan	6	DONCASTER ROVERS	2-1	Shaw, D Williams	22000		1	4	5	7		3		6	11	2	9			8	
R4		27	Hull City	0-2		50040		1	4	5	7	10	3		6		2	9		11	8	

Played at 10 in R3: P Wragg

Scunthorpe United

12th in Division Three (North)

#	Date	Opponents	Score	Scorers	Att	Allen W	Babes J	Barker Jeff	Bowen D	Boyes WE	Brownsword NJ	Clelland D	Comley LG	Conroy RM	Cumner RH	Gorin ER	Hubbard J	Jones RJ	Malan NF	McCormick JM	Mosby H	Mulholland JR	Payne EH	Rees MJF	Taylor RE	Thompson GH	White R	Whitfield I
1	Aug 19	SHREWSBURY TOWN	0-0		11847	4		2		11	3					9				6	7		8	10	5	1		
2	23	Lincoln City	1-2	Gorin	16857	4		2			3			11		9				6	7			10	5	1		8
3	26	Mansfield Town	1-1	Whitfield	11531	6		2	7	11	3					9	4							10	5	1		8
4	30	LINCOLN CITY	1-1	Whitfield	14840	6		2	7	11	3					9	4							10	5	1		8
5	Sep 2	ROTHERHAM UNITED	0-0		14656	6		2	7		3					9	4						11	10	5	1		8
6	6	OLDHAM ATHLETIC	1-0	Whitfield	7994	6		2	7		3					9	4						11	10	5	1	6	8
7	9	Barrow	0-1		9601	6		2	7		3					9	4						11	10	5	1	6	8
8	12	Oldham Athletic	4-3	Gorin 2, Whitfield, Mosby	12239			2			3					9	4			6	11		7	10	5	1		8
9	16	YORK CITY	0-1		12101			2			3					9	4			6	11		7	10	5	1		8
10	23	Carlisle United	1-3	Gorin	11961	6		2	4		3					9	7				11			10	5	1		8
11	30	ACCRINGTON STANLEY	3-0	Gorin 3	7861	6		2			3				11	9	4						7	10	5	1		8
12	Oct 7	Gateshead	0-1		11903	6		2			3				11	9	4				7		10	8	5	1		
13	14	CREWE ALEXANDRA	1-1	Gorin	11307	6		2			3				11	9	4				7		10		5	1		8
14	21	Halifax Town	3-3	Mulholland, Cumner, Rees	9512	6		2			3				11	9	4					7	10	8	5	1		
15	28	HARTLEPOOLS UNITED	0-0		10576	6		2			3				11	9	4					7	10	8	5	1		
16	Nov 4	Darlington	2-3	Gorin, Barker (p)	5496	6		2			3				11	9	4					7	10	8	5	1		
17	18	New Brighton	2-1	Gorin 2	3060	4		2			3				11	9			1	6		7	10		5			8
18	Dec 2	Rochdale	0-2		5213	4		2			3				11	9			1	6		7	10		5			8
19	9	CHESTER	2-0	Mosby, Boyes	7989	6		2		8	3				11	9	4				7		10		5	1		
20	16	Shrewsbury Town	1-3	Gorin	6620	6		2		8	3				11	9	4				7		10		5	1		
21	23	MANSFIELD TOWN	0-0		7459	6		2		8	3				11	9	4				7		10		5	1		
22	25	WREXHAM	2-0	Cumner, Tunney (og)	8933	6		2		8	3				11	9	4				7		10		5	1		
23	26	Wrexham	1-3	Mosby	9712	6		2		8	3				11	9	4				7		10		5	1		
24	30	Rotherham United	1-4	Cumner	10169	6				8	3				11	9	4				7		10		5	1	2	
25	Jan 6	BRADFORD PARK AVE.	1-1	James (og)	6760	6		2		10					11	9	4				7			8	5	1	3	
26	13	BARROW	1-0	Boyes	7850	6		2		10	3				11	9	4				7			8	5	1		
27	20	York City	0-0		7187	6		2		10	3				11	9	4				7			8	5	1		
28	27	Bradford Park Avenue	2-2	Clelland 2	10246	6		2			3	10				9	4				7			8	5	1	4	
29	Feb 3	CARLISLE UNITED	1-1	Clelland	9247	6		2			3	10			11	9					7		8		5	1	4	
30	10	TRANMERE ROVERS	1-1	Payne	10495	6		2			3		8		11	9					7		10		5	1	4	
31	17	Accrington Stanley	0-0		3433	6		2			3				11	9	4				7		8		5	1		10
32	24	GATESHEAD	2-1	Cumner, Whitfield	9688	6		2			3				11	9	4				7		8		5	1		10
33	Mar 3	Crewe Alexandra	0-2		6390	6		2			3				11	9	4				7		8		5	1		10
34	10	HALIFAX TOWN	2-2	Mosby, Cumner	8447	6		2			3	10			11		4				7	9	8		5	1		
35	17	Hartlepools United	2-4	Comley, Whitfield	5365			2			3	6	10		11		4				7		8		5	1		9
36	23	Southport	2-2	Comley, Clelland	8206	6		2			3	9	10		11		4				7		8		5	1		
37	24	DARLINGTON	2-0	Clelland, Mosby	8888	6		2			3	9	10		11		4				7		8		5	1		
38	26	SOUTHPORT	0-0		5038	6		2			3		10		11		4				7		8		5	1		9
39	31	Stockport County	2-1	Cumner, Clelland	6401	6		2			3	9	10		11		4				7		8		5	1		
40	Apr 7	NEW BRIGHTON	6-0	Clelland 2, Comley 2, Payne, Cumner (p)	8588	6		2			3	9	10		11		4		1		7		8		5			
41	14	Bradford City	0-2		13001	6		2			3	9	10		11		4		1		7		8		5			
42	18	BRADFORD CITY	0-0		10287	6		2			3		10		11		4	9			7		8		5	1		
43	21	ROCHDALE	3-0	Cumner 2, Comley	9229	6		2			3		10		11		4	9			7		8		5	1		
44	28	Chester	1-4	Cumner	3778	6		2			3		10		11		4	9			7		8		5	1		
45	30	STOCKPORT COUNTY	3-0	Mosby, Hubbard, White	9175	6		2			3	9	10		11		8		1		7				5		4	
46	May 5	Tranmere Rovers	0-1		6990	6		2			3	9	10		11		8		1		7				5		4	
		Apps				39	3	42	5	13	46	16	12	1	35	26	42	3	5	7	37	6	40	18	44	41	9	16
		Goals						1		2		8	5		10	12	1				6	1	2	1			1	6

Two own goals

F.A. Cup

	Date	Opponents	Score	Scorers	Att	Allen W	Babes J	Barker Jeff	Bowen D	Boyes WE	Brownsword NJ	Clelland D	Comley LG	Conroy RM	Cumner RH	Gorin ER	Hubbard J	Jones RJ	Malan NF	McCormick JM	Mosby H	Mulholland JR	Payne EH	Rees MJF	Taylor RE	Thompson GH	White R	Whitfield I
Q4	Nov 11	Hereford United	0-1		10527	4		2			3				11	9			1	6	7		10		5			8

Sheffield United

8th in Division Two

#	Date	Opponent	Score	Scorers	Att	Bottom AE	Broderick M	Brook H	Burgin E	Cox AEH	Fountain J	Furniss F	Grant EA	Hagan J	Hawksworth DM	Hitchen H	Hoyland T	Hutchinson GH	Johnson H	Jones GH	Keating PJ	Latham H	McLaren A	Parkin HB	Ringstead A	Shaw J	Smith FE	Thompson D	Underwood GR	Walker JF	Weatherspoon CW
1	Aug 19	BLACKBURN ROVERS	0-3		34766			8	1	3		2		10		4		7				5	11			6		9			
2	24	Swansea Town	2-1	Jones, Cox	19963			8	1	3		2		10		4		7		11		5				6		9			
3	26	Southampton	0-1		22859			9	1	3		2		10		4		7				5	11			6	8				
4	28	SWANSEA TOWN	6-1	McLaren 2, Hutchinson, Brook 3	25597			8	1	3		2		10		4		7				5	11			6		9			
5	Sep 2	BARNSLEY	0-2		41626			9	1	3		2		10		4		7				5	11			6	8				
6	9	Leicester City	2-2	Hutchinson, Brook	31512			9	1	3		2		10		4		7				5	11			6	8				
7	11	DONCASTER ROVERS	0-0		34897			8	1	3		2		10		4		7				5				6		9	11		
8	16	Luton Town	0-0		14768			8	1	3		2		10		4		7				5				6		9	11		
9	23	LEEDS UNITED	2-2	Hitchen, Hagan	28872			8	1	3		2		10		4		7				5				6		9	11		
10	30	West Ham United	5-3	Devlin 2 (2og), Furniss 2 (2p), Hagan	25130			8	1	3		2		10		4		7				5				6		9	11		
11	Oct 7	NOTTS COUNTY	1-2	Robinson (og)	37569			8	1	3		2		10		4		7				5				6		9	11		
12	14	Grimsby Town	2-2	Hagan 2	15098		8	9	1	3		2		10		4		7				5				6			11		
13	21	BURY	3-0	Shaw, Hagan, Hitchen	25993			8	1	3		2		10		4		7		11		5				6		9			
14	28	Preston North End	1-1	Brook	32628			8	1	3		2		10		4		7		11		5				6		9			
15	Nov 4	CHESTERFIELD	4-1	Thompson, Brook, Jones, Hagan	26400			8	1	3		2		10		4				11		5				6		9	7		
16	11	Queen's Park Rangers	1-2	Hitchen	16299			8	1	3		2		10		4				11		5				6		9	7		
17	18	BIRMINGHAM CITY	3-2	Hagan, Hitchen, Brook	23879			9	1	3		2		10		4				11		5				6	8		7		
18	25	Cardiff City	0-2		25622				1	3		2		10		4				11		5				6	8	9	7		
19	Dec 2	COVENTRY CITY	2-0	Hagan, Ringstead	28804			9	1	3		2		10		4	8				11	5			7	6					
20	9	Manchester City	3-5	Brook, Ringstead, Hagan	33291			9	1	3		2		10		4	8				11	5			7	6					
21	16	Blackburn Rovers	2-0	Hawksworth, Ringstead	15451			9	1	3		2		10	11	4	8					5			7	6					
22	23	SOUTHAMPTON	1-2	Furniss (p)	26690			9	1	3		2		10	11	4	8					5			7	6					
23	25	HULL CITY	3-1	FE Smith, Hagan, Jones	34043				1	3		2		10	11	4	8					5			7	6	9				
24	26	Hull City	1-1	Hagan	37145			8	1	3		2		10	11	4						5			7	6	9				
25	Jan 13	LEICESTER CITY	2-1	Hatton (og), Hawksworth	28380	9			1	3		2		10	11	4	8					5			7	6					
26	20	LUTON TOWN	2-1	Bottom 2	26364	9			1	3		2		10	11	4	8					5			7	6					
27	Feb 3	Leeds United	0-1		28438	9			1	3		2		10	11	4	8					5			7	6					
28	17	WEST HAM UNITED	1-1	Cox	19384			8	1	3		2		10		4						5			7	6		9			
29	24	Notts County	0-3		31290				1	3		2		10	11	4	8					5			7	6	9				
30	Mar 3	GRIMSBY TOWN	4-2	*See below	23558				1	3		2		10	11	4	8					5			7	6	9				
31	10	Bury	1-1	Hagan	11684			9	1	3		2		10	11	4	8					5			7	6					
32	17	PRESTON NORTH END	2-3	Hawksworth, Hagan	31127				1	3		2		10	11	4	8					5			7	6	9				
33	23	Brentford	1-3	Ringstead	23188		8		1	3		2		10	11	4						5			7	6	9				
34	24	Chesterfield	2-0	Ringstead, Brook	16866			9	1	3		2		10	11	4	8					5			7	6					
35	26	BRENTFORD	5-1	Hagan 2, Hawksworth, Brook, Ringstead	20816			9	1	3		2		10	11	4	8					5			7	6					
36	31	QUEEN'S PARK RANGERS	2-0	Brook, Ringstead	16035			9	1	3		2		10	11	4	8					5			7	6					
37	Apr 7	Birmingham City	0-3		21974			9	1	3		2		10	11	4	8					5			7	6					
38	14	CARDIFF CITY	1-2	Shaw	20747			9	1	3		2		10	11	4	8					5			7	6					
39	18	Barnsley	1-1	Ringstead	18120				1	3		2		10	11	4	8					5			7	6		9			
40	21	Coventry City	3-2	Ringstead, Hawksworth, Hitchen	17514				1	3		2			11	4	8					5			7	6		9	10		
41	28	MANCHESTER CITY	0-0		21695				1	3		2			11	4	8					5			7	6		9	10		
42	May 5	Doncaster Rovers	1-1	Furniss (p)	14557				1	3		2		10	11	4						5			7	6					9
		Apps				3	2	34	42	33	2	38	4	36	21	41	11	25	4	12	3	29	9	9	24	36	11	18	10	2	1
		Goals				2		11		2		5		16	6	5		2		3			2		10	2	1	1			

Played in game 28 at 11: G Loukes

Played in game 42 at 8: FA Smith

Scorers in game 30: Furniss (p), Hawksworth, Hagan, Ringstead

Four own goals

F.A. Cup

Round	Date	Opponent	Score	Scorers	Att	Bottom AE	Broderick M	Brook H	Burgin E	Cox AEH	Fountain J	Furniss F	Grant EA	Hagan J	Hawksworth DM	Hitchen H	Hoyland T	Hutchinson GH	Johnson H	Jones GH	Keating PJ	Latham H	McLaren A	Parkin HB	Ringstead A	Shaw J	Smith FE	Thompson D	Underwood GR	Walker JF	Weatherspoon CW
R3	Jan 6	GATESHEAD	1-0	Hagan	25881			6	1	3		2		10		4	8					5						9	7		
R4	27	MANSFIELD TOWN	0-0		48696	9		6	1	3		2		10		4		7				5							8		
rep	31	Mansfield Town	1-2	(aet) Thompson	20374	9		8	1	3	6	2		10		4						5						7			

Sheffield Wednesday

21st in Division One: Relegated

#	Date	Opponent	Res	Scorers	Att	Bannister K	Curtis WN	Dooley D	Finney A	Froggatt R	Gannon E	Henry GR	Jackson NF	Jordan JW	Kenny V	Kirby E	Marriott JL	McIntosh D	McJarrow H	Morton A	Packard JE	Quixall A	Rickett W	Sewell J	Slynn F	Swift HM	Thomas WK	Tomlinson CC	Turton C	Witcomb DF	Woodhead D
1	Aug 19	Chelsea	0-4		48468					10	4	8			2		1		9		5		7			3				6	11
2	21	PORTSMOUTH	2-1	McJarrow, Woodhead	47264					8	4				2		1		9		5		7			3		10		6	11
3	26	BURNLEY	0-1		40754					8	4				2		1		9		5		7			3		10		6	11
4	30	Portsmouth	1-4	McJarrow	27657					8	4				2		1		9		5		7			3		10		6	11
5	Sep 2	Arsenal	0-3		45647					8	4				2		1		9		5		7			3		10		6	11
6	4	STOKE CITY	1-1	Tomlinson	35829					8	4				2		1		9		5		7		6	3		10			11
7	9	CHARLTON ATHLETIC	1-2	McJarrow	37003					10	4	8			2		1		9		5		7		6	3					11
8	11	Stoke City	1-1	Froggatt	23277					8	4				2		1		9		5		7			3		10		6	11
9	16	MIDDLESBROUGH	0-1		46958					8	4				2		1		9		5		7			3		10		6	11
10	23	Huddersfield Town	4-3	McJarrow 2, Froggatt, Marriott	28645					10	4	8			2		7	1	9		5					3				6	11
11	30	NEWCASTLE UNITED	0-0		40293	2				10	4	8					7	1	9		5					3				6	11
12	Oct 7	Manchester United	1-3	McJarrow	42444	2				10	4	8					7	1	9		5					3				6	11
13	14	WOLVERHAMPTON W.	2-2	Froggatt, Rickett	47033	2				10	4	8						1	9		5		7			3				6	11
14	21	Derby County	1-4	McJarrow	31162	2				10	4	8						1	9		5		7			3				6	11
15	28	LIVERPOOL	4-1	Froggatt 3, Woodhead (p)	43711	2				10	4	8						1	9		5		7			3				6	11
16	Nov 4	Sunderland	1-5	Witcomb	48939	2				10	4	8						1	9		5		7			3				6	11
17	11	ASTON VILLA	3-2	Henry, Rickett	37080	2				10	4	8						1	9		5		7			3				6	11
18	18	Fulham	2-4	McJarrow 2	26357	2				10	4	8						1	9		5		7			3				6	11
19	25	BOLTON WANDERERS	3-4	Froggatt, Henry, Rickett	37053	2	3			10	4	8						1	9		5		7							6	11
20	Dec 2	Blackpool	2-3	Froggatt, McJarrow	19732	2	3			10	4	8						1	9		5		7							6	11
21	9	TOTTENHAM HOTSPUR	1-1	McJarrow	44367	2	3			10	4	8						1	9		5		7							6	11
22	23	Burnley	0-1		21272	2	3			10	4	8						1	9		5		7							6	11
23	25	West Bromwich Albion	3-1	Froggatt, Jordan, McJarrow	28023	2	3			10	4			8				1	9		5		7							6	11
24	26	WEST BROMWICH ALB.	3-0	McJarrow 2, Jordan	44863	2	3			10	4			8				1	9		5		7							6	11
25	30	ARSENAL	0-2		39643	2	3			10	4			8				1	9		5		7							6	11
26	Jan 13	Charlton Athletic	1-2	Woodhead	21785	2	3	9		10	4	8						1			5		7							6	11
27	20	Middlesbrough	1-2	Woodhead	34031	2	3				4	8						1	9		5		7					10		6	11
28	Feb 3	HUDDERSFIELD T	3-2	Froggatt 2, Woodhead (p)	40902	2	3			10	4	8						1	9		5		7							6	11
29	17	Newcastle United	2-0		47075	2	3			10	4	8						1	9		5		7							6	11
30	24	CHELSEA	2-2	Quixall, Woodhead	40964		3		7	10	4							1	9		5	8				2				6	11
31	26	MANCHESTER UNITED	0-4		25767		3		7	10	4							1	9		5	8				2				6	11
32	Mar 3	Wolverhampton Wan.	0-4		37482		3		7	8	4							1	9		5			10		2				6	11
33	17	Liverpool	1-2	Sewell	31413		3		7	10	4							1	9		5			8		2				6	11
34	24	SUNDERLAND	3-0	Froggatt, Rickett, Woodhead	48488		3		11	10	4						1			2	5		7	8						6	9
35	26	Everton	0-0		33331		3		11	10	4						1			2	5		7	8						6	9
36	31	Aston Villa	1-2	Woodhead	29321		3		11	10	4						1			2	5		7	8						6	9
37	Apr 7	FULHAM	2-2	Froggatt, Sewell	32351		3		11	10	4						1			2	5		7	8						6	9
38	14	Bolton Wanderers	1-0	Woodhead	19956		3		7	10							1			2	5		11	8						6	9
39	18	DERBY COUNTY	4-3	Woodhead 2, Rickett, Sewell	40610		3		7	10	4	2					1				5		11	8						6	9
40	21	BLACKPOOL	3-1	Sewell, Witcomb, Woodhead	53420		3		7	10	4	2					1				5		11	8						6	9
41	28	Tottenham Hotspur	0-1		46645		3		7	10	4	2					1				5		11	8						6	9
42	May 5	EVERTON	6-0	Sewell 2, Woodhead 2, Finney, Froggatt	41303		3		7	10	4	2					1				5		11	8						6	9

Played in game 38 at 4: G Davies

| | | | | | Apps | 19 | 24 | 1 | 7 | 40 | 31 | 22 | 11 | 10 | 10 | 1 | 15 | 27 | 31 | 15 | 37 | 2 | 30 | 10 | 2 | 21 | 1 | 13 | 4 | 40 | 37 |
| | | | | | Goals | | | | 1 | 14 | | 3 | | 2 | | | 1 | | 14 | | | 1 | 5 | 6 | | | | 1 | | 2 | 14 |

F.A. Cup

	Date	Opponent	Res		Att	Bannister K	Curtis WN	Dooley D	Finney A	Froggatt R	Gannon E	Henry GR	Jackson NF	Jordan JW	Kenny V	Kirby E	Marriott JL	McIntosh D	McJarrow H	Morton A	Packard JE	Quixall A	Rickett W	Sewell J	Slynn F	Swift HM	Thomas WK	Tomlinson CC	Turton C	Witcomb DF	Woodhead D
R3	Jan 6	Fulham	0-1		29200	2	3			10	4			8				1	9		5		7							6	11

Shrewsbury Town

20th in Division Three (North)

#	Date	Opponent	Result	Scorers	Att	Barker RC	Brown R	Bullions IL	Butler J	Crutchley WR	Dale E	Depear ER	Dodd WD	Egglestone P	Fisher PMcA	Gorin ER	Griffin FA	Harper K	Hope E	Jackson A	Lewis N	Potter H	Robinson DW	Smale TH	Treherne CA	Wheatley HI
1	Aug 19	Scunthorpe United	0-0		11847	11	10					5		1	2		7		8	9	3			6		4
2	21	WREXHAM	2-1	Jackson, Griffin	16070	11	10					5		1	2		7		8	9	3			6		4
3	26	LINCOLN CITY	1-2	Jackson	11019		10		11			5		1	2		7		8	9	3			6		4
4	30	Wrexham	0-1		15965	11	10					5		1	2		7		8	9	3			6		4
5	Sep 2	Darlington	1-2	Smale	7709	7	10		11			5		1	2				8	9	3			6		4
6	5	Rochdale	0-5		8863	7	10		11			5		1	2				8	9	3			6		4
7	9	STOCKPORT COUNTY	0-3		9632	11	10					5		1	2		7		8	9	3			6		4
8	11	ROCHDALE	0-2		8017	11	10					5	8	1	2		7	4		9	3			6		
9	16	Halifax Town	1-3	Depear	7473		10		11			5		1	4		7		8	9	3	2		6		
10	23	HARTLEPOOLS UNITED	1-0	Brown	9268	11	10	4		6		5		1			7		8	9	3	2				
11	30	Gateshead	0-3		9570	11	10	4		6		5		1			7		8	9	3	2				
12	Oct 7	ACCRINGTON STANLEY	0-1		8226		10	4	11	6		5		1			7		8	9	3	2				
13	14	Carlisle United	2-2	Treherne, Griffin	10843		10	4	11	6		5		1			7		8		3	2			9	
14	21	TRANMERE ROVERS	1-2	Butler	11077		10	4	11	6		5		1			7		8		3	2			9	
15	28	Southport	2-1	Brown, Jackson	7567		10	4	11	6		5		1			7			8	3	2			9	
16	Nov 4	OLDHAM ATHLETIC	2-2	Brown 2	9191		10	4	11	6		5		1			7		8		3	2			9	
17	11	Bradford Park Avenue	4-2	Brown 3, Hope	10807		10	4	11	6		5	8	1			7		9		3	2				
18	18	YORK CITY	1-0	Butler	8567		10	4	11	6		5	8	1			7		9		3	2				
19	25	GATESHEAD	1-0	Hope	9709		10	4	11	6		5	8	1			7		9		3	2				
20	Dec 2	ROTHERHAM UNITED	1-2	Griffin	10317		10	4	11	6		5	8	1			7		9		3	2				
21	16	SCUNTHORPE UNITED	3-1	Griffin, Bullions, Brown	6620		10	4	11	6		5		1			7		9	8	3	2				
22	23	Lincoln City	0-5		6634		10	4	11	6		5		1			7		9	8	3	2				
23	25	Chester	1-3	Jackson	5544		10	4	11	6		5		1	3		7		9	8		2				
24	26	CHESTER	1-0	Jackson	10857		11	4		6		5	10	1	3		7		9	8		2				
25	30	DARLINGTON	2-2	Hope, Brown	4408		10	4	11	6		5		1	3		7		9	8		2				
26	Jan 13	Stockport County	0-2		10788		10	4	11	6	7	5		1	3				9	8		2				
27	20	HALIFAX TOWN	2-0	Brown, Butler	8360		10	4	11	6		5		1	3	9	7			8		2				
28	27	BRADFORD CITY	2-0	Brown, Butler	7578		10	4	11	6		5		1	3	9	7			8		2				
29	Feb 3	Hartlepools United	0-1		7081		10	4	11	6		5		1	3	9	7			8		2				
30	10	New Brighton	0-0		3827	11	10	4		6		5		1	3	9	7			8		2				
31	24	Accrington Stanley	0-2		3417	11	10	4		6		5		1	3	9	7			8		2				
32	Mar 3	CARLISLE UNITED	0-3		9795	11	10	4		6		5		1	3	9	7			8		2				
33	10	Tranmere Rovers	1-0	Brown	10800	11	10	4		6		5		1	3	9	7			8		2				
34	17	SOUTHPORT	1-5	Crutchley	7236	11	10	4		6		5		1	3	9	7			8		2				
35	23	Crewe Alexandra	2-1	Barker, Griffin	7845	11	10	4		6		5		1	3	9	7			8		2				
36	24	Oldham Athletic	1-2	Jackson	13339	11	10	4		6		5		1	3	9	7			8		2				
37	26	CREWE ALEXANDRA	0-1		10637	11	10	4		6		5	8	1	3		7			9			2			
38	31	BRADFORD PARK AVE.	2-0	Jackson	7598	11	10	4		6		5	8	1	3		7			9			2			
39	Apr 7	York City	0-2		5426	11	10	4		6		5	8	1	3		7			9			2			
40	14	BARROW	1-0	Gorin	7575	11	10	4		6		5		1	3	9	7			8			2			
41	19	Barrow	0-0		5012	11	10	4	7	6		5		1	3	9				8			2			
42	21	Rotherham United	0-2		15906	11	10	4		6		5	7	1	3	9				8			2			
43	25	Bradford City	0-1		9247	11	10	4	7	6		5		1	3	9				8			2			
44	28	MANSFIELD TOWN	1-1	Brown	10132	11	10	4		6		5	7	1	3	9				8			2			
45	30	Mansfield Town	0-4		7590	11	10	4		6		5	7	1	3	9				8			2			
46	May 5	NEW BRIGHTON	4-2	Brown, Gorin 2, Lees (og)	7320	11	10	4		6		5	7	1	3	9				8			2			
				Apps		25	46	37	23	37	1	46	13	46	33	17	37	1	25	37	22	30	10	9	4	7
				Goals		1	14	1	4	1		1				3	5		3	7				1	1	

One own goal

F.A. Cup

Scratched

Southampton

12th in Division Two

#		Date	Opponent	Result	Scorers	Att.	Anderson AF	Ballard EA	Bates ET	Brown E	Christie JA	Clements SF	Curtis GE	Day EC	Dudley FE	Edwards JW	Ellerington W	Elliott BH	Gregory JL	Jones WFA	Kelly HR	Kirkman N	Lowder TW	Mallett I	Mitchell JD	Stansbridge LE	Stevenson E	Thomas EHC	Webber FV	Wheatley R	Wilkins K	Wilkins L
1	Aug	19	Barnsley	2-1	Bates 2	19909		9	8					4	7	10	2				11	1	3	6					5			
2		23	DONCASTER ROVERS	1-1	Edwards	24579		9	8					4	7	10	2				11	1	3	6					5			
3		26	SHEFFIELD UNITED	1-0	Ellerington	22859	3	9						4	7	10	2				11	1		6			8		5			
4		30	Doncaster Rovers	0-0		23444	3	9						4	7	10	2				11	1		6			8		5			
5	Sep	2	Luton Town	1-0	Bates	16942	3	9	8					4	7	10	2				9	1		6					5			
6		6	BLACKBURN ROVERS	1-1	Day	22561	2	3	8					4	7	10					9	1		6	11				5			
7		9	LEEDS UNITED	2-0	Bates, Edwards	25806	2	3	8	9				4	7	10						1		6	11				5			
8		11	Blackburn Rovers	0-1		17515	2		8	9					7			3				1		6	11		10		5			4
9		16	West Ham United	0-3		23559	2		8	9					7	10	4			11	1			6					5			3
10		23	SWANSEA TOWN	2-1	Day, Brown	22420	2		8	9					7	10	4	3		1				6	11				5			
11		30	Hull City	1-4	Brown	22795	3		8	9				4	7	10	2			1				6	11				5			
12	Oct	7	BIRMINGHAM CITY	0-2		25499	3		8	9				4	7	10	2				6	11				1	5					
13		14	Cardiff City	2-2	Stevenson 2	26409	3			9				4		8	2			7	1		11	6		10		5				
14		21	Notts County	1-0	Brown	26105	3			9				4		8	2			7	1		11	6		10		5				
15		28	Grimsby Town	2-4	Bates, Brown	13383	3		8	9				4			2			7	1		11	6		10		5				
16	Nov	4	BURY	1-0	Brown	20355	3			9				8	7	11	2	4						6		10		5	1			
17		11	Preston North End	2-3	Day, Brown	30939	3	10		9				8	7	11	2	4						6			1	5				
18		18	COVENTRY CITY	5-4	Day 2, Brown, Bates, Edwards	22438	3	10	8	9				8	7	11	2	4						6			1	5				
19		25	Manchester City	3-2	Day, Bates, Edwards	39091	3	10		9				8	7	11	2	4					1	6				5			
20	Dec	2	LEICESTER CITY	2-2	Brown, Bates	22375	3	10		9				8	7		2	4						6		11	1	5				
21		9	Chesterfield	3-2	Day 2, Bates	11881	3	10		9				8	7	11	2	4		1				6				5			
22		16	BARNSLEY	1-0	Brown	17207	3	10		9				8	7	11	2	4						6	1			5			
23		23	Sheffield United	2-1	Brown, Edwards	26690	3	10		9				8	7	11	2	4						6	1			5			
24		26	Brentford	0-4		22435	3	10		9				8	7	11	2	4						6	1			5			
25		30	LUTON TOWN	1-1	Bates	21094	2	3	10	9				8	7	11		4					1	6				5			
26	Jan	13	Leeds United	3-5	Day, Brown, Stevenson	29253			10	9				8	7		2	4		1		3		6		11		5			
27		20	WEST HAM UNITED	2-2	Ellerington, Brown	21167			10	9				8	7		2	4		1		3		6		11		5			
28	Feb	3	Swansea Town	1-2	Brown	17451			8	9	1				7	10	11	2	4				3	6				5			
29		17	HULL CITY	2-3	Dudley 2	23710	3			9	1	5	8	7	10	11	2	4						6							
30		28	Birmingham City	1-2	Wilkins	12593				9		5	4		10	11	2			7	1	3		6						8	
31	Mar	3	CARDIFF CITY	1-1	Edwards	24233	2			9	1	5	4	7	10	11							3	6						8	
32		10	Notts County	2-2	Brown, Dudley	25712			8	9		5	4	7	10	11	2			1	3			6							
33		17	GRIMSBY TOWN	5-1	Brown 2, Dudley 2, Day	14598			8	9		5	4	7	10	11	2			1	3			6							
34		23	Queen's Park Rangers	0-2		19814			8	9		5	4	7	10	11	2			1	3			6							
35		24	Bury	0-1		11433	2		8	9		5	4	7	10	11				1	3			6							
36		26	QUEEN'S PARK RANGERS	2-2	Dudley 2	20875	2			9		5		7	10	11		4		1	3			6						8	
37		31	PRESTON NORTH END	3-3	Brown 2, Edwards	27306			9			5	8	7	10	11	2	4		1	3			6							
38	Apr	7	Coventry City	2-2	Curtis, Edwards	20158			9			5	10	7	8	11	2	4	3	1				6							
39		14	MANCHESTER CITY	2-1	Day, Brown	24579			9			5	10	7	8	11	2	4	3	1				6							
40		21	Leicester City	1-3	Dudley	15922			7			5	10		8	11	2	4	3	1				6							
41		28	CHESTERFIELD	1-1	Brown	13922			9	1	5	10	7	8		2	4	3	11					6							
42	May	5	BRENTFORD	2-1	Brown, Day	14441			9	1	5	10	7	8		2	4	3						6							

Played in game 40 at 9: WJ Judd

				Anderson AF	Ballard EA	Bates ET	Brown E	Christie JA	Clements SF	Curtis GE	Day EC	Dudley FE	Edwards JW	Ellerington W	Elliott BH	Gregory JL	Jones WFA	Kelly HR	Kirkman N	Lowder TW	Mallett I	Mitchell JD	Stansbridge LE	Stevenson E	Thomas EHC	Webber FV	Wheatley R	Wilkins K	Wilkins L
Apps				9	21	29	36	5	14	37	37	15	36	34	23	6	12	28	13	3	42	7	4	12	5	28	1	2	2
Goals						10	20			1	12	8	8	2										3				1	

F.A. Cup

#		Date	Opponent	Result	Scorers	Att.	Bates ET	Brown E	Day EC	Dudley FE	Elliott BH	Gregory JL	Kelly HR	Kirkman N	Lowder TW	Mallett I	Webber FV
R3	Jan	6	Notts County	4-3	Brown 2, Day 2	29260	10	9	8	7		11	2	4	1	3	6	5
R4		27	Sunderland	0-2		61319	10	9	8	7		11	2	4	1	3	6	5

Southend United

7th in Division Three (South)

Player columns (left → right): Anderson AOW · Butler E · Coombs FH · Davies ER · French IW · Gawler RN · Grant C · Harper R · Lawler JH · Lindsay D · Lockhart C · Loughran JL · McAlinden J · Nash FC · Pritchard HJ · Scannell T · Sheard F · Sibley A · Stirling JR · Stubbs LL · Tippett TJ · Wakefield AJ · Wallbanks H · Walton FH · Woods R · Woodward HG

#	Date	Opponent	Res	Scorers	Att	Players (shirt numbers by position)
1	Aug 19	WATFORD	5-1	Davies 2, Wakefield 2, Lawler	15446	Coombs 1, Davies 8, French 6, Harper 11, Lawler 10, Loughran 2, Sheard 5, Sibley 7, Wakefield 9, Wallbanks 4, Walton 3
2	21	Millwall	1-1	Wakefield	28029	Coombs 1, Davies 8, French 6, Harper 11, Lawler 10, Loughran 2, Sheard 5, Sibley 7, Wakefield 9, Wallbanks 4, Walton 3
3	26	Walsall	2-1	Wakefield, Lawler	11178	Coombs 1, Davies 8, French 6, Harper 11, Lawler 10, Loughran 2, Sheard 5, Sibley 7, Wakefield 9, Wallbanks 4, Walton 3
4	29	MILLWALL	0-3		15984	Coombs 1, Davies 7, French 6, Harper 11, Lawler 10, Loughran 2, Sheard 5, Stubbs 8, Wakefield 9, Wallbanks 4, Walton 3
5	Sep 2	LEYTON ORIENT	0-1		14697	Coombs 1, French 6, Harper 11, Lawler 10, Loughran 2, Sheard 5, Sibley 7, Stubbs 8, Wakefield 9, Wallbanks 4, Walton 3
6	6	Aldershot	2-2	Wakefield, Stubbs	6425	Butler 8, Coombs 1, French 6, Harper 11, Lawler 10, Loughran 2, Sheard 5, Sibley 7, Wakefield 9, Wallbanks 4, Walton 3
7	9	Ipswich Town	0-1		12956	Anderson 3, Coombs 1, Davies 8, French 6, Lawler 10, Loughran 2, Sibley 7, Tippett 11, Wakefield 9, Wallbanks 4, Sheard 5
8	12	ALDERSHOT	4-2	Davies 2, French, Wakefield	8117	Anderson 3, Coombs 1, Davies 8, French 6, Lawler 10, Loughran 2, Sibley 7, Tippett 11, Wakefield 9, Wallbanks 4, Sheard 5
9	16	PLYMOUTH ARGYLE	1-0	Tippett	12717	Coombs 1, Davies 8, French 6, Lawler 10, Loughran 2, Sibley 7, Tippett 11, Wakefield 9, Wallbanks 4, Walton 3, Sheard 5
10	23	Reading	2-0	Wakefield 2	14811	Coombs 1, Davies 8, French 6, Lawler 10, Loughran 2, Sibley 7, Tippett 11, Wakefield 9, Wallbanks 4, Walton 3, Sheard 5
11	30	TORQUAY UNITED	3-0	Wakefield 2, Sibley	11452	Coombs 1, Davies 8, French 6, Lawler 10, Loughran 2, Sibley 7, Tippett 11, Wakefield 9, Wallbanks 4, Walton 3, Sheard 5
12	Oct 7	Swindon Town	1-4	Kaye (og)	12623	Coombs 1, Davies 8, French 6, Lawler 10, Loughran 2, Sibley 7, Tippett 11, Wakefield 9, Wallbanks 4, Walton 3, Sheard 5
13	14	COLCHESTER UNITED	4-2	Davies 2, Wakefield 2	18358	Coombs 1, Davies 11, French 6, Loughran 2, Scannell 8, Sibley 7, Tippett 10, Wakefield 9, Walton 3, Sheard 5, Wallbanks 4
14	21	Bristol Rovers	1-4	Sibley	19620	Coombs 1, Davies 11, French 6, Loughran 2, Scannell 8, Sibley 7, Tippett 10, Wakefield 9, Walton 3, Sheard 5, Wallbanks 4
15	28	CRYSTAL PALACE	5-2	Grant 2, Wakefield, Davies, Murphy (og)	10387	Coombs 1, Davies 11, French 6, Grant 10, Loughran 2, Scannell 8, Sibley 7, Wakefield 9, Walton 3, Sheard 5, Wallbanks 4
16	Nov 4	Brighton & Hove Albion	1-2	Grant	11317	Butler 7, Davies 11, French 6, Grant 10, Loughran 2, McAlinden 8, Nash 1, Wakefield 9, Anderson 3, Wallbanks 4, Scannell 5
17	11	NEWPORT COUNTY	3-0	Butler, Davies, Woods	9882	Butler 7, Davies 11, French 6, Grant 10, Loughran 2, McAlinden 8, Nash 1, Wakefield 9, Anderson 3, Wallbanks 4, Scannell 5
18	18	Norwich City	0-3		24783	Butler 7, Davies 11, French 6, Loughran 2, McAlinden 8, Nash 1, Scannell 5, Stubbs 4, Tippett 10, Wakefield 9, Anderson 3
19	Dec 2	Port Vale	1-3	McAlinden	8339	Anderson 3, Butler 7, Coombs 1, French 6, Lawler 10, Loughran 2, McAlinden 8, Sibley 5, Tippett 11, Wakefield 9, Wallbanks 4
20	16	Watford	3-1	Stubbs, Tippett	5910	Anderson 3, French 6, Loughran 2, McAlinden 8, Nash 1, Pritchard, Sibley 7, Scannell 5, Lawler 10, Tippett 11, Wakefield 9, Wallbanks 4
21	23	WALSALL	0-1		7158	Anderson 3, French 6, Loughran 2, McAlinden 8, Nash 1, Sibley 7, Scannell 5, Lawler 10, Tippett 11, Wakefield 9, Wallbanks 4
22	25	BOURNEMOUTH	6-1	Wakefield 2, Stubbs 2, Sibley, Tippett	8885	Anderson 3, French 6, Grant 2, Loughran, McAlinden 8, Nash 1, Sibley 7, Scannell 5, Lawler 10, Tippett 11, Wakefield 9, Wallbanks 4
23	26	Bournemouth	1-3	Stubbs	14132	Anderson 3, French 6, Grant 2, McAlinden 8, Nash 1, Sibley 7, Scannell 5, Lawler 10, Tippett 11, Wakefield 9, Stubbs 4
24	30	Leyton Orient	1-1	French	7793	Anderson 3, French 6, Sibley 7, Scannell 8, Nash 2, Pritchard 1, Scannell 5, Lawler 10, Tippett 11, Wakefield 9, Wallbanks 4
25	Jan 13	IPSWICH TOWN	1-0	Stubbs	8207	Anderson 3, Grant 9, Loughran 2, McAlinden 8, Nash 1, Sibley 7, Scannell 5, Lawler 10, Tippett 11, Woodward 6, Wallbanks 4
26	17	Bristol City	3-0	Stubbs 2, Tippett	7745	Anderson 3, French 6, Grant 9, Loughran 2, McAlinden 8, Nash 1, Sibley 7, Scannell 5, Lawler 10, Tippett 11, Wallbanks 4
27	20	Plymouth Argyle	0-2		14366	Loughran 2, Grant 9, Sibley 7, Nash 1, McAlinden 8, Scannell 5, Lawler 10, Tippett 11, Woodward 6, Wallbanks 4, Anderson 3
28	31	BRISTOL CITY	1-1	Sibley	4216	Anderson 3, Davies 11, French 6, Grant 9, Loughran 2, McAlinden 8, Nash 1, Sibley 7, Scannell 5, Lawler 10, Wallbanks 4
29	Feb 3	READING	3-3	Grant 2, Stubbs	6896	Anderson 3, Davies 11, French 6, Grant 9, McAlinden 8, Loughran 2, Nash 1, Sibley 7, Scannell 5, Lawler 10, Wallbanks 4
30	10	NORTHAMPTON T	3-0	McAlinden, Grant, Stubbs	9185	Anderson 3, Coombs 1, Davies 11, French 6, Grant 9, Loughran 2, McAlinden 8, Sibley 7, Scannell 5, Lawler 10, Wallbanks 4
31	17	Torquay United	2-2	Grant, Lawler	6065	Anderson 3, Davies 11, French 6, Grant 9, Loughran 2, McAlinden 8, Nash 1, Sibley 7, Scannell 5, Lawler 10, Wallbanks 4
32	24	SWINDON TOWN	8-2	Tippett 3, Davies 2, Grant 2, Lawler	8037	Anderson 3, Davies 10, French 6, Grant 9, Loughran 2, McAlinden 8, Nash 1, Sibley 7, Scannell 5, Tippett 11, Wallbanks 4
33	Mar 3	Colchester United	3-1	Tippett 2, Stubbs	12360	Anderson 3, French 6, Grant 9, Loughran 2, McAlinden 8, Nash 1, Sibley 7, Scannell 5, Lawler 10, Tippett 11, Wallbanks 4
34	10	BRISTOL ROVERS	1-1	Stubbs	10392	Anderson 3, French 6, Grant 9, Loughran 2, McAlinden 8, Nash 1, Sibley 7, Scannell 5, Lawler 10, Tippett 11, Wallbanks 4
35	17	Crystal Palace	2-0	Grant, Stubbs	12898	Anderson 3, French 6, Grant 9, Loughran 2, McAlinden 8, Nash 1, Sibley 7, Scannell 5, Lawler 10, Tippett 11, Wallbanks 4
36	23	Gillingham	0-0		15356	Anderson 3, French 6, Grant 9, Loughran 2, McAlinden 8, Nash 1, Sibley 7, Scannell 5, Lawler 10, Tippett 11, Wallbanks 4
37	24	BRIGHTON & HOVE ALB	3-1	Stubbs 2, Tippett	9288	Anderson 3, French 6, Grant 9, Loughran 2, McAlinden 8, Nash 1, Sibley 7, Scannell 5, Lawler 10, Tippett 11, Wallbanks 4
38	26	GILLINGHAM	4-0	Davies, Tippett, Stubbs	10544	Anderson 3, French 6, Grant 9, Loughran 2, McAlinden, Nash 1, Sibley 7, Scannell 5, Lawler 10, Tippett 11, Stubbs 8, Wallbanks 4
39	31	Newport County	1-6	Tippett	9544	Anderson 3, French 6, Grant 9, Loughran 2, McAlinden 8, Nash 1, Sibley 7, Scannell 5, Lawler 10, Tippett 11, Wallbanks 4
40	Apr 7	NORWICH CITY	0-2		12836	Anderson 3, French 6, Loughran 2, McAlinden 10, Nash 1, Sibley 7, Scannell 5, Grant 9, Tippett 11, Stubbs 8, Wallbanks 4
41	10	NOTTM. FOREST	3-2	Grant, French, Anderson	9513	Anderson 3, Butler 1, French 6, Grant 9, Loughran 2, McAlinden 8, Nash 1, Sibley 7, Scannell 5, Lawler 10, Tippett 11, Wallbanks 4
42	14	Northampton Town	1-1	Sibley	7342	Anderson 3, Butler 1, French 6, Grant 9, Loughran 2, McAlinden 8, Nash 1, Sibley 7, Scannell 5, Lawler 10, Tippett 11, Wallbanks 4
43	18	Exeter City	0-1		5650	Anderson 3, Butler 1, French 6, Grant 9, Loughran 2, McAlinden 8, Nash 1, Sibley 7, Scannell 5, Lawler 10, Tippett 11, Wallbanks 4
44	21	PORT VALE	1-1	French	8554	Anderson 3, French 6, Grant 9, Loughran 2, McAlinden 8, Nash 1, Scannell 5, Sibley 7, Lawler 10, Tippett 11, Wallbanks 4
45	28	Nottingham Forest	0-3		17384	Anderson 3, French 6, Grant 9, Loughran 2, McAlinden 8, Nash 1, Scannell 5, Sibley 7, Lawler 10, Tippett 11, Wallbanks 4
46	May 5	EXETER CITY	5-1	Stubbs 2, French, Grant, Warren (og)	7572	Anderson 3, French 6, Grant 9, Loughran 2, McAlinden 8, Nash 1, Sibley 7, Scannell 5, Lawler 10, Tippett 11, Wallbanks 4

	Anderson AOW	Butler E	Coombs FH	Davies ER	French IW	Gawler RN	Grant C	Harper R	Lawler JH	Lindsay D	Lockhart C	Loughran JL	McAlinden J	Nash FC	Pritchard HJ	Scannell T	Sheard F	Sibley A	Stirling JR	Stubbs LL	Tippett TJ	Wakefield AJ	Wallbanks H	Walton FH	Woods R	Woodward HG
Apps	30	5	20	27	42	1	25	6	44	2	2	41	31	3	2	23	8	39	26	31	30	24	14	17	2	11
Goals	1	1		12	5		12		4			2						5	19	12	15					1

Three own goals

F.A. Cup

	Date	Opponent	Res		Att	Players
R1	Nov 29	SWINDON TOWN	0-3		10000	Butler 7, Davies 11, French 6, Grant 10, Loughran 2, McAlinden 8, Nash 1, Wakefield 9, Wallbanks 3, Scannell 5

Southport

21st in Division Three (North)

League — Division Three (North)

Player columns (in order): Anderson A, Banks K, Beardshaw EC, Bellas WJ, Billingham J, Birkett W, Brown GD, Cookson J, Dainty A, Desmond P, Gaskell R, Gould H, Graham RC, Hacking RE, Harrison H, Hitchen T, Leyfield JG, Lindsay JMcA, Meadows J, Nuttall J, Powell K, Reilly TJ, Ross WB, Rothwell E, White A, Wyllie J

#	Date	Opponent	Res	Scorers	Att	And	Ban	Bea	Bel	Bil	Bir	Bro	Coo	Dai	Des	Gas	Gou	Gra	Hac	Har	Hit	Ley	Lin	Mea	Nut	Pow	Rei	Ros	Rot	Whi	Wyl
1	Aug 19	CARLISLE UNITED	1-0	Desmond	9288				5	1			8	10			6	3	9				7		11					2	4
2	22	New Brighton	0-1		8114				5	1			8	10			6	3	9				7		11					2	4
3	26	Accrington Stanley	1-3	Nuttall	7265				5	1			8	10			6	3	4				7	9	11					2	
4	29	NEW BRIGHTON	0-1		8938	1			5			2	8	10			6	3					7	9	11						4
5	Sep 2	CREWE ALEXANDRA	2-0	Powell 2	7887				5	1		2	8	10			6	3					7	9	11						4
6	7	Barrow	1-3	Nuttall	6126				5	1		2		10			6	3					7	9	11			8			4
7	9	TRANMERE ROVERS	0-1		9262				5	1		2		10			3	6	8				7	9	11						4
8	12	BARROW	4-1	Desmond, Nuttall 3	5594				5	1		2		10			3	6	8				7	9	11						4
9	16	Bradford Park Avenue	0-2		14916				5	1		2		10		11	3	6	8				7	9							4
10	23	OLDHAM ATHLETIC	1-4	Nuttall	7077				5	1		2		10		11	3	6	8				7	9							4
11	30	Wrexham	3-3	Wyllie, Nuttall 2	9035	1		2	5								10	6	3	4				11	9				7		8
12	Oct 7	Lincoln City	2-1	Nuttall 2	10957	1		2	5								10	11	6	3	4			9					7		8
13	14	DARLINGTON	1-0	Nuttall	6548	1		2	5								10	6	3	4				11	9				7		8
14	21	Chester	2-0	Nuttall 2	7114	1			5				2				10	6		4				11	9		3		7		8
15	28	SHREWSBURY TOWN	1-2	Nuttall	7567	1		2	5								10	6		4				11	9		3		7		8
16	Nov 4	Bradford City	0-3		11769	1			5				2				10	6		4				11	9		3		7		8
17	11	ROCHDALE	1-1	Rothwell	6374	1			5				2				10	6		4				11	9		3	8	7		
18	18	Stockport County	2-3	Gould, Ross	10744	1			5				2				10	6		4				11	9		3	8	7		
19	Dec 2	Hartlepools United	2-3	Nuttall 2	7868	1							2		10			11	6	5	4			7	9		3	8			
20	16	Carlisle United	1-3	Ross	10360	1			5				2	8			9	11			4	6	7				3	10			
21	23	ACCRINGTON STANLEY	3-0	Ross 2, Dainty	3227	1			5				2	8				11			4	6	7	9			3	10			
22	25	York City	0-2		7873	1			5				2	8				11			4	6	7	9			3	10	11		
23	26	YORK CITY	1-1	Ross (p)	5703	1			5				2	8				11			4	6	7	9			3	10			
24	Jan 9	ROTHERHAM UNITED	0-1		2892	1			5				2	8				6			4		7	9	11		3	10			
25	13	Tranmere Rovers	0-4		6766	1	6	2	5					8			10				4			9			11	3	7		
26	20	BRADFORD PARK AVE.	2-4	Graham, Gould	4043	1		2	5								10	11	6		4			9			3	8	7		
27	27	GATESHEAD	1-0	Graham	3599				5		1		2	7			10	11	6		4			9			3	8			
28	30	Rotherham United	1-1	Nuttall	7359				5		1		2				10	11	6		4			9	7		3	8			
29	Feb 3	Oldham Athletic	0-4		12857				5		1		2				10	11	6		4		7	9			3	8			
30	17	WREXHAM	3-1	Graham, Meadows, Nuttall	3915				5		1		8					11	2	4	6		7	9			3	10			
31	24	LINCOLN CITY	0-2		4710				5		1							11	8	2	4	6	7	9			3	10			
32	Mar 3	Darlington	1-1	Meadows	5103				5		1		2					11	6	8	4		7	9			3	10			
33	10	CHESTER	0-1		3997				5		1		8	2				11	6		4		7	9			3				
34	17	Shrewsbury Town	5-1	Graham 3, Billingham, Lindsay	7236				5	8	1		2					11	6		10	4	9				3		7		
35	23	SCUNTHORPE UNITED	2-2	Hacking, Lindsay	8206				5	8	1		2					11	6		10	4	9				3		7		
36	24	BRADFORD CITY	0-1		5388				5	8	1		2					11	6		10	4	9				3		7		
37	26	Scunthorpe United	0-0		5038				5	8	1		2					11	6		10	4	9				3	7			
38	31	Rochdale	1-1	Graham	3781				5	8	1		2					11	6		10	4	9				3	7			
39	Apr 4	Crewe Alexandra	0-1		2009				5	8	1		2					11	6		10	4	9				3	7			
40	7	STOCKPORT COUNTY	2-0	Lindsay 2	4316				5	7	1		2					11	6		8	4	9				3	10			
41	10	MANSFIELD TOWN	0-1		3712				5	8	1		2		10		7	11	6			4	9				3				
42	14	Halifax Town	0-4		6509				5	8	1		2		10		11	6			4		9				3	7			
43	17	HALIFAX TOWN	1-1	Nuttall	3707		6		5	7	1		2					11	4		10		8		9			3				
44	21	HARTLEPOOLS UNITED	3-0	Nuttall 2, Hitchen	3990		6		5	7	1		2					11	4		10		8		9			3				
45	30	Gateshead	3-1	Lindsay, Graham, Billingham	3006	1	6		5	7			2					11	4		10		8		9			3				
46	May 5	Mansfield Town	2-2	Nuttall, Graham	8360	1	6		5	7			2					11			10	4	8		9			3				
Apps						18	5	6	45	13	28	1	35	12	12	1	16	28	35	16	37	26	13	32	31	10	33	21	14	3	15
Goals										2				1	2		2	9	1		1		5	2	22	2		5	1		1

F.A. Cup

#	Date	Opponent	Res	Scorers	Att	And	Bel	Coo	Dai	Des	Gou	Hac	Lin	Mea	Nut	Rei	Ros	Rot	Wyl
R1	Nov 25	Lincoln City	1-1	Meadows	9964	1	5	2	8			6		4		11	9	3	10	7
rep	28	LINCOLN CITY	3-2	Ross, Meadows, Nuttall	5798	1	5	2		10		6		4		11	9	3	8	7
R2	Dec 9	CARLISLE UNITED	1-3	Ross (p)	12631	1	5	2		10		6	5	4		11	9	3	8	7

Stockport County

10th in Division Three (North)

	Date	Opponent	Score	Scorers	Att	Allman G	Barker L	Black A	Bowles JC	Brennan B	Cavanagh TH	Cocker L	Dick GW	Dixon M	Emptage AT	Finney RK	Glover BA	Goalen HK	Herd A	Herd DG	McCulloch WD	McGann WTA	McGuigan J	Monks J	Oliver JA	Paterson A	Reid FJ	Sanaghan J	Staniforth R	Ward D	Wilmott GA
1	Aug 19	BRADFORD CITY	3-1	Black, A Herd, McGuigan (p)	14875			10				9					5		8		4		7		11	6		3	2	1	
2	21	Rotherham United	0-0		12235			10				9				8	5				4		7		11	6		3	2	1	
3	26	Rochdale	1-1	Black	13075			10				9					5		8		4		7		11	6		3	2	1	
4	28	ROTHERHAM UNITED	1-3	Cocker	14937			10				9					5		8		4		7		11	6		3	2	1	
5	Sep 2	CHESTER	0-3		10834		7	10				9					5		8		4				11	6		3	2	1	
6	4	Crewe Alexandra	2-0	Cocker, Oliver	9469		7	10				9					5		8		4	2			11	6		3		1	
7	9	Shrewsbury Town	3-0	A Herd 2 (1p), Black	9632		7	10				9					5		8		4				11	6		3	2	1	
8	11	CREWE ALEXANDRA	3-0	Black, Cocker, Barker	8112		7	10				9					5		8		4				11	6		3	2	1	
9	16	LINCOLN CITY	2-0	Oliver, Cocker	11582		7	10				9					5		8		4				11	6		3	2	1	
10	18	Gateshead	0-2		11196		7	10				9					5		8		4				11	6		3	2	1	
11	23	Darlington	1-2	Black	7146		7	10				9					5		8		4				11	6		3	2	1	
12	30	Barrow	0-1		4512		7	10				9					5		8		4			3	11	6			2	1	
13	Oct 7	BRADFORD PARK AVE.	2-1	Barker, A Herd	10640		7	10				9					5		8		4			3		6	11		2	1	
14	14	Tranmere Rovers	1-1	Paterson	13584			9				7	10				5		8		4			3	11	6			2	1	
15	21	WREXHAM	2-1	Oliver, Dick	11719							9	10	7			5		8		4			3	11	6			2	1	
16	28	Oldham Athletic	3-1	Dick 2, Dixon	18646			8				9	10	7			5				4			3	11	6			2	1	
17	Nov 4	MANSFIELD TOWN	3-1	Dixon, Black, Paterson	12297			8				9	10	7			5				4				11	6		3	2	1	
18	18	SOUTHPORT	3-2	Cocker, Dick, Black	10744			8				9	10	7			5				4				11	6		3	2	1	
19	Dec 2	CARLISLE UNITED	1-2	Oliver	10624			8				9	10	7			5				4				11	6			2	1	3
20	9	Accrington Stanley	3-2	Black, Dick 2	3415			8				9	10	7			5				4				11	6			2	1	3
21	16	Bradford City	1-0	Black	9314			8				9	10	7			5				4				11	6			2	1	3
22	23	ROCHDALE	2-2	Dick, Black	10152			8				9	10	7			5				4				11	6			2	1	3
23	25	New Brighton	0-1		4153							9	10	7			5		8		4				11	6			2	1	3
24	26	NEW BRIGHTON	4-0	Black 3, Cocker	12588			8				9	10	7			5				4			3	11	6			2	1	
25	Jan 13	SHREWSBURY TOWN	2-0	Dick 2 (2p)	10788			8				9	10	7	6		5				4			3	11				2	1	
26	20	Lincoln City	0-6		10521			8				9	10	7	6		5				4			3	11				2	1	
27	31	GATESHEAD	5-2	Emptage, Black, Cocker, Oliver, Dick	6045			8				9	10	7	6		5				4			3	11				2	1	
28	Feb 3	DARLINGTON	1-0	Black	11814			8				9	10	7	4		5				3			6	11				2	1	
29	10	Hartlepools United	0-2		7162			8			7	9	10		4		5				3			6	11				2	1	
30	17	BARROW	4-1	Dick 2, Cocker, Oliver	8202			8				9	10	7	4		5				3			6	11				2	1	
31	24	Bradford Park Avenue	0-3		10477			8				9	10	7	4		5				3			6	11				2	1	
32	Mar 3	TRANMERE ROVERS	0-0		10786			8				9	10	7	4		5				3			6	11					1	
33	10	Wrexham	0-2		7547			8				9	10	7	4		5				3			6			11		2	1	
34	17	OLDHAM ATHLETIC	1-4	Cocker	13769			8				9	10	7	4		5				3			6	11				2	1	
35	24	Mansfield Town	1-2	Black	10219			10			4	7			6		5		8		3				11				2	1	
36	26	HALIFAX TOWN	2-1	A Herd, Black	6308	9		10			4	7			6		5		8		3						11		2	1	
37	27	Halifax Town	0-1		8272	9		10			4	8		7	6		5				3						11		2	1	
38	31	SCUNTHORPE UNITED	1-2	Cocker	6401	9		10			4	7			6		5		8		3						11		2	1	
39	Apr 4	Chester	0-3		2896	9		10	1		4	7	11		8						3			5					2		6
40	7	Southport	0-2		4316	9			1		4	7	10		6		5		8		3				11				2		
41	11	York City	0-0		5520			10	1		4	7	9		6		5		8		3						11		2		
42	14	ACCRINGTON STANLEY	0-0		5264			10	1		4	7	9		6		5		8		3						11		2		
43	21	Carlisle United	2-2	Finney, Cocker	10154			10	1	9	4	7			6	8	5	11			3								2		
44	28	YORK CITY	1-0	Finney	5658			10	1	9	4	7			6	8	5				3				11				2		
45	30	Scunthorpe United	0-3		9175			10	1	9	4			7	6		5		8		3				11				2		
46	May 5	HARTLEPOOLS UNITED	2-0	D Herd, Finney	6005				1	9	4					10	5	11	8	7	3					6			2		

Played in one game: M Brooke (game 35 at 9), R Evans (32, 2)

	Allman G	Barker L	Black A	Bowles JC	Brennan B	Cavanagh TH	Cocker L	Dick GW	Dixon M	Emptage AT	Finney RK	Glover BA	Goalen HK	Herd A	Herd DG	McCulloch WD	McGann WTA	McGuigan J	Monks J	Oliver JA	Paterson A	Reid FJ	Sanaghan J	Staniforth R	Ward D	Wilmott GA
Apps	5	9	42	8	4	13	44	25	21	21	4	45	2	23	1	46	1	4	17	36	25	7	13	44	38	6
Goals		2	17				11	12	2	1	3			5	1			1		6	2					

F.A. Cup

	Date	Opponent	Score	Scorers	Att	Allman G	Barker L	Black A	Bowles JC	Brennan B	Cavanagh TH	Cocker L	Dick GW	Dixon M	Emptage AT	Finney RK	Glover BA	Goalen HK	Herd A	Herd DG	McCulloch WD	McGann WTA	McGuigan J	Monks J	Oliver JA	Paterson A	Reid FJ	Sanaghan J	Staniforth R	Ward D	Wilmott GA
R3	Jan 6	BRENTFORD	2-1	Cocker, Dixon	16341			8				9	10	7			5				4			3	11	6			2	1	
R4	27	Blackpool	1-2	Black	31190			8				9	10	7	4		5				3			6	11				2	1	

Stoke City

13th in Division One

No	Date	Opponent	Score	Scorers	Att	Beckett RW	Bevans S	Bowyer F	Brooks J	Brown HR	Clegg D	Clowes IA	Hampson E	Herod DJ	Hughes D	Johnston LH	Kirton I	Malkin I	McCue JW	Mould W	Mountford F	Mulholland GR	Mullard AT	Ormston A	Oscroft H	Sellars J	Siddall AB	Watkin C	Wilkinson N
1	Aug 19	NEWCASTLE UNITED	1-2	Bowyer	28547	9		8			1						6	7	3		5				11	10	4		2
2	23	Huddersfield Town	1-3	Johnston	16075	8					1			9		6	7	3	2	5					11	10	4		
3	26	West Bromwich Albion	1-1	Johnston	33215						1			9		6	7	3		5			8	11	10	4			2
4	28	HUDDERSFIELD T	0-1		21780			9			1	7	10	6		3		5		8	11			4			2		
5	Sep 2	DERBY COUNTY	4-1	Bowyer, Brown, Johnston 2	27457		8	9			1			10	6		3		5				7	11	4			2	
6	4	Sheffield Wednesday	1-1	Johnston	35829		8	9			1			10	6		3		5				7	11	4			2	
7	9	EVERTON	2-0	Johnston 2	29383		8	9			1			10	6		3		5				7	11	4			2	
8	11	SHEFFIELD WEDNESDAY	1-1	Brown	23277		8	9			1			10	6		3		5				7	11	4			2	
9	16	Portsmouth	1-5	Bowyer	33957		8	9			1			10	6		3		5				7	11	4			2	
10	23	CHELSEA	2-1	Oscroft, Johnston	25521		8	9			1			10	6		3		5				7	11	4			2	
11	30	Burnley	1-1	Bowyer	23776		8	9			1			10	6		3	2	5				7	11	4			
12	Oct 7	Liverpool	0-0		40239		8	9			1			10	6		3	2	5				7	11	4			
13	14	FULHAM	2-0	Ormston	26658		8				1			10	6		3	2	5			9	7	11	4			
14	21	Tottenham Hotspur	1-6	Ormston	54124		8	9			1			10	6		3	2	5				7	11	4			
15	28	CHARLTON ATHLETIC	2-0	Bowyer 2	22689		8	9			1			10	6		3	2	5				7	11	4			
16	Nov 4	Bolton Wanderers	1-1	Ball (og)	34244		8	9			1			10	6		3	2	5				7	11	4			
17	11	BLACKPOOL	1-0	Mountford (p)	39894		8	9			1			10	6		3	2	5				7	11	4			
18	18	Manchester United	0-0		31880		8	9			1			10	6		3	2	5				7	11	4			
19	25	WOLVERHAMPTON W.	0-1		34188		8				1			10	6		3	2	5			9	7	11	4			
20	Dec 2	Sunderland	1-1	Bowyer	36037		8	6	9		1			10			3	2	5					7	11	4			
21	9	ASTON VILLA	1-0	Oscroft	19291		8	6	9		1			10			3	2	5					7	11	4			
22	16	Newcastle United	1-3	Brown	29505		8	9			1			10	6	7	3	2	5					11		4			
23	23	WEST BROMWICH ALB.	1-1	Bowyer	19789		8	9			1			10	6	7	3	2	5					11		4			
24	25	Arsenal	3-0	Brown, Johnston, Bowyer	36852		8	9			1			10	6	7	3	2	5					11		4			
25	26	ARSENAL	1-0	Bowyer	43315		8	9			1			10	6	7	3	2	5					11		4			
26	30	Derby County	1-1	Bowyer	19585		8	9		4				10	6	7	3	2	5					11					1
27	Jan 13	Everton	3-0	Johnston, Beckett, Bowyer	31771	7	8							9	6				2	5	3	10			11	4			1
28	20	PORTSMOUTH	1-2	Johnston	23455		8							9	6				2	5	3	10	7	11	4				1
29	Feb 3	Chelsea	1-1	Bowyer	27063		8	9			1			10	6		3	2	5					7	11	4			
30	17	BURNLEY	0-0		20823		8				1			9	6		3		5				10	7	11	4		2	
31	24	LIVERPOOL	2-3	Johnston 2	22534		8				1			9	6		3		5				10	7	11	4		2	
32	Mar 3	Fulham	0-2		26063		8				1			9			3		5				10	11	6	4	7	2	
33	10	TOTTENHAM HOTSPUR	0-0		24236		8							10	6		3		5			9	11		4	7	2	1
34	17	Charlton Athletic	0-2		19945		8	9						10	6		3		5						4	7	2	1
35	23	Middlesbrough	0-1		36200		8	9			1				6		3		5				11	10	4	7	2	
36	24	BOLTON WANDERERS	2-1	Bowyer 2	20682		8	9			1			10	6		3		5					11	4	7	2	
37	26	MIDDLESBROUGH	2-0	Oscroft 2	19000		8	9			1			10	6		3		5					11	4	7	2	
38	31	Blackpool	0-3		23106	7	8				1			9	6		3		5					11	4	10	2	
39	Apr 7	MANCHESTER UNITED	2-0	Oscroft, Mullard	25700		8				1			10	6		3		5			9	9	7	11	4		2	
40	14	Wolverhampton Wan.	3-2	Oscroft, Clowes 2	27504		8		10		1				6		3		5			9	9	7	11	4		2	
41	21	SUNDERLAND	2-4	Mountford (p), Hedley (og)	23398		8		10		1				6		3		5			9	9		11	4	7	2	
42	May 5	Aston Villa	2-6	Mullard, Bowyer	24739	7	8				1			10	6					5	3	9			11	4		2	
				Apps		3	2	39	2	26	2	2	1	35	1	38	39	8	39	20	42	3	14	35	35	41	8	22	5
				Goals		1		16		4		2				13					2			2	2	6			

Two own goals

F.A. Cup

	Date	Opponent	Score	Scorers	Att	Beckett RW	Bevans S	Bowyer F	Brooks J	Brown HR	Clegg D	Clowes IA	Hampson E	Herod DJ	Hughes D	Johnston LH	Kirton I	Malkin I	McCue JW	Mould W	Mountford F	Mulholland GR	Mullard AT	Ormston A	Oscroft H	Sellars J	Siddall AB	Watkin C	Wilkinson N
R3	Jan 6	PORT VALE	2-2	Mullard 2	48000	5		8		9					6				3	2			10	7	11	4			1
rep	8	Port Vale	1-0	Bowyer	40903			8		9					10	6			3	2	5			7	11	4			
R4	27	WEST HAM UNITED	1-0	Bowyer	47929			8		9					10	6			3	2	5				7	11	4			
R5	Feb 10	NEWCASTLE UNITED	2-4	Bowyer, Mountford (p)	48500			8							9	6			3	2	5			10	7	11	4			

Sunderland

12th in Division One

							Agnew DG	Bingham WL	Broadis IA	Case N	Cunning RR	Davis RD	Duns L	Ford T	Hall FW	Hedley JR	Hudgell AJ	Kirtley JH	Mapson JD	McLain T	Reynolds T	Scotson R	Shackleton LF	Smith K	Stelling JGS	Walsh W	Watson W	Wright AWT	Wright T
1	Aug	19	DERBY COUNTY	1-0	Shackleton	52452			8			9	7				3		1		11	4	10		2	5		6	
2		21	Aston Villa	1-3	Davis	37143			8			9					3		1		11	4	10		2	5		6	7
3		26	Liverpool	0-4		52080			8			9				2	3		1		11	4	10			5		6	7
4		30	ASTON VILLA	3-3	Broadis, Martin (og), Duns	40893	1		8	9			11			2	3					4	10			5		6	7
5	Sep	2	FULHAM	0-1		43080			8							2	3		1	4	11		10	9		5		6	7
6		6	Wolverhampton Wan.	1-2	T Wright	38163			8				7				3		1		11	2	10			5	4	6	9
7		9	Bolton Wanderers	2-1	Broadis, Shackleton	30745			8			9					3		1		11		10		2	5	4	6	7
8		16	BLACKPOOL	0-2		56204			8			9					3		1		11		10		2	5	4	6	7
9		23	Tottenham Hotspur	1-1	Broadis	59190			8			9				3			1		11		10		2	5	4	6	7
10		30	CHARLTON ATHLETIC	4-2	Broadis 3, Stelling (p)	26340			8				7				3		1		11		10		2	5	4	6	9
11	Oct	7	HUDDERSFIELD T	0-0		33571			8				7				3	10	1	4	11				2	5		6	9
12		14	Middlesbrough	1-1	Davis	52764			10		11	9	7				3		1						2	5	4	6	8
13		21	BURNLEY	1-1	Stelling (p)	38982			10			9	7				3		1		11				2	5	4	6	8
14		28	Chelsea	0-3		51315			10		11	8		9			3		1	6					2	5	4		7
15	Nov	4	SHEFFIELD WEDNESDAY	5-1	Ford 3, Shackleton, T Wright	48939					11	8		9			3		1				10		2	5	4	6	7
16		11	Arsenal	1-5	Davis	68682			10		11	8		9			3		1						2	5	4	6	7
17		18	PORTSMOUTH	0-0		46111			8			10		9			3		1		11				2	5	4	6	7
18		25	Everton	1-3	Broadis	46060			8					9			3		1		11		10		2	5	4	6	7
19	Dec	2	STOKE CITY	1-1	Kirtley	36037		7					11	9			3	8	1				10		2	5	4	6	
20		9	West Bromwich Albion	1-3	Ford	26666		7				10		9			3	8	1	4					2	5	11	6	
21		16	Derby County	5-6	Davis 2, Ford 2, T Wright	15952						10		9		3	2	8	1	4						5	11	6	7
22		23	LIVERPOOL	2-1	Davis, Watson	30150						10		9		2	3	8	1	4						5	11	6	7
23		25	MANCHESTER UNITED	2-1	T Wright 2	41215						10		9		2	3	8	1	4						5	11	6	7
24		26	Manchester United	5-3	Broadis 3, Davis, Bingham	37024		7	10			9				2	3		1	4						5	11	6	8
25		30	Fulham	1-1	Davis	33615		7	10			9				2	3		1	4						5	11	6	8
26	Jan	13	BOLTON WANDERERS	1-2	T Wright	47197		7				10		9		2	3		1				11			5	4	6	8
27		20	Blackpool	2-2	Davis, Ford	22797						8		9	5	2	3		1				10			4	11	6	7
28	Feb	3	TOTTENHAM HOTSPUR	0-0		56817						8	11	9		2	3		1	4			10			5		6	7
29		17	Charlton Athletic	0-3		24627			10			8		9	5	2	3		1	6			11			4			7
30	Mar	3	MIDDLESBROUGH	2-1	Ford, Kirtley	57958								9	5		3	8	1		11		10		2		4	6	7
31		7	Huddersfield Town	4-3	T Wright 2, Bingham, Shackleton	11537		7				9			5		3		1	4	11		10		2	6			8
32		10	Burnley	1-1	Ford	25065		7						9	5		3		1	4	11		10		2	6			8
33		17	CHELSEA	1-1	Ford	24270		7						9	5		3		1	4	11		10		2	6			8
34		23	Newcastle United	2-2	Ford, T Wright	62173								9	5	2	3	8	1		11		10				4	6	7
35		24	Sheffield Wednesday	0-3		48488								9	5	2	3	8	1		11		10				4	6	7
36		26	NEWCASTLE UNITED	2-1	Ford, Kirtley	55159								9	5	2	3	8	1		11		10				4	6	7
37		31	ARSENAL	0-2		31505								9	5	2	3	8	1		11		10				4	6	7
38	Apr	7	Portsmouth	0-0		30264		7				8		9	5		3		1		11		10		2		4	6	
39		14	EVERTON	4-0	Bingham, Ford, Kirtley, Shackleton	27283		7						9	5	2	3	8	1		11		10				4	6	
40		21	Stoke City	4-2	Ford 2, Bingham, Shackleton	23398		7						9	5	2	3	8	1	4	11		10					6	
41		28	WEST BROMWICH ALB.	1-1	Ford	17727		7						9	5	2	3	8	1	4	11		10					6	
42	May	5	WOLVERHAMPTON W.	0-0		23198		7						9	5	2	3	8	1	4	11		10					6	

	Agnew DG	Bingham WL	Broadis IA	Case N	Cunning RR	Davis RD	Duns L	Ford T	Hall FW	Hedley JR	Hudgell AJ	Kirtley JH	Mapson JD	McLain T	Reynolds T	Scotson R	Shackleton LF	Smith K	Stelling JGS	Walsh W	Watson W	Wright AWT	Wright T
Apps	1	13	20	1	4	24	9	26	15	21	41	15	41	17	26	5	30	1	21	32	28	37	34
Goals		4	10			9	1	16				4					6		2		1		9

One own goal

F.A. Cup

							Agnew DG	Bingham WL	Broadis IA	Case N	Cunning RR	Davis RD	Duns L	Ford T	Hall FW	Hedley JR	Hudgell AJ	Kirtley JH	Mapson JD	McLain T	Reynolds T	Scotson R	Shackleton LF	Smith K	Stelling JGS	Walsh W	Watson W	Wright AWT	Wright T
R3	Jan	6	COVENTRY CITY	2-0	A Wright, T Wright	36988			10			8	11	9		2	3		1							5	4	6	7
R4		27	SOUTHAMPTON	2-0	Davis 2	61314						8	11	9		2	3		1	4			10			5		6	7
R5	Feb	10	NORWICH CITY	3-1	Davis, Watson, T Wright	65125						8		9		2	3		1	4			10			5	11	6	7
R6		24	WOLVERHAMPTON W.	1-1	Davis	62373			10			8		9		2	3		1	4			11			5		6	7
rep		28	Wolverhampton Wan.	1-3	Ford	54243			10			8		9		2	3		1				11			5	4	6	7

Swansea Town

18th in Division Two

		Opponent	Score	Scorers	Att	Allchurch IJ	Barber JN	Beech C	Beech G	Burns FJ	Canning LD	Clarke PKN	Donovan FJ	Elwell TT	Hodges LH	Howarth S	Kiley TJ	King J	Leavy SF	Lucas WH	Newell E	O'Driscoll JF	Parry BJ	Richards SV	Roberts JH	Scrine FH	Symmons I	Thomas DA	Turnbull RW	Weston RH	Williams D
1	Aug 19	BIRMINGHAM CITY	0-1		25012	10		11	6	4	1		7	2					3	8						9				5	
2	24	SHEFFIELD UNITED	1-2	Richards	19963	10		11	6	4	1		7	2					3	8				9						5	
3	26	Hull City	1-2	Richards	35333	8			6		1		7						3	4				9		10				5	
4	28	Sheffield United	1-6	Richards	25597	10			6		1		7							4				9				8		5	3
5	Sep 2	DONCASTER ROVERS	2-2	Lucas, Weston	20756	10	11		6			2	7		8				3	4			1	9						5	
6	7	LEEDS UNITED	4-2	Lucas 2, Richards, Allchurch	19501	10	11		6			2	7		8				3	4			1	9						5	
7	9	Brentford	1-2	Lucas	23572	10	11		6			2	7		8					4	3		1	9						5	
8	16	BLACKBURN ROVERS	1-2	Richards	18166	10	11		3	6			7							8	2		1	9						5	
9	23	Southampton	1-2	Howarth	22420	10		11	3	6			7			9				4	2		1					8		5	
10	30	BARNSLEY	1-0	Donovan	19091	10		11	3	6			7			9				4			1		2			8		5	
11	Oct 7	CHESTERFIELD	2-0	Donovan, Thomas	22005	10		11	3	6			7			9				4			1		2			8		5	
12	14	Queen's Park Rangers	1-1	C Beech	19256	10		11	3	6			7			9				4			1		2			8		5	
13	21	MANCHESTER CITY	2-3	Thomas 2	22762	10		11	3	6	1		7			9				4					2			8		5	
14	28	Leicester City	3-2	Thomas, Allchurch, C Beech	26224	10		11	3							9						7	1		2			8		5	6
15	Nov 4	CARDIFF CITY	1-0	Lucas	26393	10		11	3							9				4		7	1		2			8		5	6
16	11	Coventry City	1-3	McDonnell (og)	29672	10		11	3							9				4		7	1		2			8		5	6
17	18	BURY	2-0	O'Driscoll, Howarth	18353	10		11	3							9				4		7	1		2			8		5	6
18	25	Preston North End	1-5	Thomas	25898	10		11	3							9				4		7	1		2			8		5	6
19	Dec 2	NOTTS COUNTY	2-1	O'Driscoll, Thomas	22457	10		11	3							9	5			4		7	1		2			8			6
20	9	Grimsby Town	2-4	Thomas, Howarth	13754	10		11	3							9	5			4		7	1		2			8			6
21	16	Birmingham City	0-5		15649	10		11	3							9	5	1		4		7			2			8			6
22	23	HULL CITY	1-0	C Beech	16371	10		11	3							9	5	1		4		7			2			8			6
23	25	LUTON TOWN	0-2		16862	10		11	3							9	5	1		4		7			2			8			6
24	26	Luton Town	1-3	Howarth	17245	10		11	3							9	5						1	8	2			7		4	6
25	Jan 13	BRENTFORD	2-1	Roberts, Allchurch	15422	10		11	3	4	1		7												2			8		5	6
26	20	Blackburn Rovers	0-3		17964	10		11	3	4				2		7		1										8		5	6
27	27	Doncaster Rovers	0-1		21878	10		11	3				7	2		8		1		4									9	5	6
28	Feb 3	SOUTHAMPTON	2-1	Thomas, Turnbull	17451	10		11	3					2		8		1		4								7	9	5	6
29	17	Barnsley	0-1		8371	10			3					2		8		1		4		11		9				7		5	6
30	24	Chesterfield	1-3	Turnbull	10549	10		11	3					2		8		1		4								7	9	5	6
31	Mar 3	QUEEN'S PARK RANGERS	1-0	Howarth	18611	10		11	3	4						8		1									2	7	9	5	6
32	14	Manchester City	2-1	Turnbull 2	10361	10		11	3	4						8		1									2	7	9	5	6
33	17	LEICESTER CITY	2-1	Turnbull 2	12914	10		11	3					2		8		1		4								7	9	5	6
34	23	West Ham United	1-1	Turnbull	25385	10		11	3					2		8		1		4								7	9	5	6
35	24	Cardiff City	0-1		41074	10		11	3							7		1		4							2	8	9	5	6
36	26	WEST HAM UNITED	3-2	Howarth, Turnbull, Allchurch	16240	10		11	3							7		1		4							2	8	9	5	6
37	31	COVENTRY CITY	2-1	Lucas, Allchurch	20567	10		11	3	4						7		1		8							2		9	5	6
38	Apr 7	Bury	1-1	Allchurch	11880	10		11	3	4						7		1									2	8	9	5	6
39	14	PRESTON NORTH END	2-1	Turnbull, Allchurch	23878	10		11	3	4						7		1		8							2		9	5	6
40	21	Notts County	2-3	Allchurch, Burns	17787	10		11	3	4						7		1		8							2		9	5	6
41	28	GRIMSBY TOWN	1-3	Howarth	14585	10			3	4						7		1		8							2		9	5	6
42	May 5	Leeds United	0-2		11213	10			3	4						7		1		8							2		9	5	6
					Apps	42	4	33	42	18	6	3	15	9	3	33	6	20	5	35	3	11	16	9	16	2	10	29	15	37	30
					Goals	8		3		1			2			7				6		2		5	1			8	9	1	

Played in one game: M Andrew (14, at 4), AM Wilson (8, 4)

Played in games 3 and 4 at 11: KSM Huntley

Played in games 3 and 4 at 2: AR Morgan

Played in games 25 and 26 at 9: R Powell

Plated in games 41 and 42 at 11: L Allchurch

One own goal

F.A. Cup

		Opponent	Score	Scorers	Att	Allchurch IJ	Barber JN	Beech C	Beech G	Burns FJ	Canning LD	Clarke PKN	Donovan FJ	Elwell TT	Hodges LH	Howarth S	Kiley TJ	King J	Leavy SF	Lucas WH	Newell E	O'Driscoll JF	Parry BJ	Richards SV	Roberts JH	Scrine FH	Symmons I	Thomas DA	Turnbull RW	Weston RH	Williams D
R3	Jan 6	Mansfield Town	0-2		16564	10								3		7	5			8		11	1		2			9		4	6

Swindon Town

17th in Division Three (South)

	Date		Opponent	Score	Scorers	Att	Bain JA	Batchelor E	Burton S	Court HJ	Cowie AD	Farr BS	Foxton JD	Hill CJ	Hudson GW	Hunt RGA	Kaye GH	Lloyd WL	Lunn H	May H	Millar W	Onslow RE	Owen M	Page RM	Painter EG	Peart RC	Peebles R	Simner J	Thomas JW	Uprichard WNMcC	Wheeler AJ	Williams GG
1	Aug	19	Bristol Rovers	0-1		18795	11		1	8	4				5	2	6			3	7		9				10					
2		23	COLCHESTER UNITED	1-1	Millar	15717	11	5	1	8	4				9	2	6			3	7						10					
3		26	CRYSTAL PALACE	2-0	Peebles, Hudson	13699	11	5	1	8	4				9	2	6			3	7						10					
4		31	Colchester United	1-4	Hudson	12579	11	5	1	8	4				9	2	6			3	7						10					
5	Sep	2	Brighton & Hove Albion	0-1		14204	11	5	1	8	4				9	2	6			3	7						10					
6		6	EXETER CITY	1-0	Court	9468	11		1	8	4				5	2	6			3	7						10	9				
7		9	NEWPORT COUNTY	2-0	Bain, Simner	14021	11		1	8	4				5	2	6			3	7						10	9				
8		13	Exeter City	0-1		9866	11		1	8	4				5	2				3	7				6		10	9				
9		16	Norwich City	0-2		23289	11		1	8	4				5	2				3							10	9	7		6	
10		23	NORTHAMPTON T	1-0	Owen	13708	11		1	10	4				5	2	6			3			9				8		7			
11		30	Port Vale	1-2	Court	9517	11		1	10	4				5	2	6			3			9				8		7			
12	Oct	7	SOUTHEND UNITED	4-1	Williams, Bain, Simner, Owen	12623	11		1		4				5	2	6			3			9					8	7			10
13		14	Reading	1-3	Owen	24256	11		1		4				5	2	6			3			9					8	7			10
14		21	PLYMOUTH ARGYLE	1-2	Owen	16765	11		1		4				5	2	6			3			9					8	7			10
15		28	Ipswich Town	1-4	Bain	12945	11		1	10	4				5	2	6			3		9							7		8	
16	Nov	4	LEYTON ORIENT	2-0	Thomas, Onslow	9277	11		1	10	4				5	2	6			3		9							7		8	
17		11	Walsall	0-1		7795	11		1	10	4		3		5	2	6				7	9									8	
18		18	WATFORD	3-2	Wheeler 2, Bain	8177	11		1	10	4				5	2	6		7	3		9									8	
19	Dec	2	BRISTOL CITY	1-0	Simner	13079	11	6	1						5	2	4		7	3		9						10			8	
20		16	BRISTOL ROVERS	1-2	Onslow	7033	11	6	1						5	2	4		7	3		9						10			8	
21		23	Crystal Palace	0-2		7267	11	6	1					10	5	2	4			3		8	9						7			
22		25	TORQUAY UNITED	2-1	Owen, Thomas	7039	11	6	1					10	5	2	4			3		8	9						7			
23		26	Torquay United	0-1		9459		6		10					5	2	4			3	11	8	9						7	1		
24		30	BRIGHTON & HOVE ALB	0-0		7743	10	6							5	2	4			3	11	8	9						7	1		
25	Jan	6	BOURNEMOUTH	2-1	Millar, Bain	6971	10	6							5	2	4		7	3	11	8	9							1		
26		13	Newport County	1-2	Lunn	12485	11	6							5	2	4		7	3	10	8	9							1		
27		20	NORWICH CITY	1-0	Bain	13140	11	6							5	2	4		7	3	10	8	9							1		
28		27	Bournemouth	1-2	Lunn	10034	11	6							5	2	4		7	3	10	8	9							1		
29	Feb	3	Northampton Town	2-1	Owen, Millar	7195	11	6							5		4	2	7	3	10	8	9							1		
30		10	Millwall	0-1		20988	11	6							5		4	2	7	3	10	8	9							1		
31		17	PORT VALE	2-1	Peart, Millar	7889	11	6							5		4	2	7	3	10	8				9				1		
32		24	Southend United	2-8	Onslow, Owen	8037	11	6							5		4	2	7	3	10	8	9							1		
33	Mar	3	READING	1-1	Lunn	21485	11	6							5		4	2	7	3	10	8	9							1		
34		10	Plymouth Argyle	1-5	Hudson (p)	12019	11	6					2		5		4		7	3	10	8	9							1		
35		17	IPSWICH TOWN	2-0	Bain, Hudson (p)	7442	11	6	1						5		4	2	7	3	10	8	9									
36		23	Aldershot	1-0	Hudson	8951	11	6	1						5		4	2	7	3	10	8	9									
37		24	Leyton Orient	1-2	Onslow	10029	11	6	1		2				5		4		7	3	10	8	9									
38		26	ALDERSHOT	4-0	Bain, Owen, Hudson (p), Millar	10249	11	6	1						5		4	2	7	3	10	8	9									
39		31	WALSALL	1-1	Lunn	7413	11	6	1						5		4	2	7	3	10	8	9									
40	Apr	7	Watford	2-1	Owen, Onslow	3658	11	6	1						5		4	2	7	3	10	8	9									
41		14	MILLWALL	0-1		8819	11	6	1						5		4	2	7	3	10	8	9									
42		18	Nottingham Forest	1-2	Onslow	27644	11		1					6	5		4	2	7	3		8	9			10						
43		21	Bristol City	0-2		16129	11		1					6	5		4	2	7	3	10	8	9									
44		28	GILLINGHAM	2-0	Peart 2	3915			1			4			5				7	3		8		2	6	9	10		11			
45	May	2	Gillingham	1-2	Thomas	8295			1			4			5				7	3		9		2	6			10	11		8	
46		5	NOTTM. FOREST	2-3	Wheeler, Kaye	10707			1			4			5		6		7	3	10	9		2					11		8	
						Apps	42	27	34	16	19	3	2	4	46	28	42	13	25	45	30	32	28	3	3	3	12	10	15	12	9	3
						Goals	8			2					6		1		4		5	6	9			3	1	3	3		3	1

F.A. Cup

	Date		Opponent	Score	Scorers	Att	Bain JA	Batchelor E	Burton S	Court HJ	Cowie AD	Farr BS	Foxton JD	Hill CJ	Hudson GW	Hunt RGA	Kaye GH	Lloyd WL	Lunn H	May H	Millar W	Onslow RE	Owen M	Page RM	Painter EG	Peart RC	Peebles R	Simner J	Thomas JW	Uprichard WNMcC	Wheeler AJ	Williams GG
R1	Nov	29	Southend United	3-0	Bain, Simner, Onslow	10000	11	6	1						5	2	4		7	3		9						10			8	
R2	Dec	9	Exeter City	0-3		14764	11	6	1						5	2	4		7	3		9						10			8	

Torquay United

20th in Division Three (South)

	Date		Opponent	Score	Scorers	Att	Brown H	Calland R	Cameron HG	Collins RD	Conley JJ	Davis DEC	Evans EE	Head BJ	Lewis DG	Lewis K	McGuinness H	Northcott TT	Pembery GD	Reid JH	Shaw R	Stuttard JE	Taggart R	Targett HR	Thomas WP	Tiddy MD	Topping D	Towers WH	Webber GM	Whitfield W
1	Aug	19	Brighton & Hove Albion	2-2	Collins, Shaw	18650		3	11	10	9			5	8						7						2	4	1	6
2		23	CRYSTAL PALACE	4-1	Shaw 2, Collins, Conley	11776		3	11	10	9			5	8						7						2	4	1	6
3		26	NEWPORT COUNTY	3-4	Calland (p), Cameron, Collins	10276		3	11	10	9			5	8						7						2	4	1	6
4		30	Crystal Palace	1-2	Collins	11212		3	11	10	9			5	8						7	2						4	1	6
5	Sep	2	Norwich City	1-1	Collins	25447		3	11	10	9			5	8						7	2						4	1	6
6		6	READING	2-1	Shaw, Cameron	6993		3	11	10					8		5		6	9	7						2	4	1	
7		9	NORTHAMPTON T	1-1	Collins	9219		3	11	8							5	10	6	9	7						2	4	1	
8		13	Reading	0-0		13258		3	11	8	9	1		5					10		7						2	4		6
9		16	Port Vale	0-1		12424		3	11	8	9	1		5					10		7						2	4		6
10		23	NOTTM. FOREST	3-2	Collins, Reid, Cameron	10909		3	11	10		1		5	8				6	9	7						2	4		
11		27	ALDERSHOT	1-2	Collins	5840		3	11	10		1		5	8				6	9	7						2	4		
12		30	Southend United	0-3		11452		3	11	8	10	1		5					6	9	7						2	4		
13	Oct	7	PLYMOUTH ARGYLE	1-3	Pembery	16454		3	11	10	9	1		5					6	8	7						2	4		
14		14	Ipswich Town	1-3	Conley	14272		3	11	10	9	1					5	8	6		7						2	4		
15		21	LEYTON ORIENT	2-1	Cameron, Shaw	7055		3	11		9	1					5	10			8					7	2	4		6
16		28	Walsall	1-3	Conley	7793		3	11	10	9	1					5				8					7	2	4		6
17	Nov	4	WATFORD	3-2	Shaw 2, Collins	6897		3	11	10	9	1					5		6		8	2				7		4		
18		11	Millwall	1-4	Conley	24220		3	11	10	9	1					5		6		8	2				7				4
19		18	BRISTOL CITY	4-1	Collins 2, Shaw, Conley	7323	4	3	11	10	9	1					5				8				7		2			6
20	Dec	2	BOURNEMOUTH	0-2		7989	4		11	10		1				3	5			9	8				7		2	6		
21		16	BRIGHTON & HOVE ALB	3-1	Reid 2, Shaw	4750	4		11	10		1			8	3	5			9	7						2	6		
22		23	Newport County	1-2	Cameron	8369	4		11	10		1			8	3	5		6	9	7						2			
23		25	Swindon Town	1-2	D Lewis	7039	4		11	10		1			8	3	5		6	9	7						2			
24		26	SWINDON TOWN	1-0	Reid	9459	4		11	10					8	3	5		6	9	7						2		1	
25		30	NORWICH CITY	1-5	D Lewis	5948	4		11	10					8	3	5		6	9	7						2		1	
26	Jan	13	Northampton Town	0-1		10976	4		11						8	3	5			9	7		10				2		1	6
27		17	BRISTOL ROVERS	1-2	D Lewis	3918	4		9						8	3	5	11			7		10				2		1	6
28		20	PORT VALE	3-2	Taggart, Whitfield, Shaw	6280	4		9						8	3	5				7		10		11		2		1	6
29		31	Bristol Rovers	1-1	Cameron	10608	4		9						8	3	5				7	2	10		11				1	6
30	Feb	3	Nottingham Forest	1-3	Taggart	20965	4	3	9						8		5			11	7		10				2		1	6
31		10	Gillingham	0-2		12995	4	3	9								5	11	6	8	7		10	2					1	
32		17	SOUTHEND UNITED	2-2	Northcott, Reid	6065	4	3	9								5	11	6	8	7		10				2		1	
33		24	Plymouth Argyle	0-1		19038	4		9							3	5	11	6	8	7		10				2		1	
34	Mar	3	IPSWICH TOWN	0-1		6256	4		11	10						3	5		6	9	7		8				2		1	
35		10	Leyton Orient	1-5	Evans	6558	4		11	10			9			3	5		6		7		8				2		1	
36		17	WALSALL	3-2	Reid, Cameron, Evans	5049	4		7				10			3	5		11	9	8		6				2		1	
37		23	Colchester United	1-3	Shaw	12443	4		7				10			3	5		11	9	8		6				2		1	
38		24	Watford	2-2	Evans, Pembery	7073	4	3	7				10				5		11	9			8				2	6	1	
39		26	COLCHESTER UNITED	4-1	Pembery, Evans 2, Reid	7820	4	3	7				10				5		11	9	8						2	6	1	
40		31	MILLWALL	2-1	Calland (p), Reid	7014	4	3	7				10				5		11	9	8						2	6	1	
41	Apr	4	Exeter City	0-0		6998	4	3	7				10				5		11	9	8						2	6	1	
42		7	Bristol City	2-0	Pembery 2	13975	4	3	7				10				5		11	9	8						2	6	1	
43		14	GILLINGHAM	1-2	Cameron	6666		3	7				10				5		11	9	8		4				2	6	1	
44		21	Bournemouth	0-0		10594	4	3	7				10				5		11	9	8						2	6	1	
45		28	EXETER CITY	2-0	Pembery, Evans	9570	4	3					10		7		5		11	9	8						2	6	1	
46	May	5	Aldershot	0-1		5074	4	3					10		7		5		11	9	8						2	6	1	

	Brown H	Calland R	Cameron HG	Collins RD	Conley JJ	Davis DEC	Evans EE	Head BJ	Lewis DG	Lewis K	McGuinness H	Northcott TT	Pembery GD	Reid JH	Shaw R	Stuttard JE	Taggart R	Targett HR	Thomas WP	Tiddy MD	Topping D	Towers WH	Webber GM	Whitfield W
Apps	27	31	44	26	15	16	12	11	20	15	35	7	31	29	45	5	14	1	4	4	40	28	30	16
Goals		2	8	11	5		6		3			1	6	8	11		2							1

F.A. Cup

	Date		Opponent	Score	Scorers	Att	Brown H	Calland R	Cameron HG	Collins RD	Conley JJ	Davis DEC	Evans EE	Head BJ	Lewis DG	Lewis K	McGuinness H	Northcott TT	Pembery GD	Reid JH	Shaw R	Stuttard JE	Taggart R	Targett HR	Thomas WP	Tiddy MD	Topping D	Towers WH	Webber GM	Whitfield W
R1	Nov	25	Nottingham Forest	1-6	Collins	18459		3	11	10	9	1					5				8				7		2	4		6

Tottenham Hotspur

Champions of Division One

							Baily EF	Bennett LD	Brittan C	Burgess WAR	Clarke HA	Ditchburn EG	Duquemin LS	McClellan SB	Medley LD	Murphy P	Nicholson WE	Ramsey AE	Scarth JW	Tickridge S	Uphill EDH	Walters WE	Willis A	Withers CF	Wright AM
1	Aug	19	BLACKPOOL	1-4	Baily	64978	10	8		6	5	1	9		11		4	2				7		3	
2		23	Bolton Wanderers	4-1	Murphy, Duquemin, Walters, Medley	21745	10			6	5	1	9		11	8	4	2				7		3	
3		26	Arsenal	2-2	Burgess, Walters	64638	10			6	5	1	9		11	8	4	2				7	3		
4		28	BOLTON WANDERERS	4-2	Duquemin 2, Baily, Howe (og)	44246	10	8		6	5	1	9		11		4	2				7	3		
5	Sep	2	Charlton Athletic	1-1	Ramsey (p)	61480	10	8		6	5	1	9		11		4	2				7	3		
6		6	Liverpool	1-2	Medley	39015	10			6	5	1	9		11	8	4	2				7	3		
7		9	MANCHESTER UNITED	1-0	Walters	60621	10	8		6	5	1	9			11	4	2				7	3		
8		16	Wolverhampton Wan.	1-2	Chatham (og)	55364	10	8		6	5	1	9		11		4	2				7	3		
9		23	SUNDERLAND	1-1	Baily	59190	10			6	5	1		9	11		4	2			8	7	3		
10		30	Aston Villa	3-2	Murphy, Duquemin, Medley	36538	10			6	5	1	9		11	8	4	2				7	3		
11	Oct	7	BURNLEY	1-0	Medley	46518		10	6		5	1	9		11	8	4			2		7	3		
12		14	Chelsea	2-0	Walters, Duquemin	65992	10	8		6	5	1	9		11		4	2				7	3		
13		21	STOKE CITY	6-1	Bennett 2,Duquemin 2,Walters,Medley	54124	10	8	6		5	1	9		11		4	2				7	3		
14		28	West Bromwich Albion	2-1	Walters, Medley	44543	10	8		6	5	1	9		11		4	2				7	3		
15	Nov	4	PORTSMOUTH	5-1	Baily 3, Walters, Duquemin	66402	10	8		6	5	1	9		11		4	2				7	3		
16		11	Everton	2-1	Baily, Medley	47125	10	8		6	5	1	9		11		4	2				7	3		
17		18	NEWCASTLE UNITED	7-0	* See below	70336	10	8	6		5	1	9		11		4	2				7	3		
18		25	Huddersfield Town	2-3	Nicholson, Walters	39519	10	8	6		5	1	9		11		4	2				7	3		
19	Dec	2	MIDDLESBROUGH	3-3	Ramsey (p), Walters, Duquemin	61148	10	8		6	5	1	9		11		4	2				7	3		
20		9	Sheffield Wednesday	1-1	Bennett	44367	10	8		6	5	1	9		11		4	2				7	3		
21		16	Blackpool	1-0	Duquemin	22203	10	8	6		5	1	9		11		4	2				7	3		
22		23	ARSENAL	1-0	Baily	54898	10	8		6	5	1	9		11		4	2				7	3		
23		25	Derby County	1-1	Murphy	32301		8	6		5	1	9		11	10	4	2				7	3		
24		26	DERBY COUNTY	2-1	McClellan 2	59885	10			6	5	1		9	11	8	4	2	7				3		
25		30	CHARLTON ATHLETIC	1-0	Walters	54667	10	8		6	5	1	9		11		4	2				7	3		
26	Jan	13	Manchester United	1-2	Baily	45104	10		4		5	1		9	11	8	6	2				7	3		
27		20	WOLVERHAMPTON W.	2-1	Walters, McClellan	66796	10			6	5	1		9	11	8	4	2				7	3		
28	Feb	3	Sunderland	0-0		56817	10			6	5	1		9	11	8	4	2				7	3		
29		17	ASTON VILLA	3-2	Ramsey (p), Baily, Medley	47842	10		4	6	5	1		9	11	8		2				7	3		
30		24	Burnley	0-2		33047	10			6	5	1		9	11	8	4	2				7	3		
31	Mar	3	CHELSEA	2-1	Wright, Burgess	59449	10			6	5	1			11	8	4	2				7	3		9
32		10	Stoke City	0-0		24236	10			6	5	1			11	8	4	2				7	3		9
33		17	WEST BROMWICH ALB.	5-0	Duquemin 3, Baily, Bennett	45353	10	8		6	5	1	9			11	4	2				7	3		
34		23	Fulham	1-0	Murphy	47391	10	8		6	5	1	9			11	4	2				7	3		
35		24	Portsmouth	1-1	Uphill	49716	10			6	5	1	9			11	4	2			8	7	3		
36		26	FULHAM	2-1	Bennett, Murphy	51862	10	8		6	5	1	9		7	11	4	2						3	
37		31	EVERTON	3-0	Murphy, Walters, Bennett	46651	10	8		6	5	1	9			11	4	2				7	3		
38	Apr	7	Newcastle United	1-0	Walters	41241	10	8		6	5	1	9			11	4	2				7	3		
39		14	HUDDERSFIELD T	0-2		55014	10	8		6	5	1	9			11	4					7	2	3	
40		21	Middlesbrough	1-1	Murphy	36689	10			6	5	1	9		11	8	4	2				7	3		
41		28	SHEFFIELD WEDNESDAY	1-0	Duquemin	46645	10			6	5	1	9		11	8	4	2				7	3		
42	May	5	LIVERPOOL	3-1	Murphy 2, Walters	49072	10			6	5	1	9		11	8	4	2				7	3		

Scorers in game 17: Medley 3, Baily, Bennett, Walters, Ramsey (p)

	Baily EF	Bennett LD	Brittan C	Burgess WAR	Clarke HA	Ditchburn EG	Duquemin LS	McClellan SB	Medley LD	Murphy P	Nicholson WE	Ramsey AE	Scarth JW	Tickridge S	Uphill EDH	Walters WE	Willis A	Withers CF	Wright AM
Apps	40	25	8	35	42	42	33	7	35	25	41	40	1	1	2	40	39	4	2
Goals	12	7		2			14	3	11	9	1	4			1	15			1

Two own goals

F.A. Cup

							Baily EF	Bennett LD	Brittan C	Burgess WAR	Clarke HA	Ditchburn EG	Duquemin LS	McClellan SB	Medley LD	Murphy P	Nicholson WE	Ramsey AE	Scarth JW	Tickridge S	Uphill EDH	Walters WE	Willis A	Withers CF	Wright AM
R3	Jan	6	Huddersfield Town	0-2		25390	10	8		6	5	1	9		11		4	2				7	3		

Tranmere Rovers

4th in Division Three (North)

						Atkinson H	Bainbridge WV	Barrie J	Bell H	Dillon V	Doonan T	Eastham H	Ellison N	Harlock DS	Hodgson L	Iceton OL	Kieran LV	Lamb HE	Lloyd HD	MacDonald J	Millington RV	Payne GH	Rosenthal AW	Steele PE	Wheeler JE	Williamson SH
1	Aug 19	YORK CITY	7-2	Wheeler, Bainbridge 2, Rosenthal 4	10079		8		5			10		7		11	6			3		1	9	2	4	
2	23	Bradford City	2-2	Bainbridge. Rosenthal	8091		8		5			10		7		11	6			3	4	1	9	2		
3	26	Carlisle United	1-3	Bainbridge	13640		8		5			10		7		11	6			3		1	9	2	4	
4	29	BRADFORD CITY	3-1	Rosenthal, Iceton 2	10026		8		5			10		7		11	6			3		1	9	2	4	
5	Sep 2	ACCRINGTON STANLEY	1-1	Eastham	9936		8		5			10		7		11	6			3		1	9	2	4	
6	4	Rotherham United	2-1	Harlock, Iceton	13308		8		5		9	10		7		11	6			3		1		2	4	
7	9	Southport	1-0	Bainbridge	9262		8		5			10		7		11	6			3		1	9	2	4	
8	12	ROTHERHAM UNITED	2-1	Bainbridge, Iceton	10910		8		5			10		7		11	6			3		1	9	2	4	
9	16	New Brighton	1-1	Wheeler	8847		8		5			10	7			11	6			3		1	9	2	4	
10	19	Barrow	2-1	Rosenthal 2	4849		8		5			10		7			6			3		1	9	2	4	11
11	23	BRADFORD PARK AVE.	2-2	Wheeler, Bainbridge	12140		8		5			10		7			6			3		1	9	2	4	11
12	30	Oldham Athletic	4-3	Wheeler, Rosenthal, Williamson 2	13294				5			10		7			6			3	4	1	9	2	8	11
13	Oct 7	Darlington	1-1	Rosenthal	8650				5			10		7			6			3	4	1	9	2	8	11
14	14	STOCKPORT COUNTY	1-1	Rosenthal	13584				5			10		7		11	6			3	4	1	9	2	8	
15	21	Shrewsbury Town	2-1	Wheeler, Rosenthal	11077				5			10		7		11	6			3	4	1	9	2	8	
16	28	LINCOLN CITY	0-1		11220				5			10		7		11	6			3	4	1	9	2	8	
17	Nov 4	Rochdale	3-2	Bell, Wheeler, Rosenthal	7886				5			10		7		11	6			3	4	1	9	2	8	
18	11	CHESTER	3-1	Harlock, Wheeler, Rosenthal	14343				5			10		7	3	11	6				4	1	9	2	8	
19	18	Halifax Town	1-0	Kieran	6854				5			10		7		11	6			3	4	1		2	8	9
20	Dec 2	Gateshead	0-2		8956		8		5			10		7		11	6			3		1	9	2	4	
21	23	CARLISLE UNITED	2-2	Bainbridge, Doonan	8208		8		5		9	10		7		11	6					1		2	4	3
22	26	BARROW	3-0	Bainbridge, Doonan, Williamson	11880		8		5		9	10		7			6			3		1		2	4	11
23	Jan 10	Mansfield Town	1-2	Bainbridge	5414		8		5		9	10		7			6			3		1		2	4	11
24	13	SOUTHPORT	4-0	Harlock 2, Bainbridge, Williamson	6766	9	8		5			10		7			6			3		1		2	4	11
25	20	NEW BRIGHTON	4-3	Harlock, Bainbridge 2, Eastham	12253		8		5			10		7			6			3		1	9	2	4	11
26	Feb 3	Bradford Park Avenue	1-4	Bainbridge	12986		8		5			10		7	2		6			3		1	9		4	11
27	10	Scunthorpe United	1-1	Rosenthal	10495		8		5			10		7			6			3		1	9	2	4	11
28	17	OLDHAM ATHLETIC	1-0	Williamson	10917		8		5	9		10		7			6			3	4	1		2		11
29	24	DARLINGTON	3-2	Harlock, Bainbridge, Dillon	11430		8		5	9		10		7		11	6			3	4	1		2		
30	Mar 3	Stockport County	0-0		10786		8		5	9		10		7		11	6			3	4	1		2		
31	7	MANSFIELD TOWN	2-1	Bainbridge 2	4246		8		5	9		10		7		11	6			3	4	1		2		
32	10	SHREWSBURY TOWN	0-1		10800		8		5	9		10		7		11	6			3	4	1		2		
33	17	Lincoln City	1-2	Kieran	10596				5	9		8		7		11	6			3	4	1	10	2		
34	23	WREXHAM	1-2	Dillon	13992				5	9		8		7		11	6			3	4	1	10	2		
35	24	ROCHDALE	2-1	Rosenthal 2	8328			3	5	9		8		7		11	6				4	1	10	2		
36	26	Wrexham	1-2	Dillon	9743			3	5	9		8		7			6				4	1	10	2		11
37	31	Chester	3-1	Dillon, Iceton, Lee (og)	5730			3	5	9		8		7		11	6				4	1	10	2		
38	Apr 7	HALIFAX TOWN	3-2	Eastham, Dillon 2	6170				5	9		8		7		11	6			3	4	1	10	2		
39	10	CREWE ALEXANDRA	3-0	Millington, Eastham, Iceton	5843				5	9		8		7		11	6			3	4	1	10	2		
40	14	Hartlepools United	1-2	Rosenthal	7626				5	9		8		7		11	6			3	4	1	10	2		
41	17	HARTLEPOOLS UNITED	1-0	Iceton	7999				5	9		8		7		11	6			3	4	1	10	2		
42	21	GATESHEAD	2-2	Dillon 2	8929				5	9		8		7		11	6				4	1	10	2		3
43	25	York City	0-4		6416				5	9		8		7		11	6				4	1	10	2		3
44	28	Crewe Alexandra	1-1	Dillon	4843				5	9		8		7		11	6		1		4		10	2		3
45	May 2	Accrington Stanley	2-0	Kieran, Harlock	4194				5	9		8		7		11	6		1	3	4		10	2		
46	5	SCUNTHORPE UNITED	1-0	Bell	6990				5			10		7		11	6	8	1	3	4		9	2		
					Apps	1	24	3	46	18	4	46	1	45	2	34	46	1	3	38	28	43	35	45	26	17
					Goals		17		2	9	2	5		7		6	3				1		18		7	5

One own goal

F.A. Cup

						Atkinson H	Bainbridge WV	Barrie J	Bell H	Dillon V	Doonan T	Eastham H	Ellison N	Harlock DS	Hodgson L	Iceton OL	Kieran LV	Lamb HE	Lloyd HD	MacDonald J	Millington RV	Payne GH	Rosenthal AW	Steele PE	Wheeler JE	Williamson SH
R1	Nov 25	Cleator Moor Celtic	5-0	* see below	12212		10		5					7		11	6			3	4	1		2	8	9
R2	Dec 9	York City	1-2	Bainbridge	10096		8		5					7		11	6			3		1	10	2	4	9

R1 played at Workington

Scorers: Wheeler, Williamson, Bainbridge, Iceton 2

Walsall

15th in Division Three (South)

							Allison J	Bowen TH	Bridgett J	Chapman PE	Corbett AB	Dean GC	Dearson DJ	Devlin J	Green WC	Holding EJ	Hughes J	Jones S	Knowles HF	Lewis J	Methley I	Millard R	Morris FW	O'Neill WA	Russon R	Skidmore W	Sutcliffe FWJ	Walters H	Winter JGA
1	Aug	19	Reading	1-2	Allison (p)	21923	11						10	4	6			2		1		8	7		5		9	3	
2		24	PLYMOUTH ARGYLE	1-1	Chapman	14292	11			9			10	4	6			2		1		8	7		5			3	
3		26	SOUTHEND UNITED	1-2	Chapman	11178	11	7		9			6					2		1		10			5	3	8	4	
4		30	Plymouth Argyle	1-1	Corbett	12166	11	7		9	8		6					2		1		10			5	3		4	
5	Sep	2	Exeter City	0-1		10781	11	7		9	8		4	10	6			2		1					5			3	
6		7	NORWICH CITY	0-1		10831	11	7		9	8		4	10	6			2		1					5			3	
7		9	BOURNEMOUTH	0-1		8787				9	4		10		6			2	11	1		8	7		5			3	
8		13	Norwich City	0-1		22090				9	4		10		6			2	11	1		8	7		5			3	
9		16	Gillingham	1-4	Knowles	14718					8		10		6	4		2	11	1	3		7		5		9		
10		23	BRISTOL CITY	3-1	Morris, Dearson 2	8593		8					9	10	6			2	11	1	3		7		5			4	
11		30	Millwall	0-2		24112		8					9	10	6			2	11	1	3		7		5			4	
12	Oct	7	Northampton Town	1-1	Dearson	12190		8					9	10	6			2	11	1	3		7		5			4	
13		14	PORT VALE	2-0	Morris, Hughes	9686		8					5	9	6		10	2	11	1	3		7					4	
14		21	Nottingham Forest	0-4		26454		8					5	9	6		10	2	11	1	3		7					4	
15		28	TORQUAY UNITED	3-1	Dearson (p), Devlin, Hughes	7793		8					5	9	6		10	2	11	1	3		7					4	
16	Nov	4	Aldershot	0-3		6020	11	8					5	9	6		10	2		1	3		7					4	
17		11	SWINDON TOWN	1-0	Millard	7795	11			9			8	4	6		10	2		1		7			5			3	
18		18	Colchester United	1-0	Chapman	9584	11	7		9	10		8	4	6			2		1					5			3	
19	Dec	2	Crystal Palace	0-1		12083		7	9		10		8	4	6			2		1			11		5			3	
20		16	READING	1-2	Dearson	3677		7	9		8		4	10	6			2		1			11		5			3	
21		23	Southend United	1-0	Devlin	7158		7	9		8		4	10	6			2		1			11		5			3	
22		25	NEWPORT COUNTY	0-0		7832		7	9		8		4	10	6		11	2		1					5			3	
23		26	Newport County	0-3		13160		7	9		8	4	6	10			11	2		1					5			3	
24		30	EXETER CITY	0-2		4275				9		4	6	10			11	2		1		8	7		5			3	
25	Jan	6	Ipswich Town	1-3	Devlin	9492				9	6	4		10			11	2		1		8	7		5			3	
26		13	Bournemouth	1-3	Dearson	9943	11	7	9		6	4	8	10				2		1					5			3	
27		20	GILLINGHAM	2-1	Winter 2	8817	11	7						6				2		1				10	5	3	8	4	9
28		27	IPSWICH TOWN	2-0	Dearson, Rees (og)	9334	11	7					8	6				2		1				10	5	3		4	9
29	Feb	3	Bristol City	3-3	Dearson 2, Skidmore (p)	15508	11	7					8	6				2		1				10	5	3		4	9
30		10	ALDERSHOT	3-1	O'Neill 2, Skidmore (p)	9967	11	7					8	6				2		1				10	5	3		4	9
31		15	BRISTOL ROVERS	1-2	Winter	6193	11	7					8	6				2		1				10	5	3		4	9
32		17	MILLWALL	4-0	Skidmore 2 (1p), Devlin, Dearson	8781	11	7					8	6			10	2		1					5	3		4	9
33		24	NORTHAMPTON T	1-0	Bowen	11941	11	7					8	6				2		1				10	5	3		4	9
34	Mar	3	Port Vale	1-1	Walters	13071	11	7					8	6				2		1				10	5	3		4	9
35		10	NOTTM. FOREST	0-2		14247	11	7					8	6				2		1				10	5	3		4	9
36		17	Torquay United	2-3	Winter, O'Neill	5049	11	7					8	6				2		1				10	5	3		4	9
37		23	Leyton Orient	1-2	Winter	13402	11	7					8	6				2		1				10	5	3		4	9
38		26	LEYTON ORIENT	1-1	Skidmore (p)	8437	11	7					8	6				2		1				10	5	3		4	9
39		31	Swindon Town	1-1	Hughes	7413	11	7					3	6			8	2		1				10	5			4	9
40	Apr	7	COLCHESTER UNITED	4-2	Winter 3, Hughes	7097	11	7					3	6			8	2		1				10	5			4	9
41		14	Bristol Rovers	1-1	Hughes	13989	11	7					3	6			8	2		1				10	5			4	9
42		19	WATFORD	1-0	O'Neill	9062	11	7					3	6			8	2		1				10	5			4	9
43		21	CRYSTAL PALACE	0-0		7838	11	7					3	6			8	2		1				10	5			4	9
44		28	Brighton & Hove Albion	0-1		10144	11	7						6	3		8	2		1				10	5			4	9
45	May	3	BRIGHTON & HOVE ALB	1-0	Bowen	5669	11	7			8			6	3			2		1				10	5			4	9
46		5	Watford	3-1	Winter 2, Walters	5147	11	7	5					6	3		10	2		1		8						4	9

	Allison J	Bowen TH	Bridgett J	Chapman PE	Corbett AB	Dean GC	Dearson DJ	Devlin J	Green WC	Holding EJ	Hughes J	Jones S	Knowles HF	Lewis J	Methley I	Millard R	Morris FW	O'Neill WA	Russon R	Skidmore W	Sutcliffe FWJ	Walters H	Winter JGA
Apps	30	38	7	11	15	4	41	41	23	1	17	46	9	46	8	10	17	18	41	14	4	45	20
Goals	1	2		3	1		9	5			5		1			1	2	4		5		2	10

One own goal

F.A. Cup

							Allison J	Bowen TH	Bridgett J	Chapman PE	Corbett AB	Dean GC	Dearson DJ	Devlin J	Green WC	Holding EJ	Hughes J	Jones S	Knowles HF	Lewis J	Methley I	Millard R	Morris FW	O'Neill WA	Russon R	Skidmore W	Sutcliffe FWJ	Walters H	Winter JGA
R1	Nov	25	Newport County	2-4	Corbett 2	13800	11	7		9	10		8	4	6			2		1					5			3	

Watford

23rd in Division Three (South)

	Date	Opponent	Score	Scorers	Att	Brown TG	Carpenter TA	Case N	Collins AN	Cumner RH	Daly RG	Eggleston T	Fisher KD	Garbutt RH	Harper JJ	Hartburn J	Jones BJ	Jones WM	Kelly J	Laing RS	Morton GD	Nolan P	Oliver HS	Paton TG	Pilkington L	Small D	Thomas DWJ	Thompson CA	Varty TH	Wilson JT	Woodroffe LC
1	Aug 19	Southend United	1-5	Laing	15446	8							6		3	11				7			5	4			9				
2	24	READING	3-1	Oliver (p), Fisher, Hartburn	13174	8				10		2	6		3	11				7	1		5	4			9				
3	26	EXETER CITY	1-2	Hartburn	12203	8				10		2	6		3	11				7	1		5	4			9				
4	30	Reading	0-1		13236							2	6	9	3	11				7	1		5	4	10		8				
5	Sep 2	Bournemouth	3-3	Laing, Thomas, Garbutt	15899					10		2	6	9	3	11				7	1		5	4			8				
6	7	NEWPORT COUNTY	0-2		9451					10		2	6	9	3	11				7	1		5	4			8				
7	9	GILLINGHAM	5-0	Laing 2, Nolan, Garbutt, Hartburn	10529							2	6	9	3	11				7	1	8	5	4					10		
8	14	Newport County	2-2	Laing, Hartburn	12116							2	6	9	3	11				7	1	8	5	4					10		
9	16	Bristol City	0-3		19383							2	6		3	11				7	1	8	5	4			9		10		
10	23	MILLWALL	0-0		18074							2	6	9	3	11				7	1	8	5	4					10		
11	30	BRIGHTON & HOVE ALB	1-1	Garbutt	9611	8						2	6	9	3	11				7	1		5	4					10		
12	Oct 7	Norwich City	1-3	Hartburn	24507	8						2	6	9	3	11				7	1		5	4					10		
13	14	NORTHAMPTON T	0-1		14409	10						2	6		3	11				7	1	9	5	4							8
14	21	Port Vale	1-2	Fisher	12112				8			2	4	9	6	11	3				1		5						10		7
15	28	NOTTM. FOREST	1-1	Garbutt	14699				8			2	4	9	6	11	3				1		5						10		7
16	Nov 4	Torquay United	2-3	Woodroffe 2	6897				10			2	5	9	6	11	3			7	1								4		8
17	11	ALDERSHOT	1-2	Hartburn (p)	10212				10			2	5	9	3	11				7	1			4					6		8
18	18	Swindon Town	2-3	Garbutt, Hartburn (p)	8177		1				8	2	6	9	3	11			4	7		5							10		
19	Dec 9	CRYSTAL PALACE	1-0	Hartburn	7987				10		8	2	5	9	6	11	3				1								4		7
20	16	SOUTHEND UNITED	1-3	Hartburn	5910			9	10		8	2	5		6	11	3			7	1								4		
21	23	Exeter City	3-3	Hartburn (p), Case, Varty	7332	8		9				2	6			11	3			7	1		5	4					10		
22	25	LEYTON ORIENT	2-0	Laing, Hartburn	7983	8		9				2	5		6	11	3			7	1			4					10		
23	26	Leyton Orient	2-1	Varty 2	9827	8		9				2	5		6	11	3			7	1			4					10		
24	30	BOURNEMOUTH	2-1	Hartburn 2 (2p)	9616	8		9				2	5		6	11	3			7	1			4					10		
25	Jan 10	Plymouth Argyle	1-3	Case	7647	10		9				2	5	8	6	11	3			7	1			4							
26	13	Gillingham	1-3	Case	10036	8		9				2	6			11	3				1		5	4	7				10		
27	20	BRISTOL CITY	1-2	Brown	9032	8		9				2	6			11	3			7	1		5	4					10		
28	27	PLYMOUTH ARGYLE	1-1	Brown	9631	8						2		9	6	7	3			11	1		5	4					10		
29	Feb 3	Millwall	0-4		11423	8						2		9	6	7	3			11	1		5	4					10		
30	10	COLCHESTER UNITED	2-0	Garbutt, Varty	9122	8						2		9	3	11				7	1		5	4					10	6	
31	17	Brighton & Hove Albion	1-1	Garbutt	7151	8						2		9	3		6			11	1		5	4					10		7
32	24	NORWICH CITY	0-2		13293	8						2		9	3	7	6			11	1		5	4					10		
33	Mar 3	Northampton Town	0-6		9136	8						2		9	3	11			6	7	1		5	4					10		
34	10	PORT VALE	2-0	Oliver (p), Garbutt	6610	8							5	9	2			10	6	7	1		3	4					11		
35	17	Nottingham Forest	1-2	Varty	14944	10							5		2				6	7	1		3	4				9	11	8	
36	23	IPSWICH TOWN	0-2		7596	8						2			3			10	6	7	1		5	4				9	11		
37	24	TORQUAY UNITED	2-2	Thompson 2	7073	10	1					2			3				6	7			5	4				9	11	8	
38	26	Ipswich Town	1-2	Case	13490			8				2	6		3					7	1		5	4				9	11	10	
39	31	Aldershot	1-1	Laing	5558	8						2	6		3			10		7	1	5		4				9	11		
40	Apr 7	SWINDON TOWN	1-2	Brown	3658	8						2	6		3			10		7	1	5		4				9	11		
41	14	Colchester United	1-4	Thompson	8073	8						2						10		11	1	5	3	4				9		6	7
42	19	Walsall	0-1		9062	7						2	5				3	8		11	1			4				9	10	6	
43	21	BRISTOL ROVERS	1-0	Thompson	6135		1					2	5				3	10	8	11				4		7		9		6	
44	23	Bristol Rovers	0-3		10735		1					2	5				3	10	8	11				4		7		9		6	
45	28	Crystal Palace	1-1	Thompson	5258	11						2					3	10	8		1		5	4		7		9		6	
46	May 5	WALSALL	1-3	M Jones	5147			9				2					3	10			1		5	4		7		8	11	6	

Played in game one only: D McCrystal (at 1), RA Dudley (at 2), ES Worthington (at 10)

	Brown TG	Carpenter TA	Case N	Collins AN	Cumner RH	Daly RG	Eggleston T	Fisher KD	Garbutt RH	Harper JJ	Hartburn J	Jones BJ	Jones WM	Kelly J	Laing RS	Morton GD	Nolan P	Oliver HS	Paton TG	Pilkington L	Small D	Thomas DWJ	Thompson CA	Varty TH	Wilson JT	Woodroffe LC
Apps	28	4	10	6	4	3	43	35	22	37	32	21	10	9	40	41	9	32	40	2	4	7	12	34	10	8
Goals	3		3		1			2	8		12		1		7		1	2				1	5	6		2

F.A. Cup

	Date	Opponent	Score	Scorers	Att	Brown TG	Carpenter TA	Case N	Collins AN	Cumner RH	Daly RG	Eggleston T	Fisher KD	Garbutt RH	Harper JJ	Hartburn J	Jones BJ	Jones WM	Kelly J	Laing RS	Morton GD	Nolan P	Oliver HS	Paton TG	Pilkington L	Small D	Thomas DWJ	Thompson CA	Varty TH	Wilson JT	Woodroffe LC
R1	Nov 25	Norwich City	0-2		24527						8	2	5	9	6	11	3				1								4		7

ES Worthington played at 10

West Bromwich Albion

16th in Division One

							Allen R	Barlow RJ	Betteridge RM	Dudley JG	Elliott WB	Gordon DW	Griffin FA	Guy HG	Heath NH	Horne HL	Kennedy JP	Lee GT	McCall A	Millard L	Pemberton JHA	Richardson F	Rickaby S	Ryan RA	Sanders JA	Smith AE	Vernon J	Walsh DJ	Wilcox EE	Williams CE
1	Aug	19	Aston Villa	0-2		58804	10	6			7						4	11		3	2				1		5	9		8
2		23	Newcastle United	1-1	Elliott	48720	10	6			7						4	11		3			2		1		5	9		8
3		26	STOKE CITY	1-1	Elliott	33215	11	6			7						4			3		10	2		1		5	9		8
4		30	NEWCASTLE UNITED	1-2	Walsh	29377	11	6			7						4			3		10	2		1		5	9		8
5	Sep	2	Everton	3-0	Barlow, Allen, Smith	46502	11	6			7						4			3			2		1	10	5	9		8
6		6	Middlesbrough	1-2	Walsh	28829	11	6				7					4			3			2		1	10	5	9		8
7		9	PORTSMOUTH	5-0	Walsh, Elliott, Williams, Smith 2	34460	11	6			7						4			3			2		1	10	5	9		8
8		13	MIDDLESBROUGH	2-3	Elliott, Allen	31530	11	6			7						4			3			2		1	10	5	9		8
9		16	Chelsea	1-1	Walsh	39570	11	6			7	10					4			3			2		1		5	9		8
10		23	BURNLEY	2-1	Lee, Walsh	32058	7	10									4	11		3			2	6	1		5	9		8
11		30	Arsenal	0-3		51928	8	10			7						4	11		3			2	6	1		5	9		
12	Oct	7	Derby County	1-1	Williams	27098	7	6									5	11		3			2	4	1	10		9		8
13		14	LIVERPOOL	1-1	Walsh	35030	7	6	10								4	11		3			2		1		5	9		8
14		21	Blackpool	1-2	Allen	30536	7	6	10								4	11		3		9	2		1		5			8
15		28	TOTTENHAM HOTSPUR	1-2	Barlow	44543	11	6	10		7						4			3		9	2		1		5			8
16	Nov	4	Fulham	1-0	Richardson	21133	7	6				8			1		4	11		3		9	2	10			5			
17		11	BOLTON WANDERERS	0-1		28816	7	6				8			1		4	11		3		9	2	10			5			
18		18	Charlton Athletic	3-2	Richardson, Allen, E Croker (og)	21876	7	6		4		8			1			11		3		9	2	10			5			
19		25	MANCHESTER UNITED	0-1		28146	7	6		4		8			1			11		3		9	2	10			5			
20	Dec	2	Wolverhampton Wan.	1-3	Ryan	45087	7	6		4					1			11		3		9	2	8			5		10	
21		9	SUNDERLAND	3-1	Richardson 2, Wilcox	26666	7	6							1		4	11		3		9	2	8			5		10	
22		16	ASTON VILLA	2-0	Richardson, Wilcox	27599	11	6				7			1		4			3		9	2	10			5		8	
23		23	Stoke City	1-1	Allen	19789	11	6				7			1		4			3		9	2	10			5		8	
24		25	SHEFFIELD WEDNESDAY	1-3	Ryan	28023	7	6		4				3	1			11				9	2	10			5		8	
25		26	Sheffield Wednesday	0-3		44863	7	6		4					1	3		11				9	2	10			5	8		
26		30	EVERTON	0-1		17912	7	6		4								11		3		9	2	10	1		5		8	
27	Jan	13	Portsmouth	2-2	Richardson, Allen	23559	7	8		6							4	11		3		9	2	10	1		5			
28		20	CHELSEA	1-1	Lee	30985	7	8									4	11	10	3		9	2	6	1		5			
29	Feb	3	Burnley	1-0	Allen	19101	7	6		8							4	11	10	3		9	2		1		5			
30		17	ARSENAL	2-0	Richardson 2	35851	7	6		8							4	11	10	3		9	2		1		5			
31		24	DERBY COUNTY	1-2	Dudley	33572	7	6		8							4	11	10	3		9	2		1		5			
32	Mar	3	Liverpool	1-1	McCall	36654	7	6		8								11	10	3		9	2	4	1		5			
33		17	Tottenham Hotspur	0-5		45353	7	6		8							4	11	10	3		9	2		1		5			
34		24	FULHAM	0-0		23698	7	6		8							4	11	10	3		9	2		1		5			
35		26	HUDDERSFIELD T	0-2		24264	7	6		8							4	11	10	3		9	2		1		5			
36		27	Huddersfield Town	2-1	Barlow 2	32401	11	9				7					4		10	3			2	6	1	8	5			
37		31	Bolton Wanderers	2-0	Barlow, Gordon	21860		9		8		7					4	11	10	3			2	6	1		5			
38	Apr	4	BLACKPOOL	1-3	Barlow (p)	39459		9		8		7					4	11	10	3			2	6	1		5			
39		7	CHARLTON ATHLETIC	3-0	Allen, McCall, Ryan	25960	8	9			7						4	11	10	3			2	6	1		5			
40		14	Manchester United	0-3		26523	8	9			7						4	11	10	3			2	6	1		5			
41		21	WOLVERHAMPTON W.	3-2	Barlow 2, Allen	38933	10	9			7						4	11	8	3			2	6	1		5			
42		28	Sunderland	1-1	Allen	17727	10	9					7		1		4	11	8	3			2	6			5			
						Apps	40	42	3	16	13	11	1	1	11	1	35	31	15	40	1	24	41	24	31	6	41	14	6	14
						Goals	10	8		1	4	1						2	2			8		3		3		6	2	2

One own goal

F.A. Cup

R3	Jan	6	Derby County	2-2	Lee, Barlow	24807	7	8		6							4	11		3		9	2	10	1		5			
rep		10	DERBY COUNTY	0-1		33223	7	8		6							4	11		3		9	2	10	1		5			

West Ham United

13th in Division Two

							Allison MA	Barrett JG	Betts E	Devlin E	Foan AT	Forde S	Gazzard G	Gregory E	Hooper H	Jackman DC	Johns FS	Kearns FT	Kinsell TH	McGowan D	Moroney T	O'Farrell F	Parker D	Parsons EG	Robinson W	Southren T	Taylor GE	Tucker K	Walker REW	Woodgate JT	Yeomanson J
1	Aug	19	HULL CITY	3-3	Gazzard, Robinson, Jensen (og)	30056			11	2	10		8	1		6							4		9				5	7	3
2		24	LUTON TOWN	2-1	Betts, Woodgate	20560			11	2	10		8	1							6		4		9				5	7	3
3		26	Doncaster Rovers	0-3		22804			11	2			10	1							6		4	8	9				5	7	3
4		30	Luton Town	1-1	Gazzard	12366				2			10	1		6							4	8	9			11	5	7	3
5	Sep	2	BRENTFORD	1-2	Parsons	21246				2			10	1		6							4	8	9			11	5	7	3
6		4	Cardiff City	1-2	Johns	32292				2	10			1			8				6		4	7	9				5	11	3
7		9	Blackburn Rovers	3-1	Robinson 2, Johns	25323				2		3	10	1			8				6		4	7	9				5	11	
8		16	SOUTHAMPTON	3-0	Gazzard 2, Robinson	23559				2		3	10	1			8				6		4	7	9				5	11	
9		23	Barnsley	2-1	Robinson, Woodgate	25679				2		3	10	1			8				6		4	7	9				5	11	
10		30	SHEFFIELD UNITED	3-5	Robinson 3	25130				2		3	10	1			8				6		4		9	7			5	11	
11	Oct	7	QUEEN'S PARK RANGERS	4-1	Parsons 2, Robinson, Woodgate	26375		8				3	10	1							6		4	7	9				5	11	2
12		14	Bury	0-3		15542					8	3	10	1							6		4		9	7			5	11	2
13		21	LEICESTER CITY	0-0		23330						3	10	1			8				6		4		9	7			5	11	2
14		28	Chesterfield	2-1	Barrett, Woodgate	11197		8				3	10	1							6		4		9	7			5	11	2
15	Nov	4	COVENTRY CITY	3-2	Gazzard 2, Parker	26044		8				3	10	1							6		4	7	9				5	11	2
16		11	Manchester City	0-2		41473		8				3	10	1							6		4	7	9				5	11	2
17		18	PRESTON NORTH END	2-0	Gazzard, Robinson	26360		8		2		3	10	1							6		4		9	7			5	11	
18		25	Notts County	1-4	Woodgate	27073		8		2		3	10	1								6	4	7	9				5	11	
19	Dec	2	GRIMSBY TOWN	2-1	Barrett, Robinson	18518		8		2		3	10	1								6	4		9	7			5	11	
20		9	Birmingham City	1-3	Robinson	18180		8				3	10	1								6	4		9	7			5	11	2
21		16	Hull City	2-1	Robinson, Woodgate	20623		8				3	10	1				2			6		4		9	7			5	11	
22		23	DONCASTER ROVERS	0-0		16186		8				3	10	1				2			6		4		9	7			5	11	
23		25	LEEDS UNITED	3-1	Woodgate 3	19519		8					10	1				2			6		4		9	7			5	11	3
24		26	Leeds United	0-2		33162					8		10					2			6		4		9		1	11	5	7	3
25		30	Brentford	1-1	Robinson	19291		8					10					2				6	4		9	7	1		5	11	3
26	Jan	13	BLACKBURN ROVERS	2-3	Robinson 2	22667		8					10	1				2	3			6	4		9	7			5	11	
27		20	Southampton	2-2	Gazzard, Robinson	21167		8				2	10	1					3			6	4		9	7			5	11	
28	Feb	3	BARNSLEY	4-2	Gazzard 2, Robinson 2	16781						2	10	1	7				3	8		6	4		9				5	11	
29		17	Sheffield United	1-1	Robinson	19384						2	10	1					3	8		6	4		9	7			5	11	
30		24	Queen's Park Rangers	3-3	Woodgate 2, McGowan	21444						2	10	1					3	8	6		4		9	7			5	11	
31	Mar	3	BURY	2-3	Robinson 2	19652						2	10	1					3	8	6		4		9	7			5	11	
32		10	Leicester City	0-1		22779						2	10						3	8	6		4		9	7	1		5	11	
33		17	CHESTERFIELD	2-0	Gazzard, Robinson	15878	5					2	10		7				3	8		6	4		9		1			11	
34		23	SWANSEA TOWN	1-1	Hooper	25385	5	8				2	10		7	9			3			6	4				1			11	
35		24	Coventry City	0-1		21894	5	8				2	10		7				3			6	4				1		9	11	
36		26	Swansea Town	2-3	Hooper, Robinson	16240	5					2	10		7				3	8		6	4		9		1			11	
37		31	MANCHESTER CITY	2-4	Barrett, Woodgate	21533	5	8				2	10	1	7							6	4		9					11	3
38	Apr	7	Preston North End	1-0	Barrett	32043	5	8				2	10		7				3			6	4		9		1			11	
39		14	NOTTS COUNTY	4-2	Robinson 2, Gazzard, Hooper	23226	5	8				2	10		7				3		4	6			9		1			11	
40		21	Grimsby Town	1-0	Gazzard	10674	5	8				2	10		7				3		4	6			9		1			11	
41		28	BIRMINGHAM CITY	1-2	Kinsell	12396	5	8				2	10		7				3		4	6			9		1			11	
42	May	5	CARDIFF CITY	0-0		17942	5	8				2	10		7				3		4	6			9		1			11	
						Apps	10	22	3	13	5	32	41	30	11	4	6	6	16	7	25	18	38	11	40	17	12	3	33	42	17
						Goals		4	1				13		3		2		1	1			1	3	26					12	

One own goal

F.A. Cup

							Allison MA	Barrett JG	Betts E	Devlin E	Foan AT	Forde S	Gazzard G	Gregory E	Hooper H	Jackman DC	Johns FS	Kearns FT	Kinsell TH	McGowan D	Moroney T	O'Farrell F	Parker D	Parsons EG	Robinson W	Southren T	Taylor GE	Tucker K	Walker REW	Woodgate JT	Yeomanson J
R3	Jan	6	CARDIFF CITY	2-1	Barrett, Gazzard	26000		8				3	10	1				2				6	4		9	7			5	11	
R4		27	Stoke City	0-1		48500		8				3	10	1					2			6	4		9	7			5	11	

Wolverhampton Wanderers

14th in Division One

							Baxter W	Broadbent PF	Chatham RH	Crook WC	Dunn J	Hancocks J	McLean A	Mullen J	Parsons DR	Pritchard RT	Pye J	Russell ET	Short J	Shorthouse WH	Smith LJ	Smyth S	Swinbourne RH	Walker JH	Williams BF	Wilshaw DJ	Wright WA
1	Aug	19	LIVERPOOL	2-0	Crook, Swinbourne	50622			5	4	7		2	11			10			3			9	8	1		6
2		23	Derby County	2-1	Walker 2	31897			5	4	7		2	11			10			3			9	8	1		6
3		26	Fulham	1-2	Swinbourne	42013			5	4	7		2	11		3	10						9	8	1		6
4		28	DERBY COUNTY	2-3	Dunn, Pye	46285			5	4	7		2	11			10			3			9	8	1		6
5	Sep	2	BOLTON WANDERERS	7-1	* See below	46794			5	4	8	7	2	11			10			3			9		1		6
6		6	SUNDERLAND	2-1	Hancocks, Pye	38163			5	4	8	7	2	11			10			3			9		1		6
7		9	Blackpool	1-1	Swinbourne	32204			5	4	8	7	2				10			3			9		1	11	6
8		16	TOTTENHAM HOTSPUR	2-1	Hancocks, Swinbourne	55364			5	4	8	7	2	11			10			3			9		1		6
9		23	Charlton Athletic	2-3	Mullen, Swinbourne	43998			5	4	8	7	2	11			10			3			9		1		6
10		30	MANCHESTER UNITED	0-0		45898			5	4	8	7	2	11	1		10			3			9				6
11	Oct	7	MIDDLESBROUGH	3-4	Dunn, Hancocks, Swinbourne	39477			5	4	8	7	2	11			10	6		3			9		1		
12		14	Sheffield Wednesday	2-2	Hancocks, Mullen	47033			5	4	10	7	2	11			8			3			9		1		6
13		21	CHELSEA	2-1	Hancocks, Swinbourne	40014			5	4	10	7		11		3				2		8	9		1		6
14		28	Portsmouth	4-1	Hancocks 2, Walker 2	40884			4			7	2	11		3	10			5			9	8	1		6
15	Nov	4	ARSENAL	0-1		55648			4			7	2	11		3	10			5			9	8	1		6
16		11	Burnley	0-2		36157			4		8	7	2	11		3	10			5			9		1		6
17		18	EVERTON	4-0	Dunn, Hancocks, Mullen, Swinbourne	31275				4	8	7	2	11		3	10			5			9		1		6
18		25	Stoke City	1-0	Dunn	34188				4	8	7	2	11		3	10			5			9		1		6
19	Dec	2	WEST BROMWICH ALB.	3-1	Hancocks 3	45087				4	8	7		11		3			2	5		10	9		1		6
20		9	Newcastle United	1-1	Hancocks	48492				4	8	7		11		3			2	5		10	9		1		6
21		16	Liverpool	4-1	Walker 2, Swinbourne, Wilshaw	30959			4		8	7				3			2	5			9	10	1	11	6
22		23	FULHAM	1-1	Wilshaw	29222			4		8	7			1	3			2	5			9	10		11	6
23		25	Huddersfield Town	2-1	Swinbourne, Walker	24952			4		8	7			1	3			2	5			9	10		11	6
24		26	HUDDERSFIELD T	3-1	Dunn, Hancocks, Swinbourne	40838			4	6	8	7				3			2	5			9		1	11	10
25	Jan	13	BLACKPOOL	1-1	Walker	49028			4		8	7				3			2	5			9	10	1	11	6
26		20	Tottenham Hotspur	1-2	Walker	66796				4	10	7		11		3			2	5			9	8	1		6
27	Feb	3	CHARLTON ATHLETIC	2-3	Mullen, Walker	35183				4	10	7		11	1	3			2	5			9	8			6
28		17	Manchester United	1-2	Wilshaw	43941						7	4	11		3	8		2	5				10	1	9	6
29	Mar	3	SHEFFIELD WEDNESDAY	4-0	Hancocks 2, Swinbourne 2	37482					10	7	5	11		3		4	2				9	8	1		6
30		17	PORTSMOUTH	2-3	Swinbourne, Walker	32124		8				7		11		3		6	2	5			9	10	1		4
31		24	Arsenal	1-2	Wilshaw	50213		7					2	11		3		4		5			9	8	1	10	6
32		26	ASTON VILLA	2-3	Hancocks, Wilshaw	38340						7		11		3	8	4	2	5			9		1	10	6
33		27	Aston Villa	0-1		60102		10				7		11		3		4	2	5			9	8	1		6
34		31	BURNLEY	0-1		20572		10				7	2	11		3		4		5			9	8	1		6
35	Apr	7	Everton	1-1	Pye	32786					10		2			3	8	4		5	7		9		1	11	6
36		11	Middlesbrough	2-1	Swinbourne 2	29767				6	10		2		1	3	8	4		5	7		9			11	
37		14	STOKE CITY	2-3	Dunn, Smith	27504				6	10		2		1	3	8	4		5	7		9			11	
38		21	West Bromwich Albion	2-3	Broadbent, Hancocks	38933		8		4		7	2			3				5			9	10	1	11	6
39		25	Chelsea	1-2	Swinbourne	36410		8		4				11		3			2	5	7		9	10	1		6
40		28	Bolton Wanderers	1-2	Pye	26775	4	7		6	10			11		3	8	5	2				9		1		
41	May	2	NEWCASTLE UNITED	0-1		27015		8		4	10	7	2	11				5	3				9		1		6
42		5	Sunderland	0-0		23198	4	8			10		2					5	3		7		9		1	11	6
						Apps	2	9	21	26	32	31	27	31	6	29	23	13	18	37	5	3	41	20	36	14	38
						Goals		1		1	7	19		5			4				1		20	11		5	

Scorers in game 5: Swinbourne 3, Hancocks 2, Dunn, Mullen

F.A. Cup

							Baxter W	Broadbent PF	Chatham RH	Crook WC	Dunn J	Hancocks J	McLean A	Mullen J	Parsons DR	Pritchard RT	Pye J	Russell ET	Short J	Shorthouse WH	Smith LJ	Smyth S	Swinbourne RH	Walker JH	Williams BF	Wilshaw DJ	Wright WA
R3	Jan	6	Plymouth Argyle	2-1	Dunn, Walker	40000			4		8	7				3			2	5			9	10	1	11	6
R4		27	ASTON VILLA	3-1	Mullen, Swinbourne, Walker	53148				4	10	7		11		3			2	5			9	8	1		6
R5	Feb	10	HUDDERSFIELD TOWN	2-0	Dunn 2	52708			4		10	7		11		3			2	5			9	8	1		6
R6		24	Sunderland	1-1	Walker	62373					10	7		11		3		4	2	5			9	8	1		6
rep		28	SUNDERLAND	3-1	Dunn, Swinbourne, Walker	54243					10	7		11		3		4	2	5			9	8	1		6
SF	Mar	10	Newcastle United	0-0		62250					10	7		11		3		4	2	5			9	8	1		6
rep		14	Newcastle United	1-2	Walker	47349					10	7		11		3		4	2	5			9	8	1		6

SF at Hillsborough, Sheffield. SF replay at Leeds Road, Huddersfield

Wrexham

14th in Division Three (North)

	Date	Opponent	Score	Scorers	Att	Beynon ER	Donaldson LDR	Ferguson A	Fidler F	Graham JR	Grainger D	Griffiths E	Hayes WJ	Hilton J	Johnson BAB	Jones G	Kelsall C	Lawrence C	McAdam DF	McCallum S	Roberts JD	Rowland LC	Speed L	Spencer H	Spruce DG	Tapscott EJ	Tunney EL	Tunnicliffe WF	Wilson BAM	Wyllie J	Wynn RW
1	Aug 19	MANSFIELD TOWN	2-2	Donaldson, Tunnicliffe	13015		8	1	9	10	7									4		3	6	2				11	5		
2	21	Shrewsbury Town	1-2	Fidler	16070		8	1	9	10	7									4		3	6	2				11	5		
3	26	Rotherham United	0-5		9565		8		9	10			1		7				4			3	6				2	11	5		
4	30	SHREWSBURY TOWN	1-0	Tunnicliffe	15965		10		9			6	1		7		3						4		5	8		11			2
5	Sep 2	BARROW	1-0	Donaldson	9807		10		9			6	1		7		3						4		5	8		11			2
6	6	Chester	0-0		11280		10					6	1	9	7		3			4					5	8		11			2
7	9	York City	0-3		8480		10					6	1	9	7		3			4					5	8		11			2
8	13	CHESTER	2-0	Tapscott, Donaldson	16710		10	1	9			6			7		3			4					5	8		11			2
9	16	CARLISLE UNITED	2-1	Johnson, Fidler	10334		10	1	9						7		3		6	4					5	8		11			2
10	23	Accrington Stanley	0-1		4789		10	1	9						7		3		6	4				5		8		11			2
11	30	SOUTHPORT	3-3	Tunnicliffe 2, Fidler	9035		10	1	9						7		3		6	4				5		8		11			2
12	Oct 7	Hartlepools United	1-4	Johnson	8386		10	1	9						7		3		6	4					5	8		11			2
13	14	GATESHEAD	0-0		11228		10	1							7	4	3	9		6					5	8	2	11			
14	21	Stockport County	1-2	Lawrence	11719			1							7	4	3	9		6					5	8	2	11			
15	28	HALIFAX TOWN	2-2	Beynon, Tunnicliffe	7972	8		1		10					7	4	3	9		6					5		2	11			
16	Nov 4	Lincoln City	1-2	Spruce	8650	8	10	1			7						3	9		6					5		2	11	4		
17	11	DARLINGTON	3-1	Donaldson, Beynon, D Grainger	7637	8	10	1			7						3	9		6					5		2	11	4		
18	18	Crewe Alexandra	1-1	Spruce	9225	8	10	1			7						3	9		6					5		2	11	4		
19	Dec 2	Bradford City	3-5	Lawrence, Graham, Tunnicliffe	11674			1		10	7						3	9		6					5		2	11	4	8	
20	23	ROTHERHAM UNITED	0-0		8323	7		1		10							3	9		6					5		2	11	4	8	
21	25	Scunthorpe United	0-2		8933	7		1		10							3	9		6					5		2	11	4	8	
22	26	SCUNTHORPE UNITED	3-1	Donaldson, Wyllie, Lawrence	9712		7	1		10								9	3	6					5		2	11	4	8	
23	Jan 13	YORK CITY	4-3	Wyllie, Tunnicliffe, Donaldson, Fidler	5159		10	1	9								7	3	6				4	5		2	11		8	
24	20	Carlisle United	2-0	Fidler 2	10860		10	1	9	7						4			3	6					5		2	11		8	
25	27	Oldham Athletic	2-2	Wynn, Graham	13491		10	1		7						4			3	6					5		2	11		8	9
26	Feb 3	ACCRINGTON STANLEY	1-1	Graham	7593	8	10	1		7						4		9	3	6					5		2	11			
27	10	BRADFORD PARK AVE.	3-1	Fidler, Lawrence, Tunnicliffe	8572			1	9	7						4		10		6			3		5		2	11		8	
28	17	Southport	1-3	Lawrence	3915			1	9	10						4		7		6			3		5		2	11		8	
29	24	HARTLEPOOLS UNITED	1-0	Fidler	7386			1	9	10						4		7		6			3		5		2			8	
30	Mar 3	Gateshead	0-0		5642		10	1	9							4		7		6			3		5		2	11		8	
31	10	STOCKPORT COUNTY	2-0	Fidler, Tunnicliffe (p)	7547			1	9	10						4		7		6			3		5		2	11		8	
32	17	Halifax Town	0-1		5702			1	9	10						4		7					3		5	6	2	11		8	
33	23	Tranmere Rovers	2-1	Wyllie, Tunnicliffe	13992			1	9	10						4		7					3		5	6	2	11		8	
34	24	LINCOLN CITY	2-3	Graham, Tunnicliffe	10705		10	1	9	7						4							3		5	6	2	11		8	
35	26	TRANMERE ROVERS	2-1	Wyllie, Fidler	9743	10			9				1			4		7					3		5	6	2	11		8	
36	31	Darlington	1-1	Tunnicliffe	2436	10							1	9				7					3	4	5	6	2	11		8	
37	Apr 4	OLDHAM ATHLETIC	0-2		7073	10			9				1			4		7					3		5	6	2	11		8	
38	7	CREWE ALEXANDRA	0-2		6102				9	10			1			4		7		8			3		5	6	2	11			
39	12	Barrow	0-2		4451	10	7			9			1			4				8			3		5	6	2	11			
40	14	New Brighton	0-3		2563	10			9		7	5	1										3	4		6	2	11		8	
41	18	NEW BRIGHTON	0-1		4924	10			9				1			4		7		6			3		5		2	11		8	
42	21	BRADFORD CITY	0-3		4283	8	10			9			1			4		7		6			3		5		2	11			
43	23	Mansfield Town	1-1	Fidler	12018	8	10		9				1			6							3	4	5	7	2	11			
44	28	Rochdale	0-2		3288	8	10	1	9							6					7		3	4	5		2	11			
45	30	Bradford Park Avenue	1-0	Fidler	4945	8	10	1	9							6							3	4	5	7	2	11			
46	May 2	ROCHDALE	3-1	Fidler, Beynon, Tunnicliffe	3633	8	10	1	9		7					6							3	4	5		2	11			

Played in one game: C Grainger (29, at 11), RM Grieve (14, at 10)

	Beynon ER	Donaldson LDR	Ferguson A	Fidler F	Graham JR	Grainger D	Griffiths E	Hayes WJ	Hilton J	Johnson BAB	Jones G	Kelsall C	Lawrence C	McAdam DF	McCallum S	Roberts JD	Rowland LC	Speed L	Spencer H	Spruce DG	Tapscott EJ	Tunney EL	Tunnicliffe WF	Wilson BAM	Wyllie J	Wynn RW
Apps	18	29	32	29	21	8	6	14	3	13	24	18	25	10	32	1	3	25	11	40	22	35	45	10	20	10
Goals	3	6		13	4	1				2			5							2	1		13		4	1

F.A. Cup

	Date	Opponent	Score	Scorers	Att	Beynon ER	Donaldson LDR	Ferguson A	Fidler F	Graham JR	Grainger D	Griffiths E	Hayes WJ	Hilton J	Johnson BAB	Jones G	Kelsall C	Lawrence C	McAdam DF	McCallum S	Roberts JD	Rowland LC	Speed L	Spencer H	Spruce DG	Tapscott EJ	Tunney EL	Tunnicliffe WF	Wilson BAM	Wyllie J	Wynn RW
R1	Nov 25	ACCRINGTON STANLEY	1-0	Beynon	10370	8	10	1			7						3	9		6					5		2	11	4		
R2	Dec 9	Bristol City	1-2	Lawrence	18514	8		1		10	7						3	9		6					5		2	11	4		

York City

17th in Division Three (North)

No	Date	Opponent	Score	Scorers	Att	Andrews AP	Ashley J	Brenen A	Brown GS	Burgin E	Coop IY	Daniels HAG	Frost J	Horton L	Ivey GH	Linaker JE	Lloyd D	Medd GE	Patrick A	Patrick M	Pegg IK	Porter L	Simpson J	Spence JL	Spence R	Stewart AV	Storey S	Thompson D	Thompson KH	Woodward B
1	Aug 19	Tranmere Rovers	2-7	Brown, M Patrick	10079	2			8		11	6		4		7			9	10	1		3			5				
2	21	HARTLEPOOLS UNITED	3-0	Daniels 2, Storey	10522				8			6	1	4		7				11			3			5	10		2	9
3	26	BRADFORD PARK AVE.	1-3	Storey	12572				8			6	1	4		7				11			3			5	10		2	9
4	28	Hartlepools United	1-4	M Patrick	8648	3			8			6	1	4		7				11						5	10		2	9
5	Sep 2	Oldham Athletic	2-2	Linaker, M Patrick	12393			6					1	4	11	7				8			3			5	10		2	9
6	4	ACCRINGTON STANLEY	3-0	M Patrick 2, Linaker	7417			6					1	4	11	7			9	8			3			5	10		2	
7	9	WREXHAM	3-0	Ivey 2, Brenen	8480			6					1	4	11	7			9	8			3			5	10		2	
8	16	Scunthorpe United	1-0	M Patrick	12101			6					1	4	11	7			9	8			3			5	10		2	
9	23	MANSFIELD TOWN	1-1	Ivey	9273			6			10		1	4	11	7			9	8			3			5			2	
10	26	Accrington Stanley	0-2		7237	2			10				1	4	11	7			9	8			3		6	5				
11	30	Rotherham United	1-3	A Patrick	6807	2		6	10				1	4	11	7			9	8			3			5				
12	Oct 7	Rochdale	1-0	Linaker	8123	3		2	10				1	4	11	7			9	8					6	5				
13	14	CHESTER	2-2	Linaker, M Patrick	8852	3		2	10				1	4	11	7			9	8					6	5				
14	21	New Brighton	0-0		3839			6	10				1	4	11	7				9			3	2		5	8			
15	28	BRADFORD CITY	1-2	A Patrick	8863		1	6	10					4	11	7			9				3	2		5	8			
16	Nov 4	Gateshead	0-3		7614		1	6						4	11	7			9	8			3	2		5	10			
17	11	CREWE ALEXANDRA	1-2	Brenen	7003			6	8				1	4		7			9	11			3	2		5	10			
18	18	Shrewsbury Town	0-1		8567	2		10			8		1	4		7			9	11			3		6	5				
19	Dec 2	Darlington	3-0	Linaker, Brown, Storey	4428	2	1		8					4		7			9	11			3		6	5	10			
20	23	Bradford Park Avenue	0-4		9348	2	1	4	8							7			9	11			3		6	5	10			
21	25	SOUTHPORT	2-0	Linaker, Brown	7873	2	1	4	8							7			9	11			3		6	5	10			
22	26	Southport	1-1	Brown	5703	2	1	4	8							7			9	11			3		6	5	10			
23	30	OLDHAM ATHLETIC	2-2	Brown, M Patrick	5283	2			8				1	4		7			9	11			3		6	5	10			
24	Jan 13	Wrexham	3-4	A Patrick 2, R Spence (p)	5159	2	1	5	8					4		7			9	11			3		6		10			
25	20	SCUNTHORPE UNITED	0-0		7187	2		4	8				1			7			9	11			3		6	5	10			
26	27	CARLISLE UNITED	1-1	Storey	7677	2	1	4		5						7		11	9	8			3		6		10			
27	Feb 3	Mansfield Town	1-3	Storey	10347	2	1	4	8	5						7			9	11			3		6		10			
28	10	Halifax Town	3-1	R Spence (p), Brown, M Patrick	8299			4	8	5						7			9	11			3		6		10	1	2	
29	17	ROTHERHAM UNITED	3-3	M Patrick 2, A Patrick	9184			4	8	5						7			9	11			3		6		10	1	2	
30	24	ROCHDALE	2-2	Linaker, Brown	7664			4	8	5						7			9	11			3		6		10	1	2	
31	Mar 3	Chester	1-3	Linaker	4828	2		4	8	5						7			9	11			3		6		10	1		
32	10	NEW BRIGHTON	2-0	Linaker 2	6386	2		5	8							7	9			11		4	3		6		10	1		
33	17	Bradford City	2-5	R Spence, Brown	10840	2		5	8							7			9	11		4	3		6		10	1		
34	23	BARROW	0-2		9714	2		5	8							7				11		4	3		6		10	1		9
35	24	GATESHEAD	1-1	Ivey	5848	2		5							11	7			9	8		4	3		6		10	1		
36	26	Barrow	0-2		4920			5	11							7			9	8		4	3		6		10	1	2	
37	31	Crewe Alexandra	4-2	A Patrick 2, R Spence, Storey	4236			5		4					11	7			9	8			3		6		10	1	2	
38	Apr 7	SHREWSBURY TOWN	2-0	A Patrick, Linaker	5426			5							11	7			9	8		4	3		6		10	1	2	
39	11	STOCKPORT COUNTY	0-0		5520					5					11	7			9	8		4	3		6		10	1	2	
40	14	Lincoln City	1-2	A Patrick	8363					5					11	7			9	8		4	3		6		10	1	2	
41	16	LINCOLN CITY	2-2	Linaker, Brenen	6623			9							11	7				8		4	3	2	6	5	10	1		
42	21	DARLINGTON	1-1	Linaker	6214			9							11	7				8		4	3	2	6	5	10	1		
43	25	TRANMERE ROVERS	4-0	M Patrick 2, R Spence, Storey	6416			6	8							7				11		4		2	9	5	10	1	3	
44	28	Stockport County	0-1		5658			6	8							7				11		4		2	9	5	10	1	3	
45	May 3	Carlisle United	2-3	R Spence, Storey	7335				8							7				11		4	3	2	9	5	10	1	6	
46	5	HALIFAX TOWN	0-0		2791			6	8							7				11		4	3	2	9	5	10	1		
					Apps	21	9	36	31	9	3	4	17	21	19	46	1	1	33	45	1	14	41	10	32	30	39	19	19	5
					Goals			3	8			2			4	13			9	13					6		8			

F.A. Cup

Rd	Date	Opponent	Score	Scorers	Att	Andrews AP	Ashley J	Brenen A	Brown GS	Burgin E	Coop IY	Daniels HAG	Frost J	Horton L	Ivey GH	Linaker JE	Lloyd D	Medd GE	Patrick A	Patrick M	Pegg IK	Porter L	Simpson J	Spence JL	Spence R	Stewart AV	Storey S	Thompson D	Thompson KH	Woodward B
R1	Nov 25	Bishop Auckland	2-2	M Patrick, Brenen	10000	2	1	10			8			4		7			9	11			3		6	5				
rep	29	BISHOP AUCKLAND	2-1	A Patrick 2	6836		1		8					4		7			9	11			3	2	6	5	10			
R2	Dec 9	TRANMERE ROVERS	2-1	A Patrick 2	10096	2	1	4	8							7			9	11			3		6	5	10			
R3	Jan 6	Bolton Wanderers	0-3		26652	2	1	4	8						11	7			9	10			3		6	5				

F.A. Challenge Cup 1950/51

Round One

Aldershot v. Bromley	2-2
Bournemouth v. Colchester United	1-0
Bradford City v. Oldham Athletic	2-2
Bristol City v. Gloucester City	4-0
Bristol Rovers v. Llanelli	1-1
Bromsgrove Rovers v. Hereford United	1-3
Bishop Auckland v. York City	2-2
Carlisle United v. Barrow	2-1
Chelmsford City v. Tonbridge	2-2
Chester v. Bradford Park Avenue	1-2
Cleator Moor Celtic v. Tranmere Rovers	0-5 N
Crewe Alexandra v. North Shields	4-0
Crystal Palace v. Millwall	1-4
Darlington v. Rotherham United	2-7
Gainsborough Trinity v. Plymouth Argyle	0-3
Glastonbury v. Exeter City	1-2
Guildford City v. Dartford	1-5
Halifax Town v. Ashington	2-3
Leyton Orient v. Ipswich Town	1-2
Linby Colliery v. Gillingham	1-4
Lincoln City v. Southport	1-1
Mansfield Town v. Walthamstow Avenue	1-0
Newport County v. Walsall	4-2
Norwich City v. Watford	2-0
Nottingham Forest v. Torquay United	6-1
Port Vale v. New Brighton	3-2
Reading v. Cheltenham Town	3-1
Rochdale v. Willington	3-1
Scarborough v. Rhyl	1-2
Southend United v. Swindon Town	0-3
Tooting & Mitcham U v. Brighton & Hove Alb.	2-3
Witton Albion v. Nelson	1-2
Worcester City v. Hartlepools United	1-4
Wrexham v. Accrington Stanley	1-0
r Bromley v. Aldershot	0-1
r Llanelli v. Bristol Rovers	1-1e
r Oldham Athletic v. Bradford City	2-1
r Southport v. Lincoln City	3-2
r Tonbridge v. Chelmsford City	0-1e
r York City v. Bishop Auckland	2-1
r2 Bristol Rovers v. Llanelli	3-1eN

Round Two

Aldershot v. Bournemouth	3-0
Ashington v. Rochdale	1-2
Brighton & Hove Albion v. Ipswich Town	2-0
Bristol City v. Wrexham	2-1
Bristol Rovers v. Gillingham	2-2
Chelmsford City v. Mansfield Town	1-4
Crewe Alexandra v. Plymouth Argyle	2-2
Exeter City v. Swindon Town	3-0
Hartlepools United v. Oldham Athletic	1-2
Hereford United v. Newport County	0-3
Millwall v. Bradford Park Avenue	1-1
Port Vale v. Nelson	3-2
Reading v. Dartford	4-0
Rhyl v. Norwich City	0-1
Rotherham United v. Nottingham Forest	3-1
Southport v. Carlisle United	1-3
York City v. Tranmere Rovers	2-1
r Bradford Park Avenue v. Millwall	0-1
r Gillingham v. Bristol Rovers	1-1e
r Plymouth Argyle v. Crewe Alexandra	3-0
r2 Bristol Rovers v. Gillingham	2-1 N

Round Three

Arsenal v. Carlisle United	0-0
Aston Villa v. Burnley	2-0
Birmingham City v. Manchester City	2-0
Bolton Wanderers v. York City	3-0
Brighton & Hove Albion v. Chesterfield	2-1
Bristol City v. Blackburn Rovers	2-1
Bristol Rovers v. Aldershot	5-1
Charlton Athletic v. Blackpool	2-2
Derby County v. West Bromwich Albion	2-2
Fulham v. Sheffield Wednesday	1-0

Grimsby Town v. Exeter City	3-3
Huddersfield Town v. Tottenham Hotspur	2-0
Hull City v. Everton	2-0
Leeds United v. Middlesbrough	1-0
Leicester City v. Preston North End	0-3
Luton Town v. Portsmouth	2-0
Manchester United v. Oldham Athletic	4-1
Mansfield Town v. Swansea Town	2-0
Newcastle United v. Bury	4-1
Newport County v. Reading	3-2
Northampton Town v. Barnsley	3-1
Norwich City v. Liverpool	3-1
Notts County v. Southampton	3-4
Plymouth Argyle v. Wolverhampton Wan.	1-2
Queen's Park Rangers v. Millwall	3-4
Rochdale v. Chelsea	2-3
Rotherham United v. Doncaster Rovers	2-1
Sheffield United v. Gateshead	1-0
Stockport County v. Brentford	2-1
Stoke City v. Port Vale	2-2
Sunderland v. Coventry City	2-0
West Ham United v. Cardiff City	2-1
r Blackpool v. Charlton Athletic	3-0
r Carlisle United v. Arsenal	1-4
r Exeter City v. Grimsby Town	4-2
r Port Vale v. Stoke City	0-1
r West Bromwich Albion v. Derby County	0-1

Round Four

Arsenal v. Northampton Town	3-2
Blackpool v. Stockport County	2-1
Bristol City v. Brighton & Hove Albion	1-0
Derby County v. Birmingham City	1-3
Exeter City v. Chelsea	1-1
Hull City v. Rotherham United	2-0
Luton Town v. Bristol Rovers	1-2
Manchester United v. Leeds United	4-0
Millwall v. Fulham	0-1
Newcastle United v. Bolton Wanderers	3-2
Newport County v. Norwich City	0-2
Preston North End v. Huddersfield Town	0-2
Sheffield United v. Mansfield Town	0-0
Stoke City v. West Ham United	1-0
Sunderland v. Southampton	2-0
Wolverhampton Wan. v. Aston Villa	3-1
r Chelsea v. Exeter City	2-0
r Mansfield Town v. Sheffield United	2-1

Round Five

Birmingham City v. Bristol City	2-0
Blackpool v. Mansfield Town	2-0
Bristol Rovers v. Hull City	3-0
Chelsea v. Fulham	1-1
Manchester United v. Arsenal	1-0
Stoke City v. Newcastle United	2-4
Sunderland v. Norwich City	3-1
Wolverhampton Wan. v. Huddersfield Town	2-0
r Fulham v. Chelsea	3-0

Round Six

Birmingham City v. Manchester United	1-0
Blackpool v. Fulham	1-0
Newcastle United v. Bristol Rovers	0-0
Sunderland v. Wolverhampton Wan.	1-1
r Bristol Rovers v. Newcastle United	1-3
r Wolverhampton Wan. v. Sunderland	3-1

Semi Finals

Blackpool v. Birmingham City	0-0 N
Newcastle United v. Wolverhampton Wan.	0-0 N
r Birmingham City v. Blackpool	1-2 N
r Wolverhampton Wan. v. Newcastle United	1-2 N

Final

Newcastle United v. Blackpool	2-0 N